開拓社 最新 英語学・言語学 シリーズ 20

監修 加賀信広・西岡宣明・野村益寛
岡崎正男・岡田禎之・田中智之

生成文法と言語変化

縄田裕幸・柳 朋宏・田中智之 [著]

開拓社

「最新英語学・言語学シリーズ」の刊行にあたって

　20世紀後半の言語学研究を振り返ってみると，大きな流れとして，チョムスキー革命による生成文法理論の登場と，その対極に位置づけられる認知言語学の台頭が挙げられる．前者は普遍文法の解明を目標に掲げ，言語の形式的な側面を自然科学的手法で明らかにしていくのを特徴とするのに対して，後者は生成文法の抽象化，形式化の傾向に反対し，言語は人間の知覚や身体経験に根差したものであるとするテーゼの下，主に言語の意味的側面の解明に注力してきた．この2大潮流は21世紀に入っても基本的に変わることなく，生成統語論はミニマリスト・プログラムを深く追究することで「進化的妥当性」の問題にまで踏み込みうる新たな段階を迎え，一方，認知言語学は機能論や語用論を包み込んで，構文・談話・テキスト等の実証的な分析を拡大深化させてきている．

　さらに，言語研究は様々な分野において，独自の展開を見せてきている．音韻論研究は生成理論的パラダイムの下で様々な理論的展開を経験するとともに，近年は隣接部門とのインターフェイスの研究で実質的な成果を得はじめている．また，統語・意味・音韻とならんで言語システムの重要な一部門をなすレキシコンにおいても研究の精緻化がますます進み，形態論の分野では分散形態論の評価を含め，広い範囲で理論的見直し作業が行われている状況がある．歴史的な研究においては，伝統的な文献学の豊かな研究成果を踏まえた上で，統語・意味・音韻のそれぞれの領域において通時的言語データを理論的に分析する試みが盛んに行われるようになっている．さらに，今世紀に入って新たな展開をみせつつある類型論研究，モンタギューに始まり，動的意味論や談話表示理論などに受け継がれている形式意味論研究，電子的言語資料の蓄積・整備とともに目覚ましく発展しつつあるコーパス研究などについても，その動向を見逃すことはできない．

　このような状況にあって，本シリーズは，各分野における20世紀後半の研究を踏まえつつ，今世紀に入ってそれぞれの研究がどのように展開し，こ

iii

れまでどのような研究成果が得られ，また今後期待されるかについて，実証的かつ論理的に詳述することを目指している．ねらいとしては，言語研究の現状を幅広く概観するとともに，今後の研究動向についての展望を示すことで，理論言語学のさらなる発展につなげたいというところにある．

　本シリーズは22巻からなっており，各巻は比較的少人数（1人から最多4人）の担当者により執筆されている．執筆者は，それぞれの専門分野の単なる紹介に終わることなく，執筆者独自の問題意識をもってその分野の中心的課題に切り込み，自らの分析・見解も含め，縦横に議論を展開している．また，研究対象としている言語は（類型論などの一部の巻を除き）主に英語と日本語であるが，できるだけ日英語比較の観点を取り入れることにも努めている．本シリーズが英語学・言語学に興味をもつ多様な読者の期待に応えられるものになっていることを願いたい．

　最後に，本シリーズは平成の時代に企画され，令和を迎えてからの刊行となったが，この新しい時代にも言語研究が一層進展し，新しい可能性を切り拓く研究分野として次世代に引きつがれていくことを期待したい．本シリーズがその一助たりうるのであれば，望外の喜びである．

監修者一同

はしがき

Noam Chomsky によって提唱された生成文法理論は，1960 年代から 70 年代にかけての「標準理論」において，人間の言語能力を句構造規則とそれを組み替える変形規則の集合として捉えていた．この時点では生成文法の関心はもっぱら個別言語の共時的体系の解明にあり，言語変異や言語変化が研究の対象となることはなかった．しかしその後，1980 年代に「原理とパラメーターのアプローチ」が提案されると，人間の話す個別言語がなぜかくも異なっているのかという言語の多様性の問題に実質的に取り組む道筋が開かれることになった．これにより，言語の変異をヒトに生得的な普遍文法に組み込まれたパラメーター値の違いに帰着させる比較統語論研究が盛んになるとともに，文法変化を子供が言語を獲得する際のパラメーター値の再設定として捉えることで，通時的研究も生成文法の射程に入ってきたのである．以来，数多くの言語変化に関する研究が生成文法の枠組みのもとで生み出されている．

　共時的比較統語論が言語変異研究の横軸であるとすれば，史的統語論はそれと交差する縦軸である．前者では，言語間の距離は地理上の隔たりに対応する場合がある．例えば，日本語と英語は言語類型的にさまざまな点で異なっており，基本語順などに関する大域的パラメーターで相違があると考えられる．他方で，イタリア語の諸方言は微細な統語的変異を示すことが知られており，これらを記述するために局所的パラメーター理論が提唱されている．言語の通時的発達過程では，基本語順にかかわる大きな変化が比較的短期間に起こることもあれば，個別の内容語が機能語に徐々に変化する「文法化」とよばれる現象に代表されるように，長期間にわたって漸次的な変化が進行する場合もある．このようなさまざまなタイプの言語変化を記述・説明できるかどうかが，ある言語理論や仮説の妥当性を検証する試金石となることがある．このような「通時的妥当性」ともいうべき観点から言語分析に切り込

v

むことで，言語変化研究は生成文法理論の重要な一角を占めるようになってきている．

　本書で取り上げるのは英語の史的変化である．言語理論の妥当性を通時的に検証するフィールドとして，英語史は非常によい環境を提供してくれる．まず，英語はその歴史をとおして文法的に大きく変化した．1000 年前と現在の日本語を比較すると，もちろん語彙や個別の構文の変化はみられるものの，基本語順は大きく変化していないことがわかる．それに対して英語は，この 1000 年の間に OV 語順から VO 語順，談話階層型言語から主語卓立型言語へと，類型的に大きく変化した．このような大規模な変化がなぜ，どのようにして生じたのかを考察することで，理論的な英語史研究は「通時的に妥当な」文法理論の構築に貢献できるはずである．また，英語は通時的変化を検証するための資料を比較的入手しやすいという利点がある．19 世紀以来の伝統的文献学の豊富な蓄積はもとより，1990 年代以降は Penn-Helsinki Parsed Corpus など統語解析を施したさまざまな電子コーパスの整備が進んでいる．理論的な英語史研究においても，近年はコーパスに基づく仮説の検証が一般的になっており，本書の分析でも大いに活用されている．

　本書は 3 部構成となっており，第 I 部を田中智之，第 II 部を縄田裕幸，第 III 部を柳朋宏が担当している．第 I 部は生成文法理論による英語史研究の主な論点を概観し，この領域の全体的な見取り図を与えている．第 II 部は英語における節構造の発達に焦点をあて，動詞移動の消失とそれにともなう主語位置の変遷が個別の構文の発達や消失にどのような影響を与えたかを論じている．第 III 部は名詞句の発達を扱い，形態格の消失に起因する非構造格を含む構文の変化や数量詞遊離の歴史的推移について考察している．節と名詞句の構造，とりわけ動詞の屈折変化と名詞の格変化が機能範疇の特性とどのように関連しているかは共時的研究でも注目されてきたテーマであり，本書ではこれを通時的観点から検証している．具体的な構文分析は各著者の現在進行中の研究成果を反映したものであり，提案されている仮説が必ずしも史的統語論における標準的見解とはかぎらないないことを読者にはご承知おきいただきたい．そもそも，史的統語論自体が現在活発に研究が進められている領域であり，標準的見解なるものが確立していないのが実情であ

る．これは，生成文法の他の領域とまったく同様である．

　本書の理論的な枠組みは，大まかには Chomsky (2000) 以降の「極小主義プログラム」である．部をまたがる相互参照を施し，本書全体でひとつのモノグラフとなるよう心がけたが，細部で用いられている道具立てや仮説群については，必ずしも統一されていない箇所もある．そのような点も含めて，本書は生成文法に基づく英語史研究の state of the art を伝えることをねらいとしている．この分野にはじめて触れる読者には言語理論による英語史研究の魅力が少しでも伝わり，研究者諸氏には今後の研究をさらに発展させる批判的検討の材料を提供できれば，著者としては望外の喜びである．

　本書の執筆にあたっては多くの方のお世話になった．とりわけ 2 名の匿名の査読者には草稿を通読いただき，改善につながる多くの有益な指摘をいただいた．また開拓社の川田賢氏には執筆のさまざまな段階で編集上の助言をいただくとともに，励ましの言葉をかけていただいた．最後に，本書の著者 3 名はいずれも名古屋大学で故中野弘三先生と故天野政千代先生の手ほどきを受けて，生成文法にもとづく英語史研究にいざなわれた．本書を両先生に捧げたい．

　　2024 年 6 月

　　　　　　　　　　　　　　　　　　縄田裕幸（第 II 部担当）
　　　　　　　　　　　　　　　　　　柳　朋宏（第 III 部担当）
　　　　　　　　　　　　　　　　　　田中智之（第 I 部担当）

目　次

「最新英語学・言語学シリーズ」の刊行にあたって　　iii
はしがき　　v

第 I 部　生成文法理論における言語変化

第 1 章　生成文法の理論的枠組みと言語変化 ························· 2

1. はじめに：英語史の時代区分 ······························· 2
   1.1. 古英語 ·· 2
   1.2. 中英語 ·· 3
   1.3. 近代英語から現代英語 ································ 3
2. 生成文法の理論的枠組み ································· 4
   2.1. 言語機能 ·· 4
   2.2. 語彙部門の情報 ···································· 5
   2.3. 統語部門における派生 ······························ 7
3. 文法変化としての言語変化 ······························· 9

第 2 章　言語変化のタイプ ······························· 12

1. 再分析とパラメーター変化 ······························· 12
2. 文法化：不定詞標識 to を例として ······················· 15
3. 語順変化 ··· 22
4. 項構造の変化：心理動詞を例として ······················· 30

第 II 部　英語の節構造の変化

第 3 章　初期英語の節構造と動詞移動の消失 ··············· 40

1. はじめに ··· 40

2. 古英語・初期中英語の基本語順 ……………………………… 41
　2.1. 主節の語順 ………………………………………………… 41
　2.2. 従属節の語順 ……………………………………………… 45
3. 古英語・初期中英語の節構造 ………………………………… 47
　3.1. 主節語順の派生 …………………………………………… 47
　3.2. 従属節語順の派生 ………………………………………… 52
4. 動詞移動と豊かな一致の仮説 ………………………………… 56
　4.1. 豊かな一致の仮説 ………………………………………… 56
　4.2. 古英語動詞屈折形の派生 ………………………………… 59
5. 屈折接辞の衰退と動詞移動の消失 …………………………… 63
　5.1. V2 移動の消失 …………………………………………… 63
　5.2. 中英語における V2 語順の方言差 ……………………… 69
　5.3. V-to-T 移動の消失 ……………………………………… 72
　5.4. 否定文の派生 ……………………………………………… 76
　5.5. 素性継承パラメター ……………………………………… 80
6. 文法化による語彙動詞から助動詞への変化 ………………… 82
　6.1. パラメター変化と文法化の競合 ………………………… 82
　6.2. know 類動詞の残留動詞移動 …………………………… 85
7. まとめ …………………………………………………………… 90

第4章　主語位置の変遷と各種構文の変化 ……………………… 93

1. はじめに ………………………………………………………… 93
2. 空主語構文 ……………………………………………………… 98
　2.1. 局所的空主語言語としての古英語・初期中英語 ……… 99
　2.2. 空主語の認可条件 ……………………………………… 104
　2.3. 空主語構文の派生と消失 ……………………………… 105
3. 奇態格経験者主語構文 ……………………………………… 109
　3.1. 奇態格経験者主語構文の特性 ………………………… 110
　3.2. 心理動詞構文の構造 …………………………………… 114
　3.3. 奇態格経験者主語構文の派生と消失 ………………… 119
4. 他動詞虚辞構文 ……………………………………………… 124
　4.1. 他動詞虚辞構文の通時的変遷 ………………………… 124
　4.2. 他動詞虚辞構文の出現，派生と消失 ………………… 127
5. that 痕跡効果 ………………………………………………… 132
　5.1. that 痕跡効果の出現時期 ……………………………… 133
　5.2. 主語基準 ………………………………………………… 136

| 5.3. that 痕跡効果出現のメカニズム | 139 |
| 6. まとめ | 143 |

第 III 部　英語名詞句の構造と分布

第5章　非構造格の消失と格による名詞句の認可方法の変化 ····· 148

1. はじめに	148
2. 格に関する経験的事実と理論的仮定	150
2.1. 名詞の格変化と格語尾の衰退	150
2.2. 格による名詞句の認可方法	152
2.3. 3種類の格と認可方法	155
3. 与格名詞をともなう構文の歴史的変遷	157
3.1. 経験者構文	158
3.1.1. 古英語・中英語の経験者構文	158
3.1.2. 与格経験者項から前置詞付き経験者項へ	162
3.2. 与格動詞構文	167
3.3. 二重目的語構文	169
3.3.1. 古英語における二重目的語構文の能動文と受動文	169
3.3.2. 中英語における二重目的語構文の能動文と受動文	173
4. 与格名詞の認可と認可方法の変化	178
4.1. 経験者構文における与格名詞の認可	178
4.2. 与格動詞構文における与格名詞の認可	186
4.3. 二重目的語構文における与格名詞の認可	192
4.3.1. 古英語における語順の派生と受動化のメカニズム	192
4.3.2. 中英語における語順の派生と受動化のメカニズム	198
5. まとめ	201

第6章　数量詞の分布と遊離可能性の通時的変遷 ················ 203

1. はじめに	203
2. 初期英語における数量詞の分布	207
2.1. 古英語・中英語における遊離数量詞の分布	207
2.2. 数量詞と名詞句・代名詞の相対語順	213
2.2.1. 古英語	213
2.2.2. 中英語	216
2.3. まとめ	220

xii

3. 理論的仮定 ……………………………………………………… 220
  3.1. 統語構造 …………………………………………………… 220
  3.2. 遊離数量詞の残置分析 ………………………………… 225
  3.3. 古英語における弱主要部 K ………………………… 231
4. 遊離数量詞の分布に関する通時的変化 ……………………… 236
5. 代名詞と数量詞の語順 ……………………………………… 249
6. まとめ ………………………………………………………… 254

参考文献 ……………………………………………………………… 259

索　　引 ……………………………………………………………… 279

著者紹介 ……………………………………………………………… 286

第Ⅰ部

生成文法理論における言語変化

第 1 章

生成文法の理論的枠組みと言語変化[*]

1. はじめに：英語史の時代区分

　本書の研究対象となるのは，主に英語史における統語・形態変化である．英語は，インド・ヨーロッパ語族のゲルマン語派に属する，1500 年以上の歴史をもつ言語である．その発達過程は，外面史，すなわち英語を取り巻く政治，社会，文化などの変化，および内面史，すなわち統語・意味・形態・音韻などに関する英語自体の変化という観点から，いくつかの時代に区分されている．本節では，生成文法の理論的枠組みと言語変化について論じる前に，外面史，および本書で取り上げる言語変化と関係する内面史の特徴をいくつか挙げながら，英語史の時代区分を概観する．

1.1. 古英語

　英語は，西暦 449 年にヨーロッパ大陸からアングル人（Angles），サクソン人（Saxons），ジュート人（Jutes）というゲルマン民族の 3 種族がブリテン島に侵入したことにより誕生した．現存する英語の最古の文献は 700 年ごろであるが，700 年から 1100 年までの英語を古英語（Old English: OE）

---

　[*] 第 I 部は科学研究費補助金（基盤研究（C）課題番号 17K02808）の研究成果の一部である．

とよぶ．古英語では，代名詞に加えて，名詞，形容詞，指示詞が数・性・格に関して語形変化し，とくに格の屈折により主語や目的語などの文法機能が標示されていたため，語順は比較的自由であった．また，動詞も時制，および人称・数に関して豊かな屈折をもっていた．

　8世紀末から11世紀ごろまで，北欧からデーン人（Danes）の侵入を受けたが，彼らの言語である古ノルド語との言語接触（language contact）により，語彙の借用だけでなく，英語の統語構造にも影響が及んだとする研究がある（第3章5.2節参照）．

1.2. 中英語

　1100年から1500年までの英語を中英語（Middle English: ME）とよぶが，1300年までを初期中英語（Early Middle English: EME），1300年以降を後期中英語（Late Middle English: LME）として下位区分することがある．中英語の始まりを示す重要な事件は，1066年にフランス語を話すノルマン人に征服されてしまう，いわゆるノルマン征服（Norman Conquest）であり，中英語を通じて多くの語彙がフランス語から借用された．

　中英語では，名詞，形容詞，指示詞の屈折が水平化することにより，前置詞が発達するとともに，語順が「主語・動詞・目的語」に固定されるようになった．また，格屈折の消失の帰結として，いくつかの統語変化が起こったとされている（第III部参照）．

1.3. 近代英語から現代英語

　1500年から1900年までの英語を近代英語（Modern English: ModE）とよぶが，1700年までを初期近代英語（Early Modern English: EModE），1700年以降を後期近代英語（Late Modern English: LModE）として下位区分することがある．そして，1900年以降の英語を現代英語（Present-day English: PE）とよぶ．

　中英語から近代英語への移行期には，強勢のある長母音に影響を及ぼした大規模な変化である大母音推移（Great Vowel Shift）が起こった．また，初期近代英語は英国ルネッサンスの時期であり，ラテン語やギリシア語から多

くの語彙が借用された．

　中英語以降，動詞の豊かな屈折が徐々に衰退し，近代英語に助動詞の体系が確立したことにより，現代英語と同じ節構造をもつようになったとされている（第 II 部参照）．

2. 生成文法の理論的枠組み

　本節では，言語変化の説明のための基盤として，Noam Chomsky により創始された生成文法（generative grammar）の理論的枠組みを紹介する．Chomsky (2000) 以降の極小主義プログラム（Minimalist Program）を採用するが，ここでの記述は最小限に留め，具体的な言語変化の説明の際に必要となる理論的仮定はその都度導入することにする．

2.1. 言語機能

　生成文法では，言語活動を可能にする仕組みとして，人間の脳内に言語機能（language faculty）が生得的に備わっていると仮定している．脳内に存在する言語という意味において，言語機能は I 言語（I(nternalized)-language）とよばれることがある．言語は音と意味を結びつけるシステムであるが，その役割をはたしているのは統語であり，言語機能の構成は以下のように図式化される．

(1)
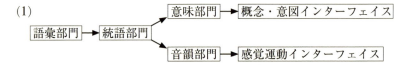

　語彙部門 (lexicon) は，語彙項目 (lexical item)，およびその統語・意味・音韻に関する情報が記載されている辞書である．そこから文を生成するのに必要な語彙項目を取り出し，統語部門 (syntactic component) において組み合わせることにより，順次大きな構造的まとまり，すなわち構成素 (constituent) を形成する．このように構成素を組み合わせる操作のことを併合 (Merge) とよぶ．統語部門の他の操作として移動 (Move) があるが，移動

は既存の構造の中にある構成素を取り出してその構造に併合する操作である
ため，最近では併合の一種として，内併合（Internal Merge）とよばれ，独
立した構成素同士を組み合わせる通常の併合は外併合（External Merge）と
よばれる（Chomsky（2004, 2008）など参照）．それ以外に一致操作（Agree）
とよばれる操作があり，一致現象や格付与（Case assignment）において重
要な役割をはたす．

　統語構造が完成すると，転送（Transfer）とよばれる操作により意味部門
（semantic component）と音韻部門（phonological component）に引き渡さ
れ，各部門で意味解釈と音韻解釈が与えられることにより，概念・意図イン
ターフェイス（Conceptual-Intentional interface）と感覚運動インターフェ
イス（Sensorimotor interface）が形成される．そして，これら 2 つのイン
ターフェイスの情報は言語と接する外部のシステムへと送られる．

2.2. 語彙部門の情報
　語彙項目は，記述的内容をもつ語彙範疇（lexical category）と文法的役割
をはたす機能範疇（functional category）に大別され，それぞれを構成する
範疇には少なくとも以下のものがある．語彙範疇は伝統文法における品詞の
分類とほぼ同じであるため，ここでは機能範疇についてのみ簡潔に解説す
る．

(2)　語彙範疇
　　　名詞（N(oun)），動詞（V(erb)），形容詞（A(djective)），副詞
　　　（Adv(erb)），前置詞（P(reposition)）
(3)　機能範疇
　　　限定詞（D(eterminer)），時制（T(ense)），補文標識（C(omple-
　　　mentizer)），軽動詞（light verb;（little/small）v）

限定詞には冠詞，指示詞，数量詞が含まれ，名詞の指示や数量を限定する機
能をはたす．時制には時の解釈にかかわる助動詞や不定詞標識 to が含まれ，
助動詞を持たない定形節では時制接辞がその位置を占める．補文標識には
that, if, whether, 不定詞節を導く for が含まれ，主語や目的語として働く

従属節を導入し，定形性（finiteness）と発話力（illocutionary force）を担う範疇である.[1] 軽動詞は主語を導入し，目的語の格を認可する役割をはたす.

　語彙項目のうち，動詞などは述語（predicate）として機能するが，述語の種類により，それが表す事態に参与する項（argument）の数，および項がはたす意味上の役割，すなわち主題役割（thematic role）または θ 役割（θ-role）が異なっており，これらの情報は語彙部門において項構造（argument structure）として指定されている．以下に項構造の例をいくつかあげるが，(4a, b) は自動詞，(4c, d) は他動詞の例である．動詞句の外部に生成される項は外項（external argument），動詞句の内部に生成される項は内項（internal argument）とよばれ，外項に付与される θ 役割に下線を引いて区別することがある.

(4)　a.　*dance*: (<u>Agent</u>)

　　　　The girl danced.

　　b.　*arrive*: (Theme)

　　　　Many people arrived.

　　c.　*kill*: (<u>Agent</u>, Patient)

　　　　Bill killed the attorney.

　　d.　*give*: (<u>Agent</u>, Goal, Theme)

　　　　John gave Mary a present.

(4a) において dance は the girl に動作主（Agent）の θ 役割を付与する．外項のみを選択する自動詞は非能格動詞（unergative verb）とよばれ，dance, laugh, swim, work などの活動を表す動詞がその代表である．(4b) において arrive は many people に主題（Theme）の θ 役割を付与する．内項のみを選択する自動詞は非対格動詞（unaccusative verb）とよばれ，arrive, come, grow, sink などの場所変化や状態変化を表す変移動詞（mutative verb）がその代表である．(4c) において kill は Bill に動作主，the attorney

---

[1] 例えば，that は定形の平叙節を導く補文標識，whether は定形・非定形の疑問節を導く補文標識である.

に被動者（Patient）の θ 役割を付与する．(4d) において give は John に動作主，Mary に着点（Goal），a present に主題の θ 役割を付与する．

2.3. 統語部門における派生

以上の仮定に基づき，(5) を例として統語部門における派生について考察する．

    (5)   John will read the book.

まず，範疇 D に属する the と範疇 N に属する book が併合され，限定詞句，DP（determiner phrase）が形成される．句の中心となる語彙項目を主要部（head）とよぶが，ここでは Abney (1987) 以降の研究にしたがい，名詞句は限定詞を主要部とする DP であると仮定する．つぎに，範疇 V に属する read と DP the book が併合され，動詞句，VP（verb phrase）が形成される．内項の the book は read の補部（complement）となる．さらに，軽動詞 v と VP read the book が併合され，v の中間投射（intermediate projection）である v′ が形成される．v は接辞であるため，read が v の位置に移動する（Chomsky (1995)）．続いて，外項の John と v′ が併合されることにより，v の最大投射（maximal projection）である軽動詞句，vP（little/small verb phrase）が形成され，John は vP の指定部（specifier）となる．John の内部構造については，Radford (2009) などにしたがい，空の D と範疇 N に属する John が併合されることにより形成される DP であると仮定する．この段階において v が the book と一致操作を結び，the book に対格（accusative Case）が付与される．[2]

　派生は進み，範疇 T に属する will と vP が併合され，T の中間投射である T′ が形成される．そして，T と John が一致操作を結ぶことにより John に主格（nominative Case）が付与されるとともに，T の拡大投射原理（Ex-

---

  [2] 古英語から中英語にかけて名詞の格屈折が衰退し，現代英語では動詞の目的語に付与される格は 1 種類のみとなっているので，目的格（objective Case）という用語を使うのが適切であるかもしれない．英語史における格体系の変化については，第 2 章 4 節，および第 III 部を参照．

tended Projection Principle: EPP) 素性を満たすために John が TP の指定部に移動し，時制句，TP (tense phrase) が形成される．対格や主格のように，一致操作という構造関係にもとづいて付与される格を構造格 (structural Case) とよぶ．

最後に，平叙の発話力をもつ定形の C が TP と併合され，補文標識句，CP (complementizer phrase) が形成される．英語の主節では顕在的な補文標識が現れることはないが，定形性と発話力をもつため，従属節だけでなく主節も CP 構造をもつと仮定する．以上のような一連の併合，移動，一致操作が適用された結果，以下の統語構造が得られる．[3]

(6)

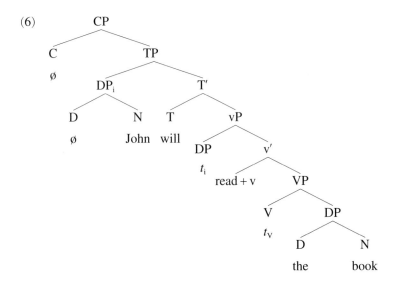

2.1 節で述べたように，統語構造が完成すると，その情報は意味部門と音韻部門に送られる．Chomsky (2000) 以降の枠組みではフェイズ (phase) を単位とする派生が提案され，フェイズが完成する度にその主要部の補部が転送されると仮定されている．そして，転送された領域はその後の統語操作を受けられなくなる．一般にフェイズは CP と v*P (外項を含む完全な項構

---

[3] (6) において ø は空の主要部を表す．t は移動した構成素の痕跡 (trace) またはコピー (copy) であり，指標 (index) により対応関係を示す．

造をもつ vP）であるとされているので，（6）の派生において，vP の段階で VP，CP の段階で TP がそれぞれ転送されることになる．

　最後に，近年統語地図作成（syntactic cartography）とよばれる研究プロジェクトが推進され，節や名詞句を構成する豊かな機能範疇の階層構造の存在が明らかにされている．その先駆的研究である Rizzi (1997) では，CP 領域は発話力に関する Force，話題に関する Top(ic)，焦点に関する Foc(us)，定形性に関する Fin(iteness) から構成され，（7）のような階層構造において，各機能範疇の指定部が前置要素の着地点 (landing site) になることが提案されている．Top と Foc は，それぞれ話題と焦点となる要素がある場合にのみ随意的に投射される範疇である．また，wh 句の着地点については，焦点要素との共起可能性や話題要素との相対語順から，主節では FocP の指定部，従属節では ForceP の指定部であると仮定されている．

(7)　$[_{ForceP}$ wh $[_{Force'}$ Force $[_{TopP}$ 話題 $[_{Top'}$ Top $[_{FocP}$ wh／焦点 $[_{Foc'}$ Foc $[_{TopP}$ 話題 $[_{Top'}$ Top $[_{FinP}$ Fin TP]]]]]]]]]

このような機能範疇の階層構造はもともと共時的研究において提案されたものだが，近年では通時的研究においてもその有用性が実証され（Roberts (1996)，Gelderen (2004)，Nawata (2009) など），第 II 部において研究成果の一部が紹介される．

3.　文法変化としての言語変化

　2.1 節で見たように，人間の脳内には生得的に言語機能が備わっているが，生まれた時の言語機能の初期状態に関する理論を普遍文法（Universal Grammar）という．普遍文法がどのような構成になっているのかは各時代の理論によって異なるが，それは言語の基本特性を捉えるための必要最小限の原理や操作を含み，可能な人間言語の範囲を定めるとともに，言語獲得 (language acquisition) の基盤となるものである．以下に簡略化された言語獲得のモデルを示す．

(8) 言語 L のデータ → 普遍文法 → 言語 L の文法

普遍文法により特徴づけられる言語機能をもって生まれた子供は，入力として言語 L のデータに接することにより，出力，すなわち言語機能の到達状態である言語 L の文法を獲得する．この意味において，普遍文法は言語獲得装置（language acquisition device）として機能するが，言語獲得の際に子供が接するデータは一次言語資料（primary linguistic data）とよばれる．

(8) において，普遍文法はすべての人間に共通する遺伝的資質であり，アフリカに出現した人類が言語を使用するようになって以降は変化していないと考えられる．したがって，生成文法における言語変化とは，出力としての言語 L の文法変化である．Andersen (1973), Lightfoot (1979) は以下の図式に基づき，文法変化が子供の言語獲得の際に起こると主張している．

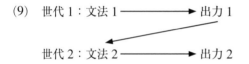

(9) において，世代 1（大人の世代）は文法 1 を持ち，それに基づき発話の集合体である出力 1 を産出する．世代 2（子供の世代）は出力 1 を一次言語資料として文法 2 を獲得する．文法 1 と文法 2 が異なっていれば文法変化が起こったことになるが，その結果，出力 1 とは異なる出力 2 が産出されることになる．このような変化をアブダクション（abduction）とよぶ．

ここで，なぜ文法 1 から産出される出力 1 にもとづいて，文法 1 とは異なる文法 2 が獲得されるのかという問題が生じる．これは言語変化の論理的問題（logical problem of language change）と呼ばれ（Clark and Roberts (1993)），言語変化の研究にとって困難な課題を提起する．(9) の文法変化の鍵となるのは出力 1 の変化であり，それには 2 つの要因が関与していると考えられている（Kroch (2001), Roberts (2007)）．1 つ目は統語・意味・形態・音韻変化などの言語内の要因であり，世代 1 が言語使用の場において，親の世代の文法からは産出されないデータを含む出力 1 を産出することにより，世代 2 が文法 1 とは異なる文法 2 を獲得するというものである．

第1章　生成文法の理論的枠組みと言語変化　　11

2つ目は言語接触などの言語外の要因であり，世代2が文法1から産出される出力1に加え，他言語・方言のデータを直接的に受け取るか，言語接触により世代1が獲得した第二言語の文法から産出されるデータを受け取ることにより，文法1から文法2への変化が生じるというものである．

　1980年代以降の生成文法理論においては，普遍文法はすべての言語に共通する原理や操作，および言語変異の範囲を定めた選択肢の集合であるパラメーター（parameter）からなると仮定されている．したがって，言語間の主要な統語的相違はパラメーター値の違い，すなわちパラメーター変異（parametric variation）として説明され，統語構造に関する子供の言語獲得はパラメーター値の設定に還元されることになる．具体例として，主要部と補部の語順に関する主要部パラメーター（head parameter）があげられる．以下に示されるように，句の構造において，英語では主要部が補部に先行するのに対して，日本語では主要部が補部に後続する．これは主要部パラメーターの値の違いを反映しており，英語は主要部先行（head-initial），日本語は主要部後続（head-final）であると分析される．(10)のようなデータは一次言語資料に豊富に含まれているため，子供は容易に主要部パラメーターの値をいずれかに設定することができる．

(10) a.　[$_{VP}$ [$_V$ write] [$_{DP}$ a letter]]

　　 b.　[$_{VP}$ [$_{DP}$ 手紙を] [$_V$ 書く]]

この考えを言語変化に適用すると，同一言語の異なる歴史的段階に見られる統語的相違はパラメーター値の変化，すなわちパラメーター変化（parametric change）とみなすことができる．したがって，生成文法理論における言語変化の主要なメカニズムは，言語獲得の際に起こるパラメーター変化であることになる．しかし，次章で見るように，パラメーター変化に還元することが困難な言語変化の事例が存在することも事実である．

第 2 章

言語変化のタイプ

1. 再分析とパラメター変化

　本章では，第 1 章 3 節で見た生成文法理論における言語変化の要因とメカニズムという観点から，主要な言語変化のタイプについて考察するが，その代表例である再分析（reanalysis）から議論を始める．再分析とは，表層の記号列に影響を与えることなく，基底構造を変えるタイプの変化であり，いくつかの研究では統語変化のメカニズムとして仮定されている（Roberts (1993), Harris and Campbell (1995)）．再分析の例として，Lightfoot (1979) 以降盛んに研究されている，can, may, will などの法助動詞の発達が挙げられる．Lightfoot によれば，16 世紀までに前法助動詞（premodal）がいくつかの例外的特性をもつようになった結果，本動詞としての位置づけが不透明になり，本動詞から助動詞へと再分析された．その例外的特性には，前法助動詞が三人称単数の屈折をもたない，過去時制が必ずしも過去の意味を表さない，to 不定詞を補部にとらないことなどが含まれる．再分析の帰結として，以下の例を最後に，法助動詞が非定形で用いられなくなり，一部の方言を除き法助動詞が連続して現れる構文が消失した．

(1) a. that appered at the fyrste to <u>mow</u> stande the realm in great stede …　(1533 More, Works 885 Cɪ/Lightfoot (1979: 110))

12

b. I fear that the emperor will depart thence, before my letters
   <u>shall</u> <u>may</u> come unto your grace's hands

(1532 Cranmer, Letters / ibid.)

Biberauer and Roberts (2010: 280) は，概略以下のような法助動詞の再分析を提案している．

(2) a. [$_{TP}$ John$_i$ [$_T$ [$_T$ will] [$_{vP}$ t_v [$_{VP}$ t_v [$_{TP}$ t_i [$_{T'}$ T [$_{vP}$ t_i [$_{v'}$ walk [$_{VP}$ t_V]]]]]]]]]

→ b. [$_{TP}$ John$_i$ [$_{T'}$ [$_T$ will] [$_{vP}$ t_i [$_{v'}$ walk [$_{VP}$ t_V]]]]]

(2a) の will は TP を補部にとる本動詞であり，V から v を経由して T に移動している．TP の中に TP が埋め込まれている重節構造 (bi-clausal) となっており，John は補部内の vP 指定部から TP 指定部を経由して，主節の TP 指定部に移動している．一方，(2b) の will は T に直接併合される助動詞であり，全体として単節構造 (mono-clausal) となっている．16 世紀までに前法助動詞が上述の例外的特性を蓄積し，本動詞としての位置づけが不透明になった結果，(2b) の構造とも両立するようになった．

このような構造的多義の状況における再分析の駆動因として，言語獲得の際に作用する経済性 (economy) に関する原理が提案されている (Roberts (1993, 2007), Roberts and Roussou (2003), Gelderen (2004))．ここでは以下の 2 つの原理の観点から，(2) の再分析について考察する．

(3) できる限り遅い段階で併合せよ．(Gelderen (2004: 12)：筆者訳)

(4) 入力テクストの部分記号列 S に対する 2 つの構造表示 R と R′ がある場合，R のほうが R′ よりも少ない形式素性 (formal feature) を含むならば，R は R′ よりも単純である．

(Roberts (2007: 235)：筆者訳)

(3) の後段併合の原理 (Late Merge Principle) によれば，派生の早い段階で併合して移動するよりも，派生の後の段階で移動なしに直接併合するほうが好まれる．したがって，(2a) のように will を V に併合した後 T に移動

するよりも，（2b）のように will を直接 T に併合するほうが経済的である
ため，どちらの構造も可能な場合には（2b）が選ばれる．また，（4）の原理
は素性経済性（Feature Economy）とよばれることがあるが（Biberauer and
Roberts（2017）），形式素性の数が少ない構造表示のほうが好まれるというも
のである．DP の移動が EPP 素性により駆動されることは第 1 章 2 節で見
たが，V から T への移動のような主要部移動（head movement）にも EPP
素性が関与しているとすると（Biberauer and Roberts（2010），Haeberli
and Ihsane（2016）），この原理の帰結として，形式素性の数が少なく，ゆえ
に移動の適用回数が少ない構造が好まれることになる．したがって，will が
移動しておらず，John が 1 度しか移動していない（2b）の構造が選ばれる．

　第 1 章 3 節で論じたように，最近の生成文法理論における主要な言語変
化のメカニズムはパラメーター変化であるので，再分析の根底にはパラメーター
変化がある，または再分析はパラメーター変化の副産物であるとする提案があ
る．例えば，Roberts and Roussou（2003）は機能範疇が音声的に具現化さ
れる方法として，併合と移動の 2 種類があるとし，法助動詞の再分析は，T
の音声的具現化の方法が移動から併合へと変化したものとして捉えることが
できると主張している．（* は当該の機能範疇が音声的に具現化されなけれ
ばならないことを示す.）

(5)　T*$_{Move}$ > T*$_{Merge}$　　　　　　(cf. Roberts and Roussou（2003: 195））

この変化の駆動因は（4）の素性経済性である．

　しかし，縄田（2005）で詳しく論じられているように，法助動詞の再分析
をパラメーター変化とみなすことには問題がある．例えば，can よりも may
のほうが認識様態の意味を早い時期に発達させたこと，および mot, shall
がすでに古英語から定形でのみ用いられていたこと（Warner（1993））から
わかるように，法助動詞の種類により再分析の時期が異なると考えられる．
パラメーター変化が当該の範疇のすべての語彙項目に等しく作用するならば，
法助動詞の再分析をパラメーター変化に還元するのは困難である．法助動詞の
発達は次節で議論する文法化（grammaticalization）の一例であり，個々の
語彙項目を対象とする変化として分析するのが妥当であろう．

2. 文法化：不定詞標識 to を例として[1]

Hopper and Traugott (2003: 7) は以下のクライン（cline）を提示し，文法化とよばれるタイプの言語変化において，語彙的意味をもつ内容語が文法的役割をはたす機能語へ，さらには接語や屈折接辞へと変化することがあることを観察している．

(6)　content item > grammatical word > clitic > inflectional affix

前節で見た法助動詞の発達は内容語から機能語への文法化の事例であり，生成文法理論においては，統語・意味・形態変化を要因とする，語彙範疇 V から機能範疇 T への再分析であると分析される．本節では，不定詞標識 (infinitive marker) to の文法化を取り上げ，英語史の各時代における to 不定詞の統語構造を示すとともに，to が前置詞としての素性を失い，機能範疇としての素性を獲得する過程を明らかにし，to の文法化を素性の変化として特徴づける．そして，to の素性の変化を引き起こした要因は，不定詞に関する形態変化であることを議論する．

Haspelmath (1989) などで論じられているように，多くの言語における不定詞標識は方向・目的を表す前置詞を起源としており，英語の不定詞標識も例外ではない．Los (2005) によれば，to 不定詞の起源は前置詞 to が派生名詞を補部にとる前置詞句であり，その構造を示した (7) では，動詞の語幹 ber- に派生接辞 -*anja- が付加されて名詞化され，その派生名詞に与格単数の屈折接辞 -*i- が付加されている．（* がついた接辞は再建されたものである．）

(7)　*to* (preposition) + *ber-* (verb stem) + -*anja-* (derivational suffix)
　　　+ -*i-* (dat sg inflection)　　　　　　　　　　　(Los (2005: 156))

また，Los はゴート語の事実に基づき，to 不定詞のもともとの機能は目的を表す付加詞であったと述べている．したがって，古英語以前の最初期の

---

[1] 本節は田中 (2013) の一部に加筆修正を加えたものである．

16　第Ⅰ部　生成文法理論における言語変化

to の素性，および to 不定詞の構造は以下のようになる．ここでは前置詞の格付与特性を素性として表記するが，(8) において to は意味素性 [purposive] と格素性 [dative] をもつ前置詞であると分析される．

(8)　古英語以前：[purposive], [dative]（＝P）

　　　[$_{PP}$ to [$_{DP}$ D [$_{NP}$ N（V＋derivational affix＋inflectional affix）…]]]

　Los によれば，(7) における -*anja- は派生接辞であるために，付加できる動詞の種類が限られていたが，他の名詞化接辞との競合に勝利し，次第にすべての動詞に付加できるようになった．そして，付加できる語幹の種類に制限がないというのは屈折接辞の特性であるため，-*anja- は派生接辞から屈折接辞へと変化した．屈折接辞は語幹の範疇を変えないので，-*anja- が屈折接辞に変化したことにより，不定詞は名詞的範疇から動詞的範疇へと変化した．これにより，to 不定詞は仮定法の that 節と同様の機能をもつようになり，その結果として，古英語までに to 不定詞は目的を表す付加詞だけでなく，動詞の項として用いられるようになった．この事実は to の意味素性 [purposive] が失われたことを示しており，to の文法化の第一段階として意味の漂白化（semantic bleaching）が起こったとみなされる．古英語における to 不定詞の例を以下にあげるが，(9a) は主語制御（subject control），(9b) は目的語制御（object control）の例である．[2]

(9) a.　he gewilnode to hæbbenne þæt lof　&　herunge his
　　　　he desired　to have　　the glory and praise　his
　　　　mæran　drohtnunge
　　　　excellent conduct
　　　　'he desired to have the glory and praise for his excellent conduct'　　　　　　　　　　　　　　　(GD 8.117.30, H/Los (2005: 182))

---

　[2] (9b) では関係節の先行詞が to 不定詞の目的語に対応する，すなわち to 不定詞の目的語位置から移動が起こっていることに注意すべきである．一般に付加詞からの抜き出しは不可能であるので (Huang (1982))，この事実は to 不定詞が動詞の項として機能していることを示す．

b. þa fæstendagas, ðe men eow beodað to healdenne
   the fast-days   that one you order to keep
   'the fast days that people order you to keep'

(HomU 36, 148 / ibid.: 118)

to の意味の漂白化に加えて，(7) における派生接辞と屈折接辞が衰退し，古英語では不定詞形態素 (infinitive morpheme) として，原形不定詞に現れる主格・対格形の -an，および to 不定詞に現れる与格形の -enne のみが残った．格の区別を示す不定詞形態素が存続しており，(9) のように to に後続する動詞は常に与格語尾をともなって現れていたので，to は前置詞として格素性 [dative] を保持していたと考えられる．これは to 不定詞が PP と等位接続されている以下のような例からも支持される．すなわち，同一の範疇に属する構成素のみが等位接続されるとする標準的仮定に従えば，(10) の例は to 不定詞が前置詞 to を主要部とする PP であったことを示す．

(10) ut eode [to his gebede] oððe [to leornianne mid his
      out went to his prayer or   to learn   with his
      geferum]
      comrades
      'he went out to give his prayer or to study with his comrades'

(Bede 162.7 / Kageyama (1992: 99), Jarad (1997: 51))

to 不定詞の内部構造に目を向けると，節を構成する機能範疇 T と C の存在を示す証拠は古英語には見られない．上で述べたように，不定詞は動詞的範疇へと変化したが，(9a) のように対格目的語をとることから，対格付与にかかわる vP まで投射されていたことになる．以上の議論に基づき，古英語の to 不定詞は，格素性 [dative] をもつ前置詞 to が vP を補部にとる構造をもっていたと仮定する．以下では不定詞形態素を INF と表記する．

(11) 古英語：[dative]（= P）
      [$_{PP}$ to [$_{vP}$ V-INF [$_{VP}$ t_V …]]]

極小主義プログラムの標準的分析に従えば，非定形節の主語位置に現れる代名詞主語 PRO は，非定形の T との一致操作にもとづきゼロ格（null Case）を付与されることにより認可されるので（Chomsky and Lasnik (1993)），T を持たない (11) の構造には PRO が現れることができず，不定詞の外項がどのように認可されるのかが問題となる．ここでは Tanaka (2007) に従って，不定詞形態素が to による格付与の下で不定詞の外項として機能すると仮定する．Kageyama (1992), Fischer et al. (2000), Los (2005) などによれば，ラテン語の影響を受けている場合を除けば，古英語の to 不定詞は語彙的主語をとることができず，もっぱら (9) のような制御構文としてのみ用いられていた．上述の仮定によれば，古英語の to 不定詞では，不定詞形態素が to から与格を付与されることにより不定詞の外項となるので，さらに別の外項として語彙的主語が現れることはできず，不定詞形態素を外項とする制御構文のみが許されていたと説明される．

　初期中英語になると，不定詞形態素の主格・対格と与格の区別が消失し，不定詞の種類にかかわらず -en / -e という形に水平化された．これは前置詞の格付与方式の変化と関係があり，Kemenade (1987), Allen (1995) によれば，初期中英語に前置詞は構造格を付与するようになった．ここでは，同じ変化が不定詞標識 to にも起こり，to の格素性が [dative] から [accusative] へと変化し，それが不定詞形態素の水平化として顕現化したと考える．[3] to 不定詞の内部構造については，初期中英語においても機能範疇 T と C の出現を示す証拠はない．したがって，初期中英語における to 不定詞の構造は，to の格素性を除けば古英語と同じであったと考えられる．古英語の場合と同様に，(12) は不定詞形態素が to による格付与の下で外項として機能する制御構文となる．

---

　[3] 古英語では前置詞ごとに付与する格の種類が決まっており，与格と対格のどちらも支配する前置詞は，一般に与格目的語をとる場合は静止，対格目的語をとる場合は動作を表す．このように，古英語の前置詞が付与する格は語彙や意味により決定されるので，構造格ではなく内在格（inherent Case）である（内在格については 4 節参照）．初期中英語以降は前置詞が付与する格は 1 種類のみとなり，構造格を付与するようになったが，当該の格を目的格または斜格（oblique Case）とよぶ方が適切であるかもしれない（第 1 章 2.3 節の注 2 参照）．

(12)　初期中英語：[accusative]　（＝P）

　　　　[$_{PP}$ to [$_{vP}$ V-INF [$_{VP}$ t_V …]]]

　後期中英語には不定詞形態素がさらに衰退し，-e という形で現れる，あるいは形態的に具現化されないこともあった．不定詞形態素はもともと前置詞としての to により認可される不定詞の名詞的特性であるので，この時期にその認可にかかわる to の格素性が失われ始めたことになる．これは to が前置詞から機能範疇へと変化し始めたことを意味する．Fischer (1992) によれば，完了不定詞（perfect infinitive）は 14 世紀にある程度の頻度で観察されるようになり，当時の完了不定詞は実現されなかった出来事を表す用法が主流であったが，主節とは異なる時制解釈をもつ以下のような完了不定詞の例も見受けられる．これは to 不定詞に機能範疇 T が導入されたことを示す証拠であり，to が前置詞から T へと再分析され始めたことを示唆する．

(13)　The worste kynde of infortune　is this, A man to han　ben

　　　the　worst　kind　of misfortune is this　a　man to have been

　　　in prosperitee, And it remembren whan it passed is.

　　　in prosperity　and　it remember　when it passed is

　　　　　　　　　　　　　　　(Troilus III.1626–8 / Fischer (1992: 325))

　一方，随意的になったものの，不定詞形態素は存続しており，以下のような to 不定詞と PP が等位接続されている例が観察されるので，後期中英語では前置詞としての to を主要部とする構造も共存していたと考えられる．

(14)　Ion　mouyde men [to mekenesse] and [to þenke on þe day of

　　　John moved men to meekness　and　to think　on the day of

　　　dom], …

　　　doom　　　　　　(Wycl. Serm. III 128. 32 / Denison (1993: 189))

　以上の考察にもとづき，後期中英語における to 不定詞は以下の 2 通りの構造をもっていたと仮定する．

(15) 後期中英語：[accusative]（＝P）or [EPP]（＝T）

    a. [$_{PP}$ to [$_{vP}$ V-INF [$_{VP}$ t_V …]]]

    b. [$_{TP}$ DP$_i$ [$_{T'}$ to [$_{vP}$ t_i [$_{v'}$ V [$_{VP}$ t_V …]]]]]

（15a）は（12）と同じ構造であるが，新たに導入された（15b）は機能範疇 T としての to を主要部とする TP 構造をもつ．to は格素性をもたず，かつ不定詞形態素が存在しないので，不定詞の外項は vP の指定部に併合され，EPP 素性を満たすために TP の指定部に移動する．したがって，この時期に語彙的主語をともなう to 不定詞，すなわち例外的格標示（exceptional case-marking: ECM）構文が出現したという事実が説明される（Gelderen (1993), Fischer, et al. (2000), Los (2005)）．

(16) I have knowe vertu to haue gon out of me

      I have known virtue to have gone out of me

                                       （Wyclif, Luke 8. 46／Gelderen (1993: 61)）

機能範疇 T としての to をともなう（15b）の構造が導入されたことを示す証拠として，後期中英語に分離不定詞（split infinitive）と代不定詞（pro-infinitive）が出現したという事実があげられる．まず，分離不定詞は to と不定詞の間に副詞や否定辞が介在する構文であり，14 世紀ごろから見られるようになった（Visser (1966), Gelderen (1993)）．

(17) þe stomak comeþ feble and losyþ his strengthe to fully

      the stomack becomes feeble and loses his strength to fully

      sethe þe mete

      seethe the meat

                    （c1400 tr. Secreta Secret. 71, 36／Visser (1966: 1041)）

以下に示されるように，前置詞とそれが格付与する目的語の間に副詞などが介在することはできないので，前置詞による格付与には隣接性条件（adjacency condition）が課せられると考えられる（Chomsky (1981)）．

(18) *John spoke to angrily Mary.

（11），（12）の構造では前置詞 to が不定詞形態素に格付与するため，両者が隣接していなければならず，14世紀以前は分離不定詞が許されなかったという事実が導かれる．一方，（15b）の構造において to は不定詞に格付与しないため，両者は隣接する必要がなく，分離不定詞が出現したと説明される．

　次に，代不定詞は to 不定詞において to を残してその補部の vP が省略される構文であるが，19世紀以前は頻度が低いものの，14世紀ごろから観察される（Visser (1966), Gelderen (1993)）．

(19)　But wylle ȝe　alle foure do A þyng þat y prey ȝow to
　　　but will　you all　four　do a　thing that I ask　you to
　　　　　　　　(1303 Brunne, Handl. Synne 8021/Visser (1966: 1062))

Lobeck (1995), Bošković (1997) などにおいて，指定された種類の機能範疇のみがその補部の省略を認可するという条件が提案されている．したがって，to が機能範疇に変化した14世紀以降に，to がその補部の省略を認可するようになり，代不定詞が出現したと説明される．

　近代英語の16世紀になると，不定詞形態素は消失し，不定詞は完全に名詞的特性を失った．それにともない，もともと不定詞の名詞的特性を認可していた前置詞としての to の格素性も消失した．したがって，16世紀中には（15a）の構造が失われ，現代英語と同じ以下の構造をもつようになった．

(20)　近代英語：[EPP]（=T）
　　　$[_{TP} DP_i [_{T'} \text{to} [_{vP} t_i [_{v'} V [_{VP} t_V \ldots]]]]]$

以上の議論をまとめると，不定詞標識 to の文法化は to が前置詞としての特性を失い，機能範疇としての特性を獲得する発達過程における，to の素性の変化として捉えることができる．その要因となったのは，不定詞に関する形態変化，具体的には，英語史以前に起こった名詞化接辞の屈折接辞への変化，および英語史における不定詞形態素の衰退とその後の消失である．そして，to の素性の変化，および to 不定詞の構造変化の帰結として，完了不定詞，ECM 構文，分離不定詞，代不定詞などのいくつかの構文が出現したことを見た．

3. 語順変化[4]

英語史における最も顕著な統語変化の1つとして,「目的語・動詞」(以下 OV) 語順から「動詞・目的語」(以下 VO) 語順への変化があげられ,生成文法理論の枠組みにおいて多くの研究がなされてきた. その中で先駆的研究である Kemanade (1987) は,12世紀に基底語順が OV から VO へと急激に変化したと主張している. 一方,1990年代以降の最近の研究において,OV から VO への語順変化は古英語に始まり,初期近代英語に完了した長期間にわたる漸進的な変化であることが報告されている. 例えば,Pintzuk (1999) は古英語においてすでに多くの VO 語順の事例が見られることを指摘しており,Wurff (1997), Kroch and Taylor (2000) は初期中英語において OV 語順がまだ生産的であったことを観察している. また,Wurff (1999), Moerenhout and Wurff (2005), Pintzuk and Taylor (2006) によれば,VO 語順が圧倒的優位であった15世紀から16世紀にかけて,否定や数量を表す目的語について OV 語順がある程度の頻度で用いられていた. (21) は古英語における VO 語順の例,(22) は初期中英語における OV 語順の例,(23a, b) はそれぞれ後期中英語と初期近代英語における OV 語順の例である.

(21) Þu hafast gecoren þone wer
you have chosen the man
'you have chosen the man'

(ApT 34.23 / Fischer, et al. (2000: 148))

(22) þat ne haue noht here sinnes forleten
who not have not their sins forsaken
'who have not forsaken their sins'

(CMTRINIT, 67.934 / Kroch and Taylor (2000: 154))

---

[4] 本節は Tanaka (2014) の一部に加筆修正を加えたものである.

(23) a. he haþ on vs mercy, for he may [al þynge] do

　　　 he has on us mercy for he may all things do

　　　　　　　　　　　　　　　　(Barlam 2740/Wurff (1999: 241))

　　b. I coulde [none other aunswere] make that I had before made

　　　 (Correspondence, letter 216, 29-30/Moerenhout and Wurff

　　　 (2005: 92))

　英語史における OV から VO への語順変化は表層の文字列の変更を伴い，個々の語彙項目ではなく句の構造に作用する変化であるので，再分析や文法化とは異なるタイプの言語変化である．本節では，Pintzuk and Taylor (2006) における OV/VO 語順の史的変化に関する分析を修正・拡張することにより，主要部パラメター，および目的語移動の変化に着目し，英語史における OV から VO への語順変化を説明する．

　まず，英語史における OV/VO 語順の分布に関するデータを概観する．Pintzuk and Taylor (2006) は The York-Toronto-Helsinki Parsed Corpus of Old English Prose (YCOE) と The Penn-Helsinki Parsed Corpus of Middle English 第 2 版 (PPCME2) を用いて，古英語と中英語における OV 語順の分布を調査している．第 3 章で詳しく論じるように，初期英語，特に古英語と中英語における定形の語彙動詞と助動詞は CP または TP 領域に移動するので，その移動の影響を排除し，動詞と目的語の基底語順に出来る限り近いデータを得るために，Pintzuk and Taylor は助動詞をともなう定形節における語彙動詞と目的語の相対語順を調査対象としている．そのようなタイプの定形節では，定形助動詞は CP または TP 領域に移動するが，非定形の語彙動詞は vP 内に留まるため，基底語順を反映したデータが得られると考えられる．[5] その際，接語 (clitic) または弱代名詞 (weak pronoun) として特異な分布を示す代名詞目的語を除外し (Kemenade (1987)，およ

---

　[5] V は v に移動するので（第 1 章 2.3 節参照），厳密に言えば，当該のデータは VP ではなく vP の基底語順（主要部パラメターの値）を反映していることになる．しかし，ここでは vP を含む句構造が抱えるこの問題を掘り下げることはせず，VP と vP の主要部パラメターの値は同じであると仮定し，以下のデータが VP の基底語順を反映しているとして議論を進める．

び第3章を参照），many people，something などの数量目的語（quantified object），no money，nobody などの否定目的語（negative object），John's book や the man のようなそれ以外の通常の目的語である肯定目的語（positive object）の3種類に分類している．Pintzuk and Taylor のデータに加えて，Tanaka（2014）は The Penn-Helsinki Parsed Corpus of Early Modern English（PPCEME）を用いて，同様の方法で初期近代英語に関する調査を行っている．これらの調査結果を合わせたのが表1であり，それぞれの数字は OV 語順と VO 語順を合わせた全体数に対する OV 語順の割合を示している．

	EOE	LOE	M1	M2	M3	M4	E1	E2	E3
肯定	56.7%	50.4%	28.4%	3.1%	1.3%	0.7%	0.9%	0.2%	0.03%
数量	63.5%	56.4%	34.7%	10.6%	6.0%	6.1%	2.3%	0.4%	0%
否定	91.8%	78.3%	41.0%	18.2%	20.3%	22.0%	3.8%	0.6%	0%

表1：助動詞をともなう定形節における OV 語順の割合[6]

表1の調査結果より，肯定目的語よりも数量・否定目的語のほうが，OV 語順の割合が高いことが観察される．また，Pintzuk（1999）にしたがって，文法性の分岐点が1%であり，頻度1%未満のパターンは非文法的であるとすると，肯定目的語では M3 から M4 への移行期である15世紀初頭までに OV 語順が消失したと判断される．これは15世紀から16世紀にかけて，OV 語順が数量・否定目的語のみに限られるようになったとする Wurff（1999），Moerenhout and Wurff（2005）の見解と一致する．一方，数量・否定目的語では15世紀以降も OV 語順が生産的であったが，E2，すなわち16世紀後半に消失したことがわかる．

古英語と中英語の調査結果について，Pintzuk and Taylor（2006）は二重

---

[6] YCOE，PPCME2，PPCEME の時代区分は，O1（-850），O2（850-950），O3（950-1050），O4（1050-1150），M1（1150-1250），M2（1250-1350），M3（1350-1420），M4（1420-1500），E1（1500-1569），E2（1570-1639），E3（1640-1710）である．Pintzuk and Taylor は O1 と O2 を初期古英語（E(arly)OE），O3 と O4 を後期古英語（L(ate)OE）にまとめている．なお，彼女らは YCOE と PPCME2 のデータを執筆年代により分類している．

基底部仮説（double base hypothesis），すなわち OV と VO 両方の基底語順が可能であったとする仮説にもとづき分析している．二重基底部仮説の根底にあるのは，母語話者の脳内に 2 つの文法，または文法内に 2 つのパラメーター値が共存することがあるとする，Kroch（1989）で提唱された文法競合（grammatical competition）という考え方である．それによれば，2 つの文法（パラメーター値）がある期間にわたって競合し，徐々に一方が他方に取って代わることにより，最終的に 1 つの文法（パラメーター値）に収斂する．近年，文法競合にもとづく多くの研究が発表されており，とくに漸進的な言語変化の説明にその有用性が実証されている．以下では，Pintzuk and Taylor の分析を修正・拡大しつつ，二重基底部仮説と目的語移動の可能性を組み合わせることにより，英語史における OV/VO 語順の分布について考察する．

　まず，肯定目的語の分布について考察する．二重基底部仮説と目的語の左方移動と右方移動の可能性を踏まえると，可能な語順パターンは以下のようになる．そのうち，(24b, f) の派生は Pintzuk and Taylor では検討されていない．(24a-c) は OV 基底語順にもとづく派生，(24d-f) は VO 基底語順にもとづく派生である．

(24) a.　主語 助動詞 [$_{vP}$ 目的語 語彙動詞]

　　　b.　主語 助動詞 目的語$_i$ [$_{vP}$ t_i 語彙動詞]

　　　c.　主語 助動詞 [$_{vP}$ t_i 語彙動詞 目的語$_i$]

　　　d.　主語 助動詞 [$_{vP}$ 語彙動詞 目的語]

　　　e.　*主語 助動詞 目的語$_i$ [$_{vP}$ 語彙動詞 t_i]

　　　f.　主語 助動詞 [$_{vP}$ 語彙動詞 t_i 目的語$_i$]

上記の派生のうち，目的語が移動していない (24a, d) の派生は適格である．(24c, f) では目的語が右方移動しているが，それが重名詞句転移（heavy NP shift）と同様に vP/VP 内部で適用されるならば，右方移動に対する制約などに違反することはなく，これらの派生も適格となる（Rochemont and Culicover（1990））．

　残る派生のうち，OV 基底語順において目的語が左方移動している (24b)

は，ドイツ語やオランダ語のような OV 言語に見られる目的語のかき混ぜ (scrambling) と同様の派生であり，適格であると考えられる．この派生の可能性は，目的語が動詞だけでなく副詞の左側に現れている以下のような例から支持される．動詞句修飾の副詞が vP の左端にあるとすると，(25) における肯定目的語は基底位置から，副詞を越えて vP の外部に移動していると分析される．

(25) Læcedemonie   hæfdon Perse   *oft*   oferwunnenn
     Lacedaemonians had   Persians often overcome
     'the Lacedaemonians had often overcome the Persians'

                                        (Or 53. 10–11／Pintzuk (2002: 293))

一方，(24e) では VO 基底語順において肯定目的語が左方移動しているが，Pintzuk and Taylor (2006) によれば，この派生は不適格である．これは以下のような構造，すなわち肯定目的語が動詞に先行し，動詞が代名詞や不変化詞 (particle) などに先行する構造が存在しないことから支持される．彼女らによれば，代名詞や不変化詞のような軽い要素には右方移動が適用されないので，それらが動詞に後続する場合は必ず VO 基底語順になる．したがって，(26) のような構造が存在しないことは，VO 基底語順において肯定目的語の左方移動が許されないことの経験的証拠となる．

(26) *主語 助動詞 目的語$_i$ 語彙動詞 代名詞／不変化詞 t_i

以上の議論を踏まえて，肯定目的語に関する OV／VO 語順の歴史的発達について考察する．上で述べたように，古英語から中英語にかけて OV と VO 両方の基底語順が可能であり，VP に関して主要部先行と主要部後続のパラメーター値が競合していた．Wurff (1997) などの先行研究，および表1から判断すると，14 世紀中に肯定目的語をともなう OV 語順のデータが減少し，子供が OV 基底語順を獲得するのに十分な証拠がなくなったと考えられる．その結果 OV 基底語順が消失すると，OV 基底語順にもとづく (24a–c) の派生が利用不可能となった．残る派生は (24d, f) のみとなり，

いずれも VO の表層語順となるので，15 世紀初めまでに OV 語順が消失したことが説明される．

　次に，Pintzuk and Taylor（2006）は否定目的語と数量目的語を区別して論じているが，ここでは肯定目的語との違いに焦点を当てるために，両者をまとめて数量目的語として扱うことにする．肯定目的語の場合と同様に，二重基底部仮説と目的語の左方移動と右方移動の可能性を考慮すると，可能な語順パターンは以下のようになる．そのうち，(27b, f) の派生は Pintzuk and Taylor では検討されていない．(27a-c) は OV 基底語順，(27d-f) は VO 基底語順にもとづく派生である．この場合も，目的語が移動していない (27a, d) の派生，および目的語が右方移動している (27c, f) の派生は適格である．

(27) a.　主語　助動詞 [$_{vP}$ 目的語　語彙動詞]
　　　b.　主語　助動詞　目的語 $_i$ [$_{vP}$ t_i 語彙動詞]
　　　c.　主語　助動詞 [$_{vP}$ t_i 語彙動詞　目的語$_i$]
　　　d.　主語　助動詞 [$_{vP}$ 語彙動詞　目的語]
　　　e.　主語　助動詞　目的語 $_i$ [$_{vP}$ 語彙動詞 t_i]
　　　f.　主語　助動詞 [$_{vP}$ 語彙動詞 t_i 目的語$_i$]

　残る 2 つの派生のうち，(27b) では OV 基底語順において目的語が左方移動しているが，この派生が可能であることは，数量目的語が動詞だけでなく副詞に先行する (28) のような例から支持される．注目すべきはこの例が二重目的語構文であり，間接目的語として数量目的語，直接目的語として肯定目的語を含み，肯定目的語が動詞に先行している点である．(26) で見たように，肯定目的語は VO 基底語順において動詞を越えて左方移動することができないため，この例は OV 基底語順をもつことになり，したがって，数量目的語が OV 基底語順において左方移動できることを示唆する．[7]

---

　[7] (28) は YCOE からの例であるが，出典は YCOE の表記法にしたがって，テキストの略称と用例 ID によって示す．詳細情報については，http://www-users.york.ac.uk/~lang22/YCOE/YcoeHome.htm を参照のこと．

(28) we sceolon eallum Godes folce *samod* þa boclican
we should all God's people together the written
lare secgan
doctrine declare
'we should declare the written doctrine to all God's people to-
gether' (cocathom2,ÆCHom_II,_6:57.153.1150)

　一方，(27e) では VO 基底語順において数量目的語が左方移動している
が，Pintzuk and Taylor (2006) によれば，この派生は適格である．彼女ら
はそれを支持する証拠として，数量目的語が動詞に先行し，動詞が代名詞に
先行する以下の例をあげている．これは (26) で見た肯定目的語の場合と対
照的であり，VO 基底語順において数量目的語の左方移動が可能であること
を示す．

(29) he ne mai nan þing don us buten godes leaue
he not can no thing do us without God's leave
(CMANCRIW,II.169.2346／Pintzuk and Taylor (2006: 258))

(27e) により OV の表層語順が派生されるため，肯定目的語よりも数量目
的語のほうが OV 語順の割合が高いことが説明される．
　以上の議論を踏まえ，数量目的語に関する OV／VO 語順の歴史的発達に
ついて考察する．上で見たように，14 世紀中に OV 基底語順が消失し，そ
の帰結として，肯定目的語をともなう表層の OV 語順が消失した．OV 基
底語順の消失は数量目的語にも影響を与え，OV 基底語順にもとづく (27a-
c) の派生が不可能となった．残る VO 基底語順にもとづく派生のうち，
(27d, f) は VO の表層語順となるが，(27e) の派生において数量目的語の
左方移動が可能であるため，OV の表層語順が派生される．したがって，肯
定目的語とは異なり，OV 基底語順が消失した 15 世紀以降も，数量目的語
をともなう OV 語順が存続していたという事実が説明される．
　表 1 で見たように，数量目的語をともなう OV 語順は 16 世紀後半に消失
したが，これは (27e) の派生が不可能になったことを意味する．なぜこの

時期に数量目的語の左方移動が許されなくなったのかが問題となるが，数量目的語の移動先となる機能範疇を設定するための肯定証拠が関与している可能性を探る．[8] 1つ目は Moerenhout and Wurff (2005) が指摘する数量詞の副詞的用法であり，以下の例に示されるように，副詞的用法の数量詞が現れている位置は，(28)，(29) で見た数量目的語の位置（助動詞と語彙動詞の間）と類似している．彼らによれば，数量詞の副詞的用法は 16 世紀に衰退しており，それが数量詞の左方移動の消失に関係していると論じている．

(30) a. his darknesse shall $\boxed{\text{something}}$ (= to some extent) cloke myne ignoraunce

(Toxophilus, 131, 18-19 / Moerenhout and Wurff (2005: 107))

　　 b. they coulde $\boxed{\text{nothing}}$ (= not at all) perceiue what the protectour entented　　(Richard III, 40, 20-1 / ibid.)

2つ目は以下に例示される他動詞虚辞構文 (transitive expletive construction)，すなわち他動詞をともなう there 構文であり，Ingham (2000)，Tanaka (2000) などによれば，英語史において 14 世紀から 16 世紀ごろまで存在していた構文である．

(31) a. withoute these … Ther may $\boxed{\text{no kyng}}$ lede gret　lordship

without these 　 there may no king 　lead great lordship

(Cast. Love (Hallw.) 306 / Tanaka (2000: 479))

　　 b. there woulde $\boxed{\text{some Iewes}}$ reproue this his doing

(Udall, etc. Erasm. Par. / ibid.: 483)

Ingham (2000) は 15 世紀に書かれたパストン家書簡集の資料調査にもとづき，OV 語順に現れる目的語と他動詞虚辞構文の主語が同じ位置を占めていると分析している．Ingham は否定表現のみを取り扱っているが，この時期における OV 語順に現れる目的語，および他動詞虚辞構文の主語は否定表

---

[8] Tanaka (2017) では，副詞との相対語順に関する証拠にもとづき，数量目的語と肯定目的語の移動先は，それぞれ vP 領域における FocP 指定部と TopP 指定部であると主張されている．

現に限られないので（表1，(31b) 参照），この分析は数量表現一般に拡張することができる．

　以上の議論が正しければ，数量詞の副詞的用法，および他動詞虚辞構文の存在は，数量目的語の移動先となる機能範疇を設定するための肯定証拠となるが，いずれも16世紀中に衰退した．したがって，言語獲得中の子供はこの時期に当該の機能範疇を設定することができなくなり，数量目的語の左方移動が不可能になった結果，すべての種類の目的語についてOVの表層語順が消失したのである．[9]

4. 項構造の変化：心理動詞を例として

　心理動詞（psychological verb）とは，ある実体の心理状態を表す動詞である．したがって，心理動詞は心理状態を経験する項，すなわち経験者（Experiencer）を選択するが，興味深いことに，動詞の種類により経験者項が現れる統語位置が異なることがある．

(32) a. Mary likes this music.

　　 b. This music pleases Mary.

(33) a. John feared the stranger.

　　 b. The stranger frightened John.

(32) において like と please はいずれも好ましい感情を表すが，経験者項の Mary が，like の場合には主語，please の場合には目的語として現れている．この違いはもう一方の項，すなわち感情の標的となる this music の θ 役割と関係があり，like では主題であるのに対し，please では好ましい感情を引き起こす原因（Cause）である．[10] θ 役割の構造的具現化に関する

---

　[9] 第3章3.2節において，二重基底部仮説ではなく，すべての句の構造が主要部先行であるという仮説にもとづく，古英語と初期中英語における助動詞をともなう従属節の語順に関する分析が紹介される．また，第4章4節において，他動詞虚辞構文の歴史的発達に関するデータ，および理論的説明が提示される．

　[10] Pesetsky (1995) は当該の項に付与される θ 役割を使役者（Causer）であるとしてい

主題階層（thematic hierarchy）にしたがえば，経験者は主題より高く，原因より低い位置にあるので，(35) に示されるように，like は外項として経験者，内項として主題をとるのに対し，please は外項として原因，内項として経験者をとることになり，経験者項の現れる統語位置が異なることが説明される．この θ 役割，および構造的具現化の違いは，(33) に見られる fear と frighten にも当てはまる．

(34)　Agent > Cause > Experiencer > Theme

(cf. Allen (1995: 122), Pesetsky (1995: 59))

(35) a.　*like, fear*: (Experiencer, Theme)

b.　*please, frighten*: (Cause, Experiencer)

本節では，現代英語において経験者の主語をとる like と fear の項構造が変化したことを論じ，その要因とメカニズムについて考察する．

まず，古英語における 'lician' 'like' は経験者項と主題項をとり，経験者項は与格，主題項は主格で標示されていた．そして，以下に例示されるように，経験者項が主題項に先行する語順と主題項が経験者項に先行する語順の両方が可能であった．Allen (1995) によれば，前者の語順は経験者項が代名詞，主題項がそれ以外の DP である場合に優勢であったが，全体としては後者の語順の頻度が高かった．[11]

(36)　hu　him　　se　sige　　　gelicade
　　　how him.DAT the victory.NOM pleased
　　　'how the victory had pleased him'

(Or 84.32 / Denison (1993: 72))

(37)　þæt he　　licode　þam ælmihtigan Gode
　　　that he.NOM pleased the almighty　God.DAT
　　　'that he might be pleasing to Almighty God'

(GD (C) 85.35 / ibid.: 100)

る．

[11] 格に関する略称は以下の通りである．NOM（主格）；DAT（与格）；ACC（対格）．

第1章2.3節で見たように，主格と対格は一致操作という構造関係にもとづき付与されるので，構造格とよばれる．それに対し，与格は述語の語彙特性，とくにθ役割と密接な関係があり，着点や経験者のθ役割を担う項に付与される内在格 (inherent Case) である (Kemenade (1987), Fischer et al. (2000))．一般に内在格は内項に付与されると仮定されているので (Chomsky (1981))，古英語では lician の主題項だけでなく経験者項も内項であったと考えられる (Fischer and Leek (1983), Roberts (2007), Nawata (2011))．この考えを支持する証拠として，lician が完了の助動詞 be と共起している以下の例があげられる．

(38)　Ic nat …　　for hwi eow Romanum　sindon þa　　ærran
　　　 I not-know for why you Romans.DAT are　　 those earlier
　　　 gewin　　　swa wel <u>gelicad</u> &　swa lustsumlice … to
　　　 conflicts.NOM so　well pleased and so　enjoyable　　　to
　　　 gehieranne
　　　 hear
　　　 'I don't know why those earlier conflicts are so pleasing and so enjoyable for you Romans … to hear'

(Or 65.25 / Denison (1993: 93))

古英語から近代英語にかけて，ある種類の自動詞は完了の助動詞として，have だけでなく be と共起することができた (Denison (1993), Yanagi (1999a) など参照)．その代表は場所変化や状態変化を表す変移動詞であり，生成文法では外項をとらない非対格動詞として分析される（第1章2.2節参照）．現代ゲルマン語やロマンス語に関する多くの研究において，完了の助動詞として have と be のどちらを選択するのかという助動詞選択 (auxiliary selection) は，非対格動詞とその他の動詞を区別する特性であり，非対格動詞のみが be を選択するとされている (Burzio (1986), Grewendorf (1989) など参照)．これが古英語にも当てはまるとすると，(38)の事実は lician が外項を欠く非対格動詞であり，以下の項構造をもっていたことを示唆する．

(39)　*lician*: (Experiencer, Theme)

　以上の議論に基づき，(36) と (37) に見られる 2 つの語順パターンがど
のように派生されるのかを考察する．便宜上，現代英語と同じ主要部先行型
の構造を仮定し，TP までの派生における経験者項と主題項の語順のみに着
目するが，とくに主節では CP 領域への移動が起こる可能性があること，ま
た，TP 内でも目的語の移動 (3 節参照) や代名詞の接語化 (cliticization) な
どにより，下記以外の語順と異なる場合があることに注意すべきである．
(40) では，経験者項と主題項が内項として，それぞれ VP の指定部と V の
補部に併合され，経験者項は V により与格を付与される．

(40)　a.　[$_{TP}$ 経験者$_i$ [$_{T'}$ like [$_{vP}$ t_v [$_{VP}$ t_i [$_{V'}$ t_V 主題]]]]]
　　　b.　[$_{TP}$ 主題$_i$ [$_{T'}$ like [$_{vP}$ t_v [$_{VP}$ 経験者 [$_{V'}$ t_V t_i]]]]]

(40a) では経験者項は T の EPP 素性を満たすために TP の指定部に移動す
る．そして，T と主題項が一致操作を結ぶことにより主題項に主格が付与さ
れる．与格を付与された経験者項が規範的主語位置である TP の指定部を占
めると仮定しているが，Allen (1995) はそれを支持する等位主語削除 (co-
ordinate subject deletion) とよばれる現象に関する興味深い証拠を挙げてい
る．等位主語削除とは，節同士の等位接続における第二等位項の主語が，第
一等位項の主語との同一性の下で削除される現象であり，削除の先行詞とな
る DP が主語としての位置づけをもつことを示す診断法である．以下の例
において，lician を含む第一等位項の経験者項は主題項に先行しており，そ
れが第二等位項における等位主語削除の先行詞となっているという事実は，
主題項に先行する経験者項が TP の指定部を占めていることを示す．(一方，
Allen の調査によれば，主題項に後続する経験者項が等位主語削除の先行詞
になっている例は存在しない.)

(41)　ac　gode 　　ne　licode na　heora geleafleast, 　　ne　heora
　　　but　God.DAT not　liked　not　their　faithlessness.NOM nor　their
　　　ceorung, 　　　ac　ascende him　to fyr
　　　grumbling.NOM but　sent 　　them　to fire

'but God did not like their unbelief or their grumbling, but sent
fire to them'

((COE) ÆHom 21 68 / Allen (1995: 114-115))

一方，(40b) では T との一致操作により主題項に主格が付与されるととも
に，主題項は T の EPP 素性を満たすために TP の指定部に移動する．T と
主題項の一致操作，および主題項の TP 指定部への移動は経験者項を越えて
適用されているが，内在格をもつ DP は一致操作に関与せず，それを越え
る操作を阻止しないとすれば (Chomsky (2000))，これらの操作が可能で
あることが保障される．

　以上の議論が正しければ，現代英語までに like の項構造は (39) から
(35a) に変化したことになる．項構造の変化は個々の語彙項目を対象とする
ためパラメター変化であるとは考えられないが (1 節参照)，パラメター変
化としての内在格の消失がその要因の 1 つであるとする提案がある (Fischer
and Leek (1983), Roberts (2007), Nawata (2011))．Kemenade (1987),
Allen (1995) などによれば，初期中英語に与格と対格の形態的区別が消失
した結果，動詞の内項に付与される格は 1 種類のみとなった．これは内在
格の消失を意味するが，その帰結として以下の再分析が起こり，like の経験
者項は外項として vP の指定部に併合されるようになった．再分析後の
(42b) において，主題項は v との一致操作により対格を付与され，経験者
項は T との一致操作により主格を付与されるとともに，T の EPP 素性を満
たすために TP の指定部に移動する．

(42) a. [$_{TP}$ 経験者$_i$ [$_{T'}$ like [$_{vP}$ t_v [$_{vP}$ t_i [$_{v'}$ t_v 主題]]]]]
　　→ b. [$_{TP}$ 経験者$_i$ [$_{T'}$ like [$_{vP}$ t_i [$_{v'}$ t_v [$_{vP}$ t_v 主題]]]]]

　この分析は，与格の消失により動詞前位の経験者項が主語として再分析さ
れたとする，Jespersen (1927) などの伝統的な分析を生成文法理論の枠組
みにおいて捉え直したものであるが，問題がないわけではない．Allen
(1995) によれば，格形態の消失は 13 世紀前半に起こったのに対し，like
の経験者項が代名詞であり，主格が付与されていることが明白な事例が観察

され始めたのは 14 世紀後半である．以下が最初期の例である．

(43)　she likede hym the bet
　　　　she liked　him　the better

(Ch. LGW. 1076／Allen (1995: 251))

内在格の消失後から主格をもつ経験者項の出現までの約 150 年の間，経験者項と主題項への格付与がどのように行われていたのかが明らかではなく，検討すべき課題として残されている．

　最後に，現代英語において like と同様に経験者の主語をとる fear の項構造の変化について考察する．Gelderen (2018) によれば，古英語における færan 'fear' は frighten の意味を表し，(44) に見られるように，原因項と経験者項をとり，原因項は主格，経験者項は与格または対格で標示されていた．

(44) a.　Þa bodan　　　　　us　　　　　færdon
　　　　　the messengers.NOM us.DAT／ACC frightened
　　　　　'the messengers frightened us'

(OED, Ælfric Deut i. 28／Gelderen (2018: 150))

　　　b.　ðæt he　　　ða　　　　eaðmodan mid ðy to　swiðe ne
　　　　　that he.NOM those.ACC humble　　with that too much not
　　　　　fære
　　　　　frighten
　　　　　'that he doesn't frighten the humble too much through it'

(B&T, Suppl, Pastoral Care 453.18–19／ibid.: 152)

一般に，受動文では対格の吸収と外項の抑制が起こるため，対応する能動文における目的語が TP の指定部に移動し主格を付与されると仮定されている (Chomsky (1981), Baker et al. (1989))．したがって，færan を含む以下の受動文では，外項としての原因項が抑制され，内項としての経験者項が TP の指定部に移動していると分析される．

36　第Ⅰ部　生成文法理論における言語変化

(45)　Ne beo ðu　　　afæred

　　　not be　you.NOM frightened

　　　'Don't be frightened'

　　　　　　(DOE, Ælfric Homilies, Godden 199.11 / Gelderen (2018: 153))

したがって，古英語における færan は (46) の項構造をもっていたことになる．

(46)　*færan*: (Cause, Experiencer)

　以上の考察が正しければ，現代英語までに fear の項構造は (46) から (35a) に変化したことになる．Gelderen (2018) は以下のような再分析を提案しており，v の内容が使役 (causative) から状態 (stative) へと変化し，再分析後の (47b) では経験者項が外項として vP の指定部に併合され，感情の標的は主題項として V の補部に併合されるようになったと主張している．

(47) a.　$[_{TP}$ 原因$_i$ $[_{T'}$ fear $[_{vP}$ t_i $[_{v'}$ t_v $[_{VP}$ t_V 経験者$]]]]]$

　→ b.　$[_{TP}$ 経験者$_i$ $[_{T'}$ fear $[_{vP}$ t_i $[_{v'}$ t_v $[_{VP}$ t_V 主題$]]]]]$

新たな項構造の出現は like の再分析と同時期，14 世紀後半であるとされているが，fear の場合には経験者項が構造格である対格をもつことが可能であったので，項構造の変化の要因を内在格の消失のみに求めることは困難である．[12]

　Gelderen (2018) は (47) の再分析にかかわるいくつかの要因を挙げているが，ここでは fear に特有の要因に注目する．(48) に例示されるように，fear は中英語において再帰代名詞（ここでは再帰用法の代名詞）と共起することができ，fear と frighten のいずれにも解釈できる例が観察され，このような多義的な例が (47) の再分析の起点になったと主張している．

---

[12] 使役から状態への意味変化をともなう点においても like とは異なる．Allen (1995) によれば，同じく好ましい感情を表す please に対して，like は英語史を通じて感情の標的として主題項をとり，その語彙的意味に感情を引き起こすという使役性は含まれていない．

(48) my brother, I fere me, for yow

'My brother, I fear / frighten myself for you.'

(Helsinki Corpus, Mankind, 162 / Gelderen (2018: 157))

以上の議論から，(47) の再分析には fear の語彙特性が関与していることが
わかる．また，Gelderen の調査によると，動詞の種類により同様の変化が
起こった時期が異なるので，当該の変化が v の内容の変化として特徴づけ
られるとしても，パラメター変化ではなく個々の語彙項目を対象とする変化
であると考えるのが自然である．

第Ⅱ部

英語の節構造の変化

第 3 章

初期英語の節構造と動詞移動の消失[*]

1. はじめに

　第 II 部では節構造における統語変化を概観する．英語の歴史は言語接触の歴史といっても過言ではなく，主なところでは古英語は古ノルド語，中英語はフランス語の影響を受けた（第 1 章 1 節参照）．その結果，英語は過去 1000 年あまりの間に主語，動詞，目的語，副詞などの語順を他の言語では見られないほど大きく変化させた．その変化のメカニズムを探ることは，節の基本構造や普遍文法の特性，さらに言語変化におけるパラメター変化や文法化がはたす役割の解明につながるはずである．

　英語の節構造は時代ごとに細かく変化しているものの，節における定形動詞（finite verb）の位置に注目すると，大きく（1）の 3 つの段階に区切ることができる．

(1) a.　古英語から 15 世紀中ごろまで：　　　　動詞第二位の時代
　　 b.　15 世紀中ごろから 16 世紀中ごろまで：V-to-T の時代
　　 c.　16 世紀中ごろ以降：　　　　　　　　　動詞移動消失の時代

---

[*]　本章は Nawata（2009）および縄田（2016a, 2019b）にもとづき加筆・修正を加えたものである．また，第 II 部をまとめるにあたっては科学研究費補助金（基盤研究（C）：課題番号 17K02812, 21K00584, 24K03965）の助成を受けている．

古英語から 15 世紀中ごろまでは，ドイツ語やオランダ語などのゲルマン系言語でみられる「動詞第二位（verb second: V2）」語順が英語でも観察された時代である．そこから 16 世紀中ごろまでは，現代フランス語でみられる「動詞–否定辞／副詞–目的語」語順が現れた時代である．そして 16 世紀ごろ以降は，現代英語の「副詞–動詞–目的語」語順が定着した時代である．

　本章のねらいは，近年の生成文法理論で提案された各種の仮説によって (1) の変化を統一的な視座で捉えることである．まず 2 節で古英語および初期中英語の基本語順を概観し，3 節でその構造を CP 領域の細分化によって分析する．4 節では動詞屈折接辞の豊かさと動詞移動の関係を捉える提案を行い，それにもとづいて 5 節では中英語における V2 語順の衰退と近代英語における V-to-T 移動の消失を説明する．また 6 節では，後期近代英語まで残存した動詞移動を文法化の観点から考察する．最後に 7 節で，古英語から近代英語に至る動詞移動の要因をまとめる．

2.　古英語・初期中英語の基本語順

　英語の節構造で生じた統語変化を分析するため，本節では古英語と初期中英語の基本語順を確認する．とくに 3 節以下の議論に関連する，定形動詞と他要素との相対的語順に焦点をあてる．この時期の英語は主節と従属節で異なる語順を示したので，両者の特徴を順に概観することにしたい．

2.1.　主節の語順

　上で述べたように 15 世紀中ごろまでの英語は主節において V2 語順を示すが，同じ V2 言語である現代ドイツ語やオランダ語に比べるといくぶん複雑なパターンを示す．これは，この時期の英語の語順が文頭要素の種類と主語の種類という 2 つの要因によって決まっていたからである．まず文頭要素が主語である場合には，(2) のように定形動詞が第 2 要素として生じた（以下，文頭要素を斜体字，定形動詞を太字でそれぞれ示す）.[1]

---

[1]　本節の用例は，とくに断りのない限り Fischer et al. (2000) から引用したものである．

42　　　第 II 部　英語の節構造の変化

(2)　主語-動詞

Se Hælend **wearð** þa　gelomlice　ætiwed his
the Lord　was　then frequently　shown his
leornung-cnihtum
disciples
'The Lord then frequently appeared to his disciples'

(*ÆCHom* I, 15.220.21)

現代英語と古英語の類型的に大きな違いとして，現代英語が主語が文頭に生
起する主語卓立型言語（subject-prominent language）であるのに対し，古
英語が話題（topic）が文頭に現れる談話階層型言語（discourse-configura-
tional language）である点があげられる．(2) は主語自体が話題として生じ
ている文であり，下の (6)-(8) のような話題先頭構文の一種として解釈す
ることができる．

　別の文タイプとして，疑問詞，否定辞 ne 'not'，接続副詞 þa 'then' が文
頭要素として生じることもあった．その場合，主語が名詞句か代名詞である
かにかかわらず定形動詞が主語に先行し，(3)-(5) のような義務的 V2 語順
が観察された．

(3)　疑問詞-動詞-主語名詞句/主語代名詞

　　a.　*Hwi* **wolde** God　swa lytles þinges him forwyrnan?
　　　　why would God　so　small thing　him deny
　　　　'Why should God deny him such a small thing?'

(*ÆCHom* I, 1.14.2)

　　b.　*for hwam* **noldest**　þu ðe　sylfe me gecyðan　þæt ...
　　　　for what　not-wanted you you self　me make-known that
　　　　'wherefore would you not want to make known to me yourself
　　　　that ...'　　　　　　　　　　　　　　　　(*LS*7 (Euphr) 305)

(4)　Ne- 動詞-主語名詞句/主語代名詞

　　a.　*Ne* **sende** se　deofol ða　fyr of　heofenum, þeah　þe
　　　　not sent　the devil　then fire from heaven　　though that

第 3 章　初期英語の節構造と動詞移動の消失　　　43

hit　ufan　　　　　come

it　from-above　came

'The devil did not send fire from heaven, though it came from above'　　　　　　　　　　　　　　　　　(*ÆCHom* I (Pref) 6.13)

b.　*Ne* **sceal** he naht　　unaliefedes don

not shall he nothing unlawful　do

'He shall not do anything unlawful'　　　　　　(*CP* 10.61.14)

(5)　Þa- 動詞–主語名詞句 / 主語代名詞

a.　*Þa* **wæs** þæt folc　　þæs micclan welan

then was　the people the　great　　prosperity.GEN

ungemetlice brucende …

excessively　partaking

'Then the people were partaking excessively of the great prosperity.'　　　　　　　　　　　　　　　　　　　　　(*Or* 1.23.3)

b.　*Þa* **foron** hie　mid þrim scipum ut

then sailed they with three ships　　out

'Then they sailed out with three ships'

(*ChronA* (Plummer) 897.30)

(3) と (4) では，疑問詞と否定辞は疑問ないし否定の焦点（focus）として解釈される．3 節で論じるように，これらは文全体を作用域としてとる演算子（operator）として機能している．それに対して (5) の þa は場面設定の副詞であり，それ自体は焦点としての解釈をもたない．しかしこの構文にも何らかの演算子が含まれているとすれば（3 節参照），(3)–(5) はいずれも「演算子先頭構文」として括ることができる．

　3 つ目のパターンとして，主語以外の要素が話題として文頭に現れる場合がある．このときは主語の種類と解釈によって異なる語順が観察された．主語が代名詞の場合はつねに主語が話題要素と定形動詞の間に現れ，(6) のような「動詞第三位（verb third: V3）」語順となった．

44　第 II 部　英語の節構造の変化

(6)　話題要素-主語代名詞-動詞
Be ðæm we **magon** suiðe swutule oncnawan ðæt …
by that　we　may　　very　clearly　perceive　　that
'By that, we may perceive very clearly that …'

(*CP* 26.181.16)

他方で，主語が名詞句の場合には (7) のような V2 型の「話題要素-動詞-主語名詞句」語順が一般的であったが，まれに (8) のような V3 型の「話題要素-主語名詞句-動詞」も観察された．

(7)　話題要素-動詞-主語名詞句
On twam þingum **hæfde** God þæs mannes sawle gegodod
in　two　things　had　　God the　man's　soul　endowed
'With two things God had endowed man's soul'

(*ÆCHom* I, 1.20.1)

(8)　話題要素-主語名詞句-動詞
Nu ealle ðas　ðing　**synd** mid anum naman genemnode,
now all　　these things are　　with one　　name　named
gesceaft.
creature
'Now all these things are called with one name: creature.'

(*ÆCHom* I, 20.276.10)

Kemenade and Los (2006)，Kemenade and Westergaard (2012) は古英語および初期中英語では 2 つの主語位置が利用可能であったと論じている．彼らによれば，両者は主語の解釈によって使い分けられており，節頭に近い位置に生じる主語が旧情報を表し，節の中ほどに生じる主語が新情報を表していた．主節では 2 つの主語位置は定形動詞を境に峻別することができるため，話題先頭構文において旧情報主語は定形動詞に先行し，新情報主語は定形動詞に後続したと一般化することができる．代名詞主語はもっぱら旧情報を表すため，(6) のように義務的 V3 語順となるが，名詞句主語は旧情報

第3章　初期英語の節構造と動詞移動の消失　　45

を表すものと新情報を表すものがあるため，(7) の V2 語順と (8) の V3 語
順がともに観察されるのである.[2]

2.2.　従属節の語順

　　従属節の語順は節の種類や助動詞の有無などによって複雑なパターンを示
す．まず，主節と同じように定形動詞が主語と目的語の間に現れる「動詞中
位 (verb-medial)」語順が観察される.

> (9)　接続詞-主語-動詞-目的語
>
> 　　　þæt he **cuðe** sumne man on Romabyrig
>
> 　　　that he knew some　man on Rome
>
> 　　　'that he knew a man in Rome'　　　　　　(ÆCHom II, 6.58.168)

それに対し，(10) のような「動詞末尾 (verb-final)」語順は主節には見られ
ない従属節特有の語順である.

> (10)　接続詞-主語-目的語-動詞
>
> 　　　siððan he papanhad　**underfeng**
>
> 　　　after　he papal-office received
>
> 　　　'after he received the papal office'　　　　(ÆCHom II, 9.77.164)

定形動詞の位置に関する主節と従属節の非対称性は現代ドイツ語やオランダ
語にもみられる特徴であり，ここからも初期英語がゲルマン系言語の特徴を
残していることがわかる.

　　また，語彙動詞と助動詞がともに含まれる従属節では，(11a-d) の語順が
観察された．定形の助動詞が主語に後続する (11a, b) は動詞中位語順の亜
種であり，定形助動詞が節の右端付近に生じる (11c, d) は動詞末尾語順の
亜種である（助動詞は太字で，語彙動詞は下線でそれぞれ示している）.

---

　　[2] ただし，初期中英語の北部方言では主語の情報構造的な解釈にかかわらず定形動詞が
主語に先行する厳密な V2 語順が観察された (Kroch and Taylor (1997))．この点について
は 5.2 節で立ち戻る.

46　　第 II 部　英語の節構造の変化

(11) a.　接続詞–主語–助動詞–語彙動詞–目的語

　　　　þæt hi **magon** geseon ure godnysse

　　　　that they may　 see　 our goodness

　　　　'that they may see our goodness'

　　　　　　　　　　　　　(*ÆCHom* I, 180.24-25 / Ohkado (2001: 143))

　　b.　接続詞–主語–助動詞–目的語–語彙動詞

　　　　þæt he **mihton** swa bealdlice Godes geleafan bodian

　　　　that they could　so　 boldly　 God's faith　 preach

　　　　'that they could preach God's faith so boldly'

　　　　　　　　　　　　　　　　　　　　(*ÆCHom* I, 16.232.23)

　　c.　接続詞–主語–目的語–語彙動詞–助動詞[3]

　　　　Ða　 se Wisdom þa　 þis fitte asungen **hæfde**, ...

　　　　when the Wisdom then this poem sung　 had

　　　　'When Wisdom had sung this poem, ...'　　(*Bo* 30.68.6)

　　d.　接続詞–主語–目的語–助動詞–語彙動詞

　　　　þe　 æfre on gefeohte his handa **woulde** afylan

　　　　who ever in battle　 his hands would　defile

　　　　'whoever would defile his hands in battle'

　　　　　　　　　　　　　　　　(*Ælfric's Lives of Saints* 25.858)

Fischer et al. (2000) によれば，初期中英語の早い時期に (10) や (11) に見られる「目的語–動詞」語順が消失したが，古英語の V2 特性は初期中英語でも引き観察された。[4] 次節では，これらの語順パターンを説明するための基本句構造を導入する．

---

[3] 目的語・語彙動詞・助動詞 3 者の単純な組み合わせの観点のみから考えれば，(11c) の目的語と語彙動詞が逆になった「接続詞–主語–語彙動詞–目的語–助動詞」もあり得たはずである．しかし実際にはこの語順は古英語では観察されなかった(Biberauer et al. (2017))．この点に関しては 3.2 節の注 8 を参照のこと．

[4] 目的語–動詞語順から動詞–目的語語順への変化については，第 2 章 3 節で詳しく議論されているので，そちらを参照のこと．

3. 古英語・初期中英語の節構造

　一般に，節は動詞とその項から構成される VP，時制を表す TP，文タイプを決定する CP の 3 層構造をなしていると考えられている．しかし Larson (1988) の VP シェル仮説や Pollock (1989) の分裂 IP 仮説以降，これら 3 つの領域がさらに豊かな構造をもっていることが明らかになってきた．そのような考え方を推し進めたのが，句構造を地図のように詳細に描き出す統語地図作成（cartography）研究である．[5] この手法は現代語の共時的統語論で注目を集める一方，これまで歴史言語学で用いられることはあまりなかった．そこで，以下ではカートグラフィーのアプローチが初期英語の共時的統語論やその後の通時的統語変化に対しても有効であることを示していきたい．

3.1. 主節語順の派生

　本章では，Rizzi (1997) による CP 領域の細分化案にしたがって，古英語と初期中英語における主節の基本句構造が (12) のように表されると提案する.

---

[5] 統語地図作成の思考法や分析法の詳細については，本シリーズ第 5 巻で詳しく論じられている．

(12) 古英語・初期中英語の主節基本句構造

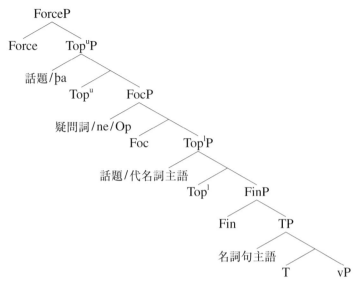

　関連する機能範疇の特性について，以下のように仮定する．(i) 節の最上位には文の発話力 (force) を表す ForceP が現れる．(ii) Top は話題を，Foc は焦点を，それぞれ認可する機能範疇である．(iii) TopP は FocP の上位または下位，あるいはその両方に現れる（以下では上位を Top^{u}P，下位を Top^{l}P と表記して区別する）．(iv) TP と Top^{l}P の間には定形性 (finiteness) を表す FinP が現れる．(v) 古英語および初期中英語では，ForceP, Top^{l}P, FinP, TP が義務的に投射された．これらの仮定のうち，(i)-(iv) は Rizzi (1997) を踏襲したものであるが，(v) に関しては ForceP, FinP, TP のみが義務的とする Rizzi (1997) とは異なる本章独自の提案である．古英語および初期中英語で Top^{l}P が義務的に投射された理由，および後期中英語で Top^{l}P が消失した理由については次節で論じる．また各機能範疇の指定部に現れる要素に関しては，(15) 以下の個別語順の分析において触れることにする．
　定形動詞が現れる位置に関しては，以下の条件のもとで Foc まで上昇する場合と Fin まで上昇する場合があると仮定する．

第 3 章　初期英語の節構造と動詞移動の消失　　　　49

(13) a. FocP 指定部が疑問詞 /ne/ 空演算子 (Op) で占められているとき，定形動詞は Foc まで上昇する．

　　 b. その他の場合，定形動詞は Fin まで上昇する．

このうち，(13a) は (14) の焦点基準から導かれる．

(14)　焦点基準 (Focus Criterion)

　　 a. 焦点演算子は [+F] X^0 と指定部・主要部の関係になければならない．

　　 b. [+F] X^0 は焦点演算子と指定部・主要部の関係になければならない．

焦点基準は，wh 疑問詞の認可について Rizzi (1991 [1996]) で提案された「wh 基準 (Wh-Criterion)」を焦点構文一般に敷衍したものである (Rizzi (1997) 参照). wh 基準を用いた分析の下では，疑問素性 [+wh] を指定された T が CP 指定部の wh 要素と指定部-主要部の関係を結ぶために主節疑問文での T-to-C 移動が生じる．この分析にしたがい，主節の焦点構文では T が焦点素性 [+F] を指定されていると考えよう．すると焦点要素が FocP 指定部にある場合，定形動詞は (14) を満たすために Foc まで主要部移動をしなければならない．焦点構文以外での動詞移動のメカニズムについては動詞屈折形の豊かさと関連させて 4 節で詳しく議論するが，さしあたって (13b) のように Fin まで上昇すると仮定しておこう.[6]

　(12) の句構造と (13) の定形動詞の位置をふまえて，(2)-(8) で概観した古英語および初期中英語の主節語順を分析しよう．まず，疑問詞または否定辞 ne が文頭に生じる (3) と (4) の構造は，主語が名詞句の場合は (15a) のように，主語が代名詞の場合は (15b) のように表される．

---

　[6] この種の「基準」は疑問や焦点以外の要素に対しても提案されている．例えば，Haegeman and Zanuttini (1991) は否定要素と [+Neg] 主要部が指定部-主要部の関係になければならないとする「否定基準 (Neg-Criterion)」を提案している．また，基準位置に達した要素がそれ以上移動できないとする「基準凍結 (Criterial Freezing)」の効果については Rizzi (2006, 2015a) および第 4 章 5.2 節の議論を参照.

第 II 部　英語の節構造の変化

(15) a.　疑問詞 / ne-動詞-主語名詞句（= (3a), (4a)）

　　　$[_{\text{ForceP}}$ Force $[_{\text{FocP}}$ **wh/ne V** $[_{\text{TopP}}$ Top^{I} $[_{\text{FinP}}$ Fin $[_{\text{TP}}$ **主語 DP** T vP]]]]]

　　b.　疑問詞 / ne-動詞-主語代名詞（= (3b), (4b)）

　　　$[_{\text{ForceP}}$ Force $[_{\text{FocP}}$ **wh/ne V** $[_{\text{TopP}}$ **主語代名詞** Top^{I} $[_{\text{FinP}}$ Fin $[_{\text{TP}}$ T vP]]]]]

文頭に生じる疑問詞と否定辞は文全体を作用域にとる焦点として解釈されるため，FocP 指定部に生じる（(12) 参照）．そしてこの場合，定形動詞は (14) の焦点基準を満たすために Foc 主要部まで移動する．その結果，主語が名詞句か代名詞かにかかわらず「疑問詞 / ne-動詞-主語」の語順が派生される（ただし，否定辞 ne を先頭とする構文の派生については 5.4 節の注 19 も参照のこと）．

　接続副詞 þa はそれ自体として焦点要素ではないが，(5a, b) のように疑問詞や ne が文頭に生じる構文と同じ語順を示す．そこで þa 先頭構文では場面設定を表す副詞 þa が Top^{u}P 指定部に基底生成されるとともに，空演算子が FocP 指定部に移動し，それが作用域としてとる c 統御領域全体を新情報として標示すると仮定しよう．その構造は (16a, b) のように表される．

(16) a.　Þa-動詞-主語名詞句（= (5a)）

　　　$[_{\text{ForceP}}$ Force $[_{\text{TopP}}$ **þa** Top^{u} $[_{\text{FocP}}$ **Op V** $[_{\text{TopP}}$ Top^{I} $[_{\text{FinP}}$ Fin $[_{\text{TP}}$ **主語 DP** T vP]]]]]]

　　b.　Þa-動詞-主語代名詞（= (5b)）

　　　$[_{\text{ForceP}}$ Force $[_{\text{TopP}}$ **þa** Top^{u} $[_{\text{FocP}}$ **Op V** $[_{\text{TopP}}$ **主語代名詞** Top^{I} $[_{\text{FinP}}$ Fin $[_{\text{TP}}$ T vP]]]]]]

Op は疑問詞や ne と同様ある種の焦点としてはたらくため，焦点基準を満たすために定形動詞が Foc 主要部まで上昇する．したがって，「þa-動詞-主語」語順が派生される．

　次に，文頭に話題要素が生じる場合の語順を考えよう．このときは，上の (6)-(8) でみたように主語の情報ステイタスによって異なる語順が得られ

る．まず，旧情報として解釈される代名詞主語は話題の一種として Top$^\text{I}$P 指定部に移動すると仮定しよう（(12) 参照）．[7] すると，その構造は次のように表される．

(17)　話題要素-主語代名詞-動詞（= (6)）

[$_\text{ForceP}$ Force [$_\text{TopP}$ 話題 Top$^\text{u}$ [$_\text{TopP}$ **主語代名詞** Top$^\text{I}$ [$_\text{FinP}$ **V** [$_\text{TP}$ T vP]]]]]

文頭の話題要素は Top$^\text{u}$P 指定部に生じ，定形動詞は（13b）にしたがって Fin まで上昇する．したがって「話題要素-主語代名詞-動詞」という V3 語順が派生される．

　名詞句主語は，新情報として解釈されるときと旧情報として解釈されるときがある．主語は前者の場合は TP 指定部に生じ，後者の場合はある種の話題要素として Top$^\text{I}$P 指定部に生じる．それぞれの構造は（18a, b）のように表される．

(18) a.　話題要素-動詞-主語名詞句（= (7)）

[$_\text{ForceP}$ Force [$_\text{TopP}$ **話題** Top$^\text{I}$ [$_\text{FinP}$ **V** [$_\text{TP}$ **主語 DP** T vP]]]]

　　　b.　話題要素-主語名詞句-動詞（= (8)）

[$_\text{ForceP}$ Force [$_\text{TopP}$ **話題** Top$^\text{u}$ [$_\text{TopP}$ **主語 DP** Top$^\text{I}$ [$_\text{FinP}$ **V** [$_\text{TP}$ T vP]]]]]

定形動詞が生じる Fin 主要部は，Top$^\text{I}$P 指定部の旧情報主語と TP 指定部の新情報主語の間にある．したがって，(18a) では V2 語順が派生される一方，(18b) では V3 語順が派生される．

　なお，(18b) は Top$^\text{I}$P 指定部の旧情報主語に加えて場面設定をする話題要素が Top$^\text{u}$P 指定部に生起する「多重話題構文」となっている点に注意されたい．ここから Top$^\text{u}$P 指定部の話題要素を取り除いたのが，(19) の主語先

---

[7] 厳密にいうと「話題」と「旧情報」は異なる概念であり，すべての旧情報要素が話題として解釈されるわけではない（話題の定義に関しては Lambrecht (1994) が詳しく議論している）．同様に，一般に代名詞は旧情報として解釈されるものの，すべての代名詞が話題として機能するわけではない．しかしながら，主語は話題としても解釈されやすいので，代名詞が主語として用いられる場合には旧情報であると同時に話題としての特性も帯び，Top$^\text{I}$P 指定部への移動が義務的になったものと思われる（目的語代名詞が話題化された例としては本文 (20) を参照）．

頭話題構文である.

(19) 主語名詞句-動詞 (=(2))

$[_{\text{ForceP}}$ Force $[_{\text{TopP}}$ **主語 DP** Top^{l} $[_{\text{FinP}}$ **V** $[_{\text{TP}}$ T vP]]]]

主語名詞句に動詞が後続する語順は現代英語と同じであるが, 主語が Top^{l}P 指定部, 動詞が Fin 主要部にあり, それぞれ現代英語よりも高い位置に生起している (5.3 節および第 4 章の議論を参照).

CP 領域の細分化により, (20) のように目的語代名詞が主語に先行する語順も捉えることができる.

(20) Þa-動詞-目的語代名詞-主語名詞句

þa **axodon** hine Pharisei & þa boceras

then asked him Pharisees and the learned men

'Then the Pharisees and scribes asked him' (*Mk* (WSCp) 7.5)

ここでは文頭の þa が場面設定副詞として Top^{u}P 指定部に, 目的語 hine がもうひとつの話題として Top^{l}P 指定部に, それぞれ生じている. 関連する構造は (21) のように表される.

(21) $[_{\text{ForceP}}$ Force $[_{\text{TopP}}$ þa Top^{u} $[_{\text{FocP}}$ Op axodon $[_{\text{TopP}}$ hine Top^{l} $[_{\text{FinP}}$ Fin $[_{\text{TP}}$ Pharisei & þa boceras T vP]]]]]]

FocP 指定部の空演算子 Op, Foc 主要部の定形動詞, TP 指定部の主語とあわせて, 関連要素のスロットがすべて埋まっている. このような例も, 古英語が (12) の分裂 CP 構造をもっていたことを支持する証拠となるだろう.

3.2. 従属節語順の派生

次に従属節の語順を考えてみよう. 2.2 節で概観したとおり, 古英語の従属節では動詞中位語順と動詞末尾語順がともに観察された. 1980 年代から 90 年代前半の古英語統語論では, これら 2 つのタイプの語順は主要部先行型の統語構造 (22a) と主要部後続型の統語構造 (22b) をそれぞれ反映したものであると分析するのが主流であった (Kemenade (1987), Pintzuk

(1999) など).

(22) a. 主要部先行構造　　　　b. 主要部後続構造

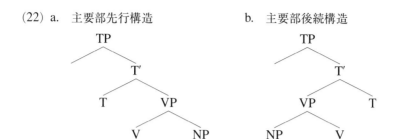

助動詞が T の位置を占めているとすると，(22a) は「助動詞-語彙動詞-目的語」語順に対応し，(22b) は「目的語-語彙動詞-助動詞」語順に対応することになろう．

しかし，Kayne (1994) によって句や節の構造はすべて主要部先行型であるとする「反対称性仮説 (anti-symmetry hypothesis)」が提唱されて以来，表層の主要部後続語順を左方移動によって派生させる分析がさまざまな言語を対象に進められてきた．この仮説の下では，目的語が動詞に先行する OV 語順は目的語が VP あるいは上位の機能範疇の指定部に移動することで派生される．また，日本語のような主要部後続型言語で顕在的 wh 移動が生じないという一般化を捉えるために，Kayne (1994) はこの種の言語では TP が CP 指定部に移動すると論じた．そのように仮定すると，wh 句の CP 指定部への移動が阻止されるとともに，補文標識が節の末尾に生じる主要部後続型の語順を正しく導くことができる．このような理論的展開を受けて，近年の初期英語に関する統語論研究でも，(22a) のような主要部先行型の構造を用いて動詞末尾語順を分析する試みが行われている (Biberauer and Roberts (2005) など).

本章で提案している (12) の分裂 CP 構造に照らして注目したいのは，従属節では一般に主節に比べて話題や焦点といった情報構造上の要因が語順に反映されにくいという事実である．換言すると，話題化や焦点化による倒置は基本的に「主節現象 (root phenomenon)」なのである (Hooper and Thompson (1973), Haegeman (2012) など). 談話階層型言語である古英

語・初期中英語では無標の文で話題要素が文頭に生じるが，これは構造的には主節の話題主要部，とりわけ Top^l が活性化されていることを意味する（この点に関しては次節の議論を参照）．それに対し，動詞末尾語順が生じる従属節では，構造的に Top^l が存在してもその機能は抑制されており，指定部に話題要素が生じて V2 語順が派生されることはない．このことを捉えるため，従属節では (23) のように主語と目的語を含む vP が Top^{l}P 指定部に移動できたと仮定しよう．

(23) 従属節における vP 前置 (= (10))

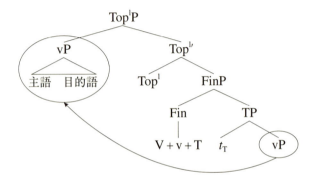

主節と同様に定形動詞は T を経由して Fin まで上昇し，その後で主語や目的語などの項と発音されない V の痕跡（コピー）を含んだ vP が Top^{l}P 指定部へと残余移動 (remnant movement) する．これによって他の要素が同じ Top^{l}P 指定部に話題化することが阻止されるとともに，前節の (10) でみた「接続詞-主語-目的語-動詞」という動詞末尾語順が派生される．

従属節に定形の助動詞と非定形の語彙動詞がともに含まれる場合の動詞末尾型語順は，(24) のように表される．

(24) a. 接続詞-主語-目的語-語彙動詞-助動詞 (= (11c))
[$_{\text{ForceP}}$ 接続詞 [$_{\text{TopP}}$ [$_{vP}$ 主語 目的語 語彙動詞] Top^l [$_{\text{FinP}}$ 助動詞 [$_{\text{TP}}$ t_T t_{vP}]]]]

b. 接続詞-主語-目的語-助動詞-語彙動詞 (= (11d))
[$_{\text{ForceP}}$ 接続詞 [$_{\text{TopP}}$ [$_{vP}$ 主語 目的語 t_v] Top^l [$_{\text{FinP}}$ 助動詞 [$_{\text{TP}}$ t_T [$_{\text{InfP}}$

語彙動詞 t_{vP}]]]]]

助動詞は T に基底生成されて Fin まで主要部移動すると仮定しよう．vP 内で目的語の左方移動が生じた後，主語・目的語・語彙動詞を含む vP 全体が Top^{l}P 指定部に移動すると，助動詞が文末に生じる (24a) の「接続詞-主語-目的語-語彙動詞-助動詞」語順が派生される．他方で，語彙動詞が TP と vP の間にある機能範疇の主要部（仮に Inf(itive) とする）に移動した後で vP が残余移動すると，(24b) の「接続詞-主語-目的語-助動詞-語彙動詞」語順が派生される．[8]

他方で，(23) や (24) にみられる vP 前置は義務的な操作ではなかったとすれば，主節と同様に主語が Top^{l}P 指定部に，定形動詞が Fin に，それぞれ単独で移動することもできたはずである．その場合に動詞中位語順が派生された．2.2 節で紹介した各語順の構造は (25a-c) のように表される．いずれも vP の左方移動は生じておらず，(25c) でのみ vP 内部で目的語の左方移動が生じている．

(25) a. 接続詞-主語-動詞-目的語（= (9)）

   [$_{ForceP}$ 接続詞 [$_{TopP}$ **主語**$_i$ Top^l [$_{FinP}$ **動詞** [$_{TP}$ t_T [$_{vP}$ t_i t_v **目的語**]]]]]

b. 接続詞-主語-助動詞-語彙動詞-目的語（= (11a)）

   [$_{ForceP}$ 接続詞 [$_{TopP}$ **主語**$_i$ Top^l [$_{FinP}$ **助動詞** [$_{TP}$ t_T [$_{vP}$ t_i **語彙動詞 目的語**]]]]]

c. 接続詞-主語-助動詞-目的語-語彙動詞（= (11b)）

   [$_{ForceP}$ **接続詞** [$_{TopP}$ **主語**$_i$ Top^l [$_{FinP}$ **助動詞** [$_{TP}$ t_T [$_{vP}$ t_i **目的語 語彙**

---

[8] 2.2 節で指摘したように，予想される「接続詞-主語-語彙動詞-目的語-助動詞」は実際には古英語・初期中英語で観察されなかった．この語順は，VP レベルでの主要部先行型語順（語彙動詞-目的語）と TP レベルでの主要部後続型語順（VP-助動詞）を組み合わせることで得られるが，これは Biberauer et al. (2014) が提唱する「主要部後続語順制約（Final-over-Final Constraint: FOFC）」の違反として排除することができる．FOFC は，「下位の投射 α が主要部後続型である場合，α を直接支配する投射 β は主要部先行型でも主要部後続型でもよいが，α が主要部先行型である場合は β もまた主要部先行型でなければならない」という趣旨の制約である．この制約自体は記述的な一般化であるが，Biberauer et al. (2014) は Kayne (1994) 流の右枝分かれ句構造にもとづき，左方移動を誘発する素性の分布から FOFC の効果を説明することを試みている．

動詞]]]]]

これらの構造では Top[1] の機能は抑制されておらず，主語が従属節の話題要素として解釈される．つまり (25) は「埋め込み話題化 (embedded topicalization)」の一種であるといえる．

4. 動詞移動と豊かな一致の仮説

前節では CP 領域の細分化による (12) の基本句構造が古英語と初期中英語の基本語順を正しく説明できることを論じたが，その際に重要な役割をはたしていたのが定形動詞の位置である．文頭要素が焦点要素である場合の V-to-Foc 移動については焦点基準がその引き金となっていたが，それ以外の場合の V-to-Fin 移動に関しては，今のところ単にそう規定しているにすぎない．そこでこの節では，V-to-Fin 移動がいかにして生じるのかを考察しよう．

4.1. 豊かな一致の仮説

Emonds (1978)，Pollock (1989) による先駆的研究以来，定形節において動詞語幹と屈折辞 (Infl(ection)) を融合するための方法として V が屈折辞に上昇する「動詞移動 (verb raising)」と屈折辞が V に下降する「接辞下降 (affix hopping)」の2種類が利用可能であるという考えが広く受け入れられている．(26) のように否定辞と副詞が Infl と V の間を占めるという仮定のもと，ある言語において動詞移動と接辞下降のどちらの選択肢が採用されているかは定形動詞と否定辞／副詞の位置関係によって判断されてきた．

(26) $[_{IP}$ 主語 Infl（否定辞／副詞）$[_{VP}$ V ...]]

例えば，定形動詞が否定辞／副詞に先行するフランス語は動詞移動タイプの言語であり，定形動詞がこれらに後続する現代英語は接辞下降タイプである．どちらの方策を採用するかは普遍文法におけるパラメーターとして位置づけられ，ある言語の母語話者は言語獲得の際に「動詞移動」または「接辞下

降」いずれかの値を選択すると考えられる.

また,Rohbacher (1999),Vikner (1997),Bobaljik (2002) らによる比較統語論研究により,動詞上昇の存否に動詞屈折接辞の豊かさが関係していることが明らかになってきた.すなわち,フランス語のように動詞屈折が豊かであれば当該パラメーターの値として動詞移動が選択され,現代英語のように屈折が乏しければ接辞下降の値が選択される.動詞の形態的特徴と統語的動詞移動に因果関係を認めるこの仮説を「豊かな一致の仮説 (Rich Agreement Hypothesis: RAH)」とよぶ.

(27) 豊かな一致の仮説
　　　顕在的動詞移動は,豊かな動詞屈折接辞によって駆動される.

近年では Koeneman and Zeijlstra (2014),Haeberli and Ihsane (2016) らによって RAH の精緻化が試みられている.

RAH に関して問題となるのは,動詞屈折接辞の「豊かさ」をどのように定義するかである.Rohbacher (1999) や Vikner (1997) が動詞変化表における語形変化の数によって豊かさを定義しようとしたのに対し,Bobaljik (2002) は動詞屈折の形態的複雑さによって豊かさを捉えようとした.その定義が (28) である.[9]

(28) 動詞の屈折接辞は,時制と一致が独立した接辞によって担われる場合,かつその場合に限り「豊か (rich)」である.

　　　　　　　　　　　　　　　　　　　　(Bobaljik (2002: 134):筆者訳)

このアプローチの利点は,動詞屈折の豊かさを統語構造の複雑さに還元できる点である.Bobaljik (2002) は,接辞下降タイプの言語と動詞移動タイプの言語がそれぞれ (29a, b) のような構造をもつと論じている.

---

[9] (28) の定義によれば,動詞屈折接辞の豊かさは主語との一致形態素だけでなく時制形態素も考慮に入れて決定されるので,「豊かな一致の仮説」ではなく「豊かな屈折の仮説」と称するのが正確であると思われる.しかし,前者の言い方が RAH という略称とともに文献で定着しており,Bobaljik 自身も用いていることから,第 II 部でもこの呼称を理論的に中立な用語として用いることにする.

(29) a. 接辞下降言語   b. 動詞移動言語

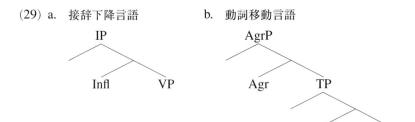

(Bobaljik (2002: 149))

　接辞下降言語では時制と一致が同一の機能範疇 Infl によって表されているのに対し，動詞移動言語では一致を担う機能範疇 Agr と時制を担う機能範疇 T に分離している．ここで，動詞語幹と屈折辞の融合について次の2点を仮定しよう．(i) 主要部移動または接辞下降を受ける2つの主要部は構造上隣接していなければならない．すなわち，非対称的 c 統御関係にある主要部 X>Y>Z（> は c 統御関係を表す）がある場合，Y を越えて X と Z を融合することはできない (Travis (1984))．(ii) 主要部移動は連続循環的に適用可能であるが，接辞下降は1回の適用しか許されない (Radford (2016))．そうすると，VP が Infl の補部として生じている (29a) では Infl が V に接辞下降できるのに対して，Agr, T, V の3つの主要部が含まれている (29b) では，V が Agr と融合するために V は少なくとも T までは上昇しなければならない．もし V が元位置にとどまると，Agr は T まで接辞下降できるものの，それ以上は下降できないので，V と Agr は動詞複合体を形成することができない．ここから，(28) の意味で豊かな一致をもつ言語では必ず V-to-T 移動が生じることが導かれる．

　Bobaljik (2002) の基本方針にしたがいながら，ここでは屈折接辞の豊かさに起因する動詞複合体形成のアルゴリズムを (30) のように仮定する．

(30)　動詞複合体形成のアルゴリズム
　　　a.　統語構造 [$_{XP}$ X [$_{YP}$ Y ... [$_{VP}$ V]]] に含まれる複数の主要部 X, Y, ... V からなる動詞複合体を作る過程において，語幹 V 以外の機能範疇はすべて接辞特性 [aff(ix)] をもっていなければな

らない.

b. 語幹 V から機能範疇 Y までを含む複合体は統語部門における主要部移動によって形成される.

c. 最上位の機能範疇 X と Y を融合する際には，音韻部門における接辞下降が優先的に利用される.

(30a) は，動詞屈折形を形成するためのすべての規則適用（主要部移動または接辞下降）が何らかの駆動因をもっていなければならないことを意味している．(30b) は，上記 (i) と (ii) から得られる帰結である．また (30c) は，音韻部門の操作である接辞下降が統語部門の操作である動詞移動よりも経済的であることから導かれる (Bobaljik (1995)).

4.2. 古英語動詞屈折形の派生

以上をふまえた上で，古英語の動詞屈折パターンをみてみよう．表 1 は古英語の弱変化動詞 dēman 'judge' の変化表である.[10]

	現在		過去	
	単数	複数	単数	複数
一人称	dēm-e	dēm-aþ	dēm-d-e	dēm-d-on
二人称	dēm-(e)st	dēm-aþ	dēm-d-est	dēm-d-on
三人称	dēm-(e)þ	dēm-aþ	dēm-d-e	dēm-d-on

表 1：古英語弱変化動詞の変化表

過去形において時制と一致が独立した接辞によって担われており，豊かな一致の定義 (28) を満たしている．さらに一致形態素の現れ方に注目すると，単数形では人称の違いが形態的に標示されているのに対し，複数形では一致形態素が人称にかかわりなく -aþ または -on として具現化している．つまり，/-d/ がもっぱら過去形を表す形態素であるのと同様に，/-aþ/ と /-on/

---

[10] 古英語の弱変化動詞は，語幹母音のウムラウト化のパターンに基づいて第 I クラスから第 III クラスの 3 種類に分類され，dēman は第 I クラスに属する．クラスごとに屈折変化が多少異なるが，以下の議論には影響しない.

は複数形を表す独立した形態素である．このような特徴をもつ動詞屈折パターンを「超豊かな一致」とよぶことにし，(31) のように定義しよう．

(31)　動詞の屈折接辞は，数・人称・時制が独立した接辞によって担われる場合，かつその場合に限り「超豊か (super-rich)」である．

Bobaljik (2002) によれば，豊かな一致を示す言語では (29b) のように時制接辞と一致接辞が別個の機能範疇によって担われる．この分析をさらに推し進めると，動詞がここで定義される超豊かな屈折接辞をもつ言語では，人称の一致と数の一致が独立した機能範疇によって具現化されていると考えることができるだろう．

そこで前節で提案した古英語・初期中英語の基本句構造をふまえ，当時の英語では数の一致素性（以下 # と表記）が Top^1 によって，人称の一致素性（以下 π と表記）が Fin によって，それぞれ担われていたと提案する．

(32)　古英語・初期中英語の素性分布

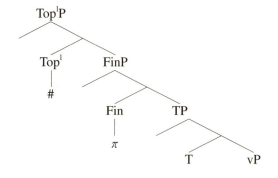

Chomsky (1995) はインターフェイスで解釈不可能であるとして機能範疇 Agr を廃棄しているが，ここでもその方針にしたがい，数と性の一致素性はそれ自体で機能範疇を投射するのではなく，他の解釈可能な範疇に担われる「依存的素性」であると仮定しよう．(32) の構造形のもとで，# と π は c 統御によって vP 内の主語と一致関係（Agree）を結び，数と人称に関する値を得る (Chomsky (2000))．また，主語の主格は時制を担う T によって付与されるとしておこう．一致と格付与の仕組みについては第 4 章 1 節

で詳述するが，ここで重要なのは，(32) の素性分布と (30) のアルゴリズムが与えられると，動詞語幹は屈折を担う最上位から2番目の機能範疇，すなわち Fin まで上昇しなければならないという点である．ここから，3.1節で提案した「FocP 指定部が疑問詞 / ne / Op で占められている場合を除き，定形動詞は Fin まで上昇する」という特性が導かれる．[11]

本章では，動詞屈折接辞の派生をはじめとする形態統語論のモデルとして分散形態論 (Distributed Morphology: DM) を採用する (Halle and Marantz (1993), Harley and Noyer (1999), Embick and Noyer (2001) など参照)．この枠組みのもとでは，超豊かな屈折接辞を含む動詞複合体の派生は次のように分析することができる．まず，(30) のアルゴリズムにしたがって統語部門で動詞語幹が Fin まで上昇し，さらに音韻部門で Top^1 が Fin に接辞下降すると，(33) のような X^0 レベルの動詞複合体が得られる．

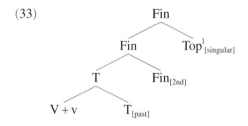

(33)

DM の枠組みにおいては，統語部門では句構造を構成する形態素として形態統語素性のみが計算に導入され，その後の音韻部門において形態素の素性の値と語彙項目 (vocabulary item) の対応規則にもとづいて語彙挿入が行われる (これを遅延挿入 (late insertion) とよぶ)．表1の古英語弱変化動詞の場

---

[11] 古英語・初期中英語と同様に V2 語順を示す現代ドイツ語，オランダ語，アイスランド語は時制に加えて人称と数を表す独立した一致形態素をもっている．したがって，これらは (31) の意味での「超豊かな」一致をもつ言語であり，V2 語順を派生させる動詞移動の駆動因を屈折接辞の豊かさに求めることが可能である．他方でノルウェー語，スウェーデン語，デンマーク語は V2 語順を示すものの動詞屈折は平板であり，従属節では V-to-T 移動が観察されない (Vikner (1997))．Nawata (2009) は，これらの大陸スカンジナビア諸語の V2 語順は動詞屈折接辞の豊かさに起因する V-to-Fin 移動ではなく，古英語や初期中英語の演算子先頭構文と同様，焦点基準を満たすための V-to-Foc 移動であると論じている (5.2 節の議論を参照)．

合，時制・人称・数の素性の値と語彙項目の対応関係は (34) のように表される．

(34) a. /-∅/ ⇔ [present] ⎫
  b. /-d/ ⇔ [past] ⎬ T (時制)
  c. /-st/ ⇔ [2nd person] ⎫
  d. /-þ/ ⇔ [3rd person]/[present] ⎬ Fin (人称)
  e. /-e/ ⇔ elsewhere ⎭
  f. /-∅/ ⇔ [singular] ⎫
  g. /-aþ/ ⇔ [plural]/[present] ⎬ Top¹ (数)
  h. /-on/ ⇔ [plural]/[past] ⎭

この対応規則にしたがって，(33) の動詞複合体では T に /-d/, Fin に /-st/, Top¹ に /-∅/ (ゼロ形態素) が挿入され，過去時制二人称単数形の dēm-d-est が派生される．

では，過去時制複数形の場合はどうだろうか．同じく (34) にしたがって X⁰ 動詞複合体に語彙項目を挿入すると，(35) のようになる．

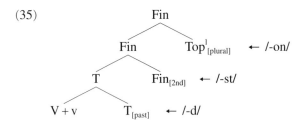

これをそのまま発音すると *dēm-d-est-on となるが，実際には人称形態素 -est は発音されない．これは，古英語・初期中英語では「動詞語幹に後続する顕在的な屈折形態素は最大2つまで」という言語個別的な表層フィルターが存在したためだと思われる．DM では，ある特定の環境のもとで形態素を削除する消去規則 (impoverishment) という操作が認められている (Halle (1997))．そこで，古英語・初期中英語に (36) のような消去規則があったと仮定しよう．

(36)　消去規則：$\pi \Rightarrow \varnothing$ / [plural]

この規則は「複数形形態素が現れる環境で人称形態素を削除せよ」ということを述べたものである．これにしたがい，(35) で Fin の二人称素性 [2nd] が削除されると，表1の変化表に示したような過去形二人称複数形 dēm-d-on が派生される．

5.　屈折接辞の衰退と動詞移動の消失

　古英語・初期中英語の話題先頭 V2 語順において定形動詞が Fin まで上昇するという仮定が，本章で提案する節の基本構造と「豊かな一致」仮説の拡大修正版によって導かれることを示したところで，この節では後期中英語以降の動詞屈折接辞の衰退が，V-to-Fin 移動および V-to-T 移動の消失にどのように作用したのかを論じる．また，動詞移動に関する中英語の方言差についても考察する．

5.1.　V2 移動の消失

　中英語は「水平化された屈折の時代 (period of leveled inflection)」とよばれ，古英語に存在した名詞の格変化や動詞の屈折接辞が次第に単純化されていった．ここでの議論にとくに関連するのは，動詞に現れた複数形主語との一致形態素 -aþ または -en の消失である．Lass (2006) によれば，これらの形態素は 14 世紀に衰退しはじめ，16 世紀初頭にはほぼ完全になくなった．具体的には，1381 年に書かれた Chaucer の *Treatise on the Astrolabe* では 84% の動詞が複数一致形態素 -en を保持していたが，1470 年代に書かれた Caxton の *Prologues* では -en の使用が 28% まで減少していることが報告されている（同 p. 78）．注目すべきは，複数形一致形態素が消失した時期が，話題先頭 V2 語順が衰退した時期に重なるという点である．Fischer et al. (2000: 133) は Jacobsson (1951) による調査を引用しながら，V2 語順が 15 世紀中に衰退したと論じている．もし両者の間に相関関係が認められれば，(31) で定義された「超豊かな」一致が V-to-Fin 移動の引き金と

64　　　　　　　第 II 部　英語の節構造の変化

なった可能性が高いといえるだろう.

　そこで,弁別的な複数一致形態素の有無が話題先頭 V2 語順の生産性と連
動していたかどうかを,後期中英語および初期近代英語の個別のテキストか
ら確かめてみよう.標本として取り上げるテキストは,*Ayenbite of Inwyt*,
Piers Plowman, *Canterbury Tales*, *Sir Gawain and the Green Knight*,
Mandeville's Travels, *Paston Letters*, Richard Rolle's *Prose Treatises*,
Gregory's *Chronicle of London*, Caxton's *Prologues* および *Utopia* であ
る.これらのうち,*Utopia* が近代英語期の作品である以外はすべて中英語
期のテキストである.それぞれのテキストが執筆された年代,方言,そして
話題要素が先頭に生じる V2 語順が生産的だったかどうかは表 2 のようにま
とめられる.[12]

テキスト	年代	方言	V2 生産性
Ayenbite of Inwyt	1340	ケント方言	√
Piers Plowman	c1370–1380	南部方言	√
Canterbury Tales	c1387–1395	東中部方言	√
Gawain	c1400 (?c1390)	西中部方言	√
Mandeville's Travels	?a1425 (c1400)	東中部方言	√
Paston Letters	1422–1509	東中部方言	*
Richard Rolle	c1440 (a1349)	北部方言	*
Gregory's Chron.	c1475	南部方言	*
Caxton	1477–1484	東中部方言	*
Utopia	1516	近代英語	*

表 2：中英語・初期近代英語テキストの V2 生産性

この表から,イングランド北部をのぞく地域の方言に関しては,およそ 15
世紀前半を境に,それ以前は話題先頭 V2 語順が生産的であるのに対し,そ

---

[12] これらのテキストのうち *Piers Plowman*, *Canterbury Tales*, *Sir Gawain and the
Green Knight* は韻文である.査読者が指摘するように,頭韻詩の *Piers Plowman* と *Ga-
wain* では詩行の鋳型による語順への影響は少ないと思われるが,脚韻詩の *Canterbury
Tales* ではリズムを優先して語順を整えることがあったかもしれない.
　また,この調査では話題先頭要素の V2 語順のみを対象とし,疑問詞や否定語句が文の

れ以降では V2 が廃れていることがわかる（北部方言に関しては，5.2 節で別途考察する）．

これらのテキストのうち，V2 語順を保持している *Ayenbite of Inwyt*, *Piers Plowman*, *Canterbury Tales*, *Sir Gawain and the Green Knight*, *Mandeville's Travels* の典型的な動詞屈折変化は表3のようにまとめられる．なお，表中の？はテキストの調査から屈折形を特定できなかった箇所を示している．

		Ayenbite		Piers		Canterbury		Gawain		Mandeville	
		現在	過去	現在	過去	現在	過去	現在	過去	現在	過去
単数	1	-e/-i	-de	-(e)	-d	-(e)	-d(e)	-(e)	-de	-(e)	-d(e)
	2	-(e)st	-dest	-st	-dest	-st	-dest	-eʒ/-s/-tʒ	-de	?	?
	3	-þ	-de	-th	-d	-th	-d(e)	-eʒ/-es	-de	-th	-d(e)
複数	1	-eþ	-de(n)	-en	-d(en)	-en	-d(en)	-en	-d/-(en)	-en	-d(en)
	2	-eþ	-de(n)	-en	-d(en)	-en	-d(en)	-en	-d/-(en)	-en	-d(en)
	3	-eþ	-de(n)	-en	-d(en)	-en	-d(en)	-en	-d/-(en)	-en	-d(en)

表3：V2 テキストの動詞屈折変化表

方言によって屈折接辞の変異がみられるものの，いずれのテキストでも現在形および過去形で複数一致が弁別的形態素 -en によって表されている．他方，V2 語順が衰退している *Paston Letters*, Richard Rolle's *Prose Treatises*, Gregory's *Chronicle of London*, Caxton's *Prologues*, *Utopia* の典型的な動詞屈折変化は表4のようにまとめられる．

先頭に現れる V2 は対象としていない．これは話題先頭 V2 構文で生じる V-to-Fin 移動が動詞の屈折接辞の豊かさによって駆動されるのに対し，疑問詞先頭 V2 構文や否定語先頭 V2 構文で生じる V-to-Foc 移動が焦点基準によるものだからである．これらの構文の派生に関しては3節の議論を参照のこと．

		Paston		Rolle		*Gregory*		Caxton		*Utopia*	
		現在	過去	現在	過去	現在	過去	現在	過去	現在	過去
単数	1	-(e)	-d(e)	-(e)	-d(e)	?	-d(e)	-(e)	-d(e)	-(e)	-d(e)
	2	-(e)	-d(e)	-ste	-deste	?	?	-st	-dst	-(e)	-d(e)
	3	-th	-d(e)	-s	-d(e)	-th	-d(e)	-th	-d(e)	-th	-d(e)
複数	1	-(e)	-d(e)	-e	-d(e)	-e	-d(e)	-d(e)	-d(e)	-(e)	-d(e)
	2	-(e)	-d(e)	-e	-d(e)	-e	-d(e)	-d(e)	-d(e)	-(e)	-d(e)
	3	-(e)	-d(e)	-e	-d(e)	-e	-d(e)	-d(e)	-d(e)	-(e)	-d(e)

表4：非 V2 テキストの動詞屈折変化表

複数形の一致形態素が -en として具現化していた表2の V2 テキストと異なり，これらのテキストでは当該形態素が -(e) へと衰退している．同じ形態素は単数形でも現れており，-(e) はもはや複数一致を弁別的に表す形態素とはいえない．したがって，弁別的な複数一致形態素の有無と話題先頭 V2 語順の存否はたしかに連動していたといえるだろう．

4節で導入した DM の枠組みにもとづいて，屈折接辞の消失がどのように V2 語順の衰退につながったかを分析しよう．まず，V2 テキストにおける一致形態素の素性の値と語彙項目の対応関係は（37）のように表される（典型例として，東中部方言による *Canterbury Tales* の屈折を取り上げる）．

(37) a. /-st/ ⇔ [2nd person]
     b. /-th/ ⇔ [3rd person] / [present] ⎫ Fin（人称）
     c. /-e/ ⇔ elsewhere ⎭
     d. /-∅/ ⇔ [singular] ⎫ Top[1]（数）
     e. /-en/ ⇔ [plural] ⎭

標準的な DM モデルでは，語彙挿入に関する原理として（38）の下位集合原理（Subset Principle）が仮定されている．

(38) 下位集合原理
     語彙項目の音声具現形は，終端形態素（terminal morpheme）に指定された文法素性のすべてあるいはその一部に合致する場合に当

第3章 初期英語の節構造と動詞移動の消失　　67

該の形態素に挿入される.　　　　　　　　（Halle（1997: 128）：筆者訳）

この原理と（37）の対応規則を組み合わせると，終端形態素 Fin に二人称
（[2nd person]）素性が指定されていると（37a）にしたがって語彙項目 /-st/
が挿入され，現在形（[present]）の環境で三人称（[3rd person]）が指定され
ていると（37b）により /-th/ が挿入される.　Fin の人称素性がそれ以外の値
をもつ場合（具体的には一人称と過去形での三人称）では，（37c）から非該
当形（elsewhere form）として /-e/ が挿入される.　また，終端形態素 Top^1
に単数形（[singular]）が指定されている場合には /-∅/ が（=（37d）），複
数形（[plural]）が指定されていると /-en/ が（=（37e）），それぞれ挿入され
る.[13]

　15 世紀中ごろに複数一致形態素 /-en/ が /-e/ へと水平化されると，（37）
の対応規則は（39）のように変化した.

(39) a.　/-st/　⇔　[2nd person]　　　　　⎫
　　 b.　/-th/　⇔　[3rd person]/[present]　⎬ Fin（人称）
　　 c.　/-e/　⇔　elsewhere　　　　　　　 ⎭

　　 d.　/-∅/　⇔　[singular]　　　　⎫
　　 e.　**/-e/**　⇔　**[plural]**　　　　　⎬ Top^1（数）

すると（39e）は（39c）の非該当形対応規則と重複するため，両者を統合す
ることで，対応規則群を（40）のように整理できる.

(40) a.　/-st/　⇔　[2nd person, singular]
　　 b.　/-th/　⇔　[3rd person, singular]/[present]
　　 c.　**/-e/**　⇔　**elsewhere**

終端形態素に二人称単数形（[2nd person, singular]）が指定されていると
（40a）により /-st/ が挿入され，現在形（[present]）の環境で三人称単数形
（[3rd person, singular]）が指定されていると，（40b）にしたがって /-th/ が

---

[13] ただし，Top^1 が [plural] の値をもつ場合には（36）の消去規則にしたがって Fin の人
称形態素が削除される.　4.2 節の議論を参照.

挿入される．その他の値が指定されている場合は，非該当形 /-e/ が挿入される（= (40c)）．

　もっぱら複数一致を表していた形態素 /-en/ の摩耗により，英語の動詞屈折接辞は数・人称・時制が独立した接辞によって担われる「超豊かな」レベルから，時制と一致が異なる接辞によって表される通常レベルの「豊かな」屈折へと推移した．(39) の対応規則と異なり，(40) では単一の語彙項目である /-st/ や /-th/ に対して，人称と数の値が同時に指定されている点に注意したい．そこで 15 世紀中ごろ以降の英語では，人称と数を束ねた一致素性（以下 φ と表記）が Fin によって担われるようになったと仮定しよう．

(41)　15 世紀中ごろ以降の素性分布

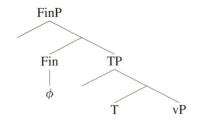

4.1 節の (30) で提案された動詞移動のアルゴリズムにしたがえば，(41) の構造において定形動詞は統語部門で T まで上昇し，音韻部門において Fin が T に接辞下降して動詞複合体が形成される．定形動詞が発音される位置は T であり，下位の主語位置である TP 指定部よりも低い位置にあることから，話題先頭構文の V2 語順が消失するに至った．

　このことは同時に，Top¹ が句構造の必須要素ではなくなったことを意味している．初期中英語までは，数の一致素性を担うために Top¹ が必ず句構造に投射された．この義務的な Top¹ が，古英語・初期中英語を談話階層型言語にしていたのである．しかし (41) の素性配置では，一致素性の宿主としての役割から解放された Top¹ は節構造で義務的な要素ではなくなった．よって，英語は談話階層型言語から主語卓立型言語へと変化したのである．[14]

---

[14] 現代英語では，主節 wh 疑問文において話題要素は疑問詞に先行しなければならず，疑問詞と主語の間に現れることはできない．

5.2. 中英語における V2 語順の方言差

ここまでの議論から，表2で示した中英語の諸方言（東中部方言，西中部方言，南部方言，ケント方言）に関しては，V2 語順の消失が動詞複数一致形態素の消失と連動していることが明らかになった．では，北部方言についてはどうだろうか．表5は北部方言で書かれた *Northern Prose Rule of St. Benet* (a1425) の典型的な動詞語形変化を示したものである．

	現在		過去	
	単数	複数	単数	複数
一人称	-∅	-es/-is	-ed/-t(e)	-ed/-t(e)
二人称	-es/-is	-es/-is	-ed/-t(e)	-ed/-t(e)
三人称	-es/-is	-es/-is	-ed/-t(e)	-ed/-t(e)

表5：*Northern Prose Rule of St. Benet* の動詞変化表

現在形・過去形ともに独立した数の一致形態素は現れておらず，少なくとも超豊かな屈折ではない．したがって，この時代の北部方言ではすでに話題先頭 V2 が衰退していたと予想されるが，実際には当該のテキストにおいて (42) のような V2 語順が観察される．

(42) *Allekin   mekenes*   **sal**   man muster til þe gestis
     all manner of meekness shall man muster to the guests
     'All manner of humbleness shall be shown to the guests'

                                      (Ben.Rule (I) (Lnsd) 35.11)

これは一見したところ，話題先頭 V2 語順が動詞の超豊かな屈折によって引き起こされたという本章の主張に対する反例のように思われる．しかしここ

(i) a. **During the holidays, why** did they invite Tom?
   b. ***Why** did **during the holidays** they invite Tom?

                                 (Haegeman and Guéron (1999: 345))

話題要素 during the holidays は (ia) では Top^uP 指定部を占めており，(ib) では Top^lP 指定部を占めていると分析できる．伝統的には，(ib) は「話題の島 (topic island)」の効果を示す例と解釈されてきた．しかし，もし現代英語で Top^l が義務的に必要ないばかりでなく，そもそも投射されないのであれば，(ib) が非文法的であることは自明である．

で注目したいのは，*Rule of St. Benet* では主語が名詞句の場合だけでなく代名詞の場合でも，(43) のように主語と動詞の倒置が起きていたということである．これは，主語が代名詞の場合に V3 語順を示した古英語や他の初期中英語諸方言とは異なる特徴である．

(43)　*Oþir labur* **sal** þai do
other labour shall they do
'They must do other labour'　　　　*(Ben.Rule (I) (Lnsd) 35.11)*

3.1 節で提案した基本句構造に照らして考えると，(43) における文頭の話題要素 oþir labur 'other labor' は Top^{u}P 指定部を占め，代名詞主語 þai 'they' は Top^{l}P 指定部を占めている．すると，両者の間に現れている助動詞 sal 'shall' は Fin 主要部ではなく Foc 主要部に位置していることになり，その構造は (44) のように示される．

(44)　[$_{TopP}$ oþir labur Top^u [$_{FocP}$ Op sal [$_{TopP}$ þai Top^l [$_{FinP}$ Fin [$_{TP}$ T [$_{vP}$ do]]]]]]

これは古英語の þa 先頭話題構文と実質的に同じ構造である．FocP 指定部に空演算子（Op）があり，助動詞 sal は焦点基準を満たすために Foc まで主要部移動している．この分析を (42) のような名詞句主語の話題先頭構文にも適用しよう．すると，北部方言の V2 語順は超豊かな動詞屈折に駆動される V-to-Fin 移動ではなく，焦点基準に由来する V-to-Foc 移動で派生されていることになり，北部方言を「超豊かな一致の仮説」の例外とする必要はなくなる．

　以上の議論から，V2 語順に関する中英語の方言変異を整理すると (45) のようになる．

(45)　中英語における V2 語順の方言変異
　　a.　北部方言：　　　V-to-Foc 移動
　　b.　その他の方言：　V-to-Foc 移動，V-to-Fin 移動

北部方言ではすでに動詞が超豊かな屈折を失っており，15 世紀中ごろ以降

の他の方言と同様，V-to-Fin 移動は利用できなかった．かわりに，すべての話題先頭構文で V-to-Foc 移動が生じた．これは，古英語では þa 先頭構文でのみ現れた空演算子が，中英語北部方言では Top^{w}P 指定部に生じるあらゆる話題要素と共起できたためではないかと思われる．中英語ではすべての方言で þa がなくなっていたので，(45) の共時的パラメーター変異は，Top^{w}P 指定部の話題要素と共起する空演算子がある北部方言と，そのような要素がないその他の方言の違いとして捉えることができる．

では北部方言のこの特徴はどこから来たのだろうか．Kroch and Taylor (1997) は，(42), (43) のような一律の V2 語順は古ノルド語との言語接触に強く影響を受けたものであると論じている．古ノルド語から発達したデンマーク語，スウェーデン語，ノルウェー語では，屈折接辞が完全に平板化した現在でも名詞句主語か代名詞主語にかかわりなく一律の V2 語順を示しており (Holmberg (2015))，中英語北部方言と同じく FocP 指定部に空演算子が生じていると分析できる（注 11 参照）．本章ではこれ以上深く立ち入る余裕がないが，これらの大陸スカンジナビア諸語と中英語北部方言がともに古ノルド語の特徴を反映している可能性は十分にあるだろう．

15 世紀中ごろ以降，イングランド中部と南部の諸方言では動詞屈折接辞の衰退とともに V-to-Fin 移動，すなわち話題先頭 V2 語順が消失した（5.1節参照）．また，東中部方言がイングランドの共通言語としての地位を確立するにつれ，北部方言もその影響を受けた．そうすると，北部方言でも話題化構文に生じる空演算子が消失し，話題先頭 V2 語順が消失した．[15]

ただし，焦点基準による V-to-Foc 移動そのものは現代英語でも残存しており，(46a) のような主節 wh 疑問文や (46b) のような否定倒置構文でみられる．

---

[15] Kroch and Taylor (1997) は，北部方言との言語接触によって中・南部方言の話題先頭 V2 語順が消失したと論じている．本章の見方が正しければ，これは以下の過程をたどったと考えられる．(i) 言語接触により中・南部方言の動詞屈折接辞が衰退し，(ii) それによって中・南部方言の V-to-Fin 移動が消失し，(iii) その影響で北部方言でも話題先頭語順が消失した．したがって，中・南部方言の V2 消失に対する北部方言の影響は，直接的ではなく間接的なものであったと思われる．

72 　第 II 部　英語の節構造の変化

(46) a. 　主節 wh 疑問文

$[_{FocP}$ What$_i$ will $[_{FinP}$ t_{Fin} $[_{TP}$ you t_T $[_{vP}$ buy t_i]]]]?

b. 　否定倒置文

$[_{FocP}$ Never$_i$ have $[_{FinP}$ t_{Fin} $[_{TP}$ I t_T $[_{vP}$ t_i been there]]]].

これらは古英語における wh/ne 先頭 V2 語順の末裔とみなすことができる
だろう. ただし古英語や中英語と違って, 今は助動詞のみが Foc に主要部
移動できる. この状況は V-to-T 移動の消失と文法化による助動詞の確立に
よってもたらされたものである. そこで次に, 初期近代英語における V-to-
T 移動の消失について考察しよう. 助動詞の発達については 6 節で扱う.

5.3.　V-to-T 移動の消失

　近代英語期になると, 動詞の屈折接辞はさらに単純化されていった. 現
代英語で残存する現在時制三人称単数形をのぞいて最後まで残ったのは,
二人称単数形の -(e)st であった. Vikner (1997) は Pyles (1964) および
Strang (1970) をふまえて, 過去時制における -(e)st が 16 世紀後半に消失
したと述べている. その結果, 動詞屈折接辞は表 6 のように現代英語と同
じ程度にまで水平化されるに至った.

	現在		過去	
	単数	複数	単数	複数
一人称	hear	hear	hear-d	hear-d
二人称	hear-st	hear	hear-d	hear-d
三人称	hear-eth	hear	hear-d	hear-d

表 6：16 世紀中ごろ以降の動詞 hear の屈折

4.1 節で「動詞の屈折接辞は, 時制と一致が独立した接辞によって担われる
場合, かつその場合に限り「豊か」である」(Bobaljik (2002)) と定義した.
表 6 では動詞に後続する接辞は現在時制の二人称単数 -st と三人称単数
-eth, そして過去時制の -d のみであり, 独立した時制形態素と一致形態素
が同時に現れることはない. したがって, 16 世紀中ごろを境として英語は

動詞屈折が「乏しい (poor)」言語となったのである.[16] 関連する形態素の素性の値と語彙項目の対応関係は (47) のように表される.

(47) a. /-(e)st/ ⇔ [2nd person, singular, present]
     b. /-(e)th/ ⇔ [3rd person, singular, present]
     c. /-(e)d/ ⇔ [past]
     d. /-∅/ ⇔ elsewhere

5.1 節 (38) の下位集合原理にしたがい,終端形態素に二人称単数現在形 ([2nd person, singular, present]) が指定されていると /-st/ が挿入され (= (47a)),三人称単数現在形 ([3rd person, singular, present]) が指定されていると /-(e)th/ が挿入され (= (47b)),過去形 ([past]) が指定されていると /-(e)d/ が挿入される (= (47c)).その他の値の場合は,非該当形としてゼロ形が挿入される (= (47d)).

時制と一致が単一の形態素で表されるようになったのにともない,人称と数を束ねた一致素性 (ϕ) は Fin から T へと推移した.16 世紀中ごろ以降の句構造における素性分布は,(48) のようになる.

(48) 16 世紀中ごろ以降の素性分布

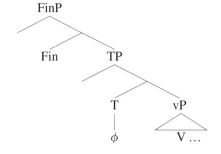

これは,現代英語に対して一般に仮定されている一致素性の分布と同じである.定形動詞はもはや T まで上昇する必要はなく,T が v に接辞下降する

---

[16] 16 世紀後半に過去形で二人称単数接辞 -(e)st が消失した後も,現在形ではしばらく残存した.ただし,現在形でも後期近代英語までには -(e)st が消失した.

ことで動詞複合体が形成される.

4.1 節で述べたとおり，動詞移動の存在は定形動詞と否定辞や副詞の位置関係によって判断することができる．このことを念頭において，(49a, b) の例を比べてみよう（いずれも *Oxford English Dictionary* (OED) の often の項からの引用）.

(49) a.　And the erthe and the lond **chaungeth** *often* his colour.
　　　　and the earth and the land changes　　often its color
　　　　　　　　　　　　　　　　　(c1400 *Mandeville's Travels* ix. 100)

　　 b.　Worldly chaunces … in adversitye *often* **change** from evell to good …　　　　　　　　　　　　(a1548 *Chronicle of Henry VII* 8)

(49a) は 15 世紀初頭に書かれた *Mandeville's Travels* からの例で，定形動詞 chaungeth 'changes' が VP 副詞 often に先行している．他方で (49b) は 16 世紀中ごろの *Chronicle of Henry VII* からの例であり，こちらでは change が often に後続している．この対比は，16 世紀中ごろに動詞屈折接辞が「豊かな」レベルから「乏しい」レベルへと摩耗したことで V-to-T 移動が消失したことを示唆している.[17]

しかしながら先行研究では，英語史における V-to-T 移動の消失時期について統一的な見解が得られているわけではない．Roberts (1993)，Vikner (1997)，Rohrbacher (1999) が英語の V-to-T 移動が 16 世紀中ごろに消失したとしているのに対し，Warner (1997) や Lightfoot (1999) はさらに時代が下った後も V-to-T 移動は存続し，17 世紀から 18 世紀になってようやく消失したと述べている．このような立場の違いは，V-to-T 移動の存否をどのようなデータに依拠して判断するかによって生じる．Roberts (1993) らが (49) のような定形動詞と VP 副詞の語順を手がかりにしているのに対し，Warner (1997) らは動詞と否定辞 not の位置関係に着目する．助動詞 do の発達に関する Ellegård (1953) の調査が明らかにしたところによれば，

---

[17] ただし 5.1 節でみたように *Mandeville's Travels* は V2 テキストであるので，定形動詞は T を越えて Fin まで上昇している可能性がある．ここで重要なのは，16 世紀中ごろの *Chronicle of Henry VII* において動詞移動消失の語順が観察されるという事実である.

17世紀中は do を用いない V not 型の否定文も生産的に用いられていた．また Haeberli and Ihsane (2016) も，大規模なコーパス調査により定形動詞と副詞の位置関係が16世紀中ごろに急激に変化したのに対し，否定平叙文で do not V 語順の頻度が50% を超えるのは17世紀後半以降であることを明らかにしている．したがって V-to-T 移動消失の時期は，副詞のデータを重視すれば16世紀中ごろということになるが，否定文のデータからは17世紀後半以降ということになる．

　V-to-T 移動の消失時期に関する2つの立場の違いは，4.1節で導入した「豊かな一致の仮説 (RAH)」の2つの解釈につながる．過去の RAH 研究においては，豊かな一致が動詞移動の必要十分条件であるとする「強いRAH」と唱える論者 (Rorhbacher (1994), Vikner (1997), Koeneman and Zeijlstra (2014) など) と，豊かな一致が動詞移動の十分条件にすぎないとする「弱い RAH」と主張する論者 (Bobaljik (2002), Haeberli and Ihsane (2016) など) がいる．英語の V-to-T 移動が動詞屈折接辞の衰退とほぼ同時に消失したとする Roberts (1993) らの立場は強い RAH に相当し，屈折接辞が衰退した後も V-to-T 移動が存続したとする Warner (1997) らの立場は弱い RAH に相当する．

　RAH のいずれの解釈が妥当であるかについては広範囲な通言語的事実にもとづいてさかんに議論されており，本章で2つの立場の優劣を断定することはできない．しかし英語の通時発達に関しては，屈折接辞に駆動された動詞移動が16世紀中ごろに消失したとする Roberts (1993) らの提案が妥当であると思われる．というのも，否定文における V not 語順から do not V 語順への推移には，動詞と副詞との語順変化にはみられない以下の特徴があるからである．第1に，近代英語期のかなり長い期間にわたって V not 型否定文と do not V 型否定文が併存しており，これは否定文において動詞移動が随意的であったことを示している．第2に，後期近代英語になっても know, believe, care, doubt などの一部の動詞は動詞移動の消失に抵抗し，否定文において not の前に置かれることがあった．このような「操作の随意性」や「操作対象の語彙特異性」を捉えるために，本章では否定文における V not 語順が動詞屈折接辞の豊かさとは異なる要因によって派生され

76 第 II 部　英語の節構造の変化

たと提案したい．次節では否定文の派生全般について取り上げ，6.2 節で
know などの一部動詞にみられる残留動詞移動（residual verb movement）
現象を分析する．

5.4.　否定文の派生

Jespersen（1917）以来，英語の否定文は（50）のような発達過程をたどっ
たことが知られている．

(50) a.　古英語：　　　　　　　ic **ne** secge.
　　 b.　初期中英語-15 世紀：　I **ne** seye **not**.
　　 c.　後期中英語：　　　　　I say **not**.
　　 d.　16 世紀：　　　　　　 I do **not** say.

古英語では否定辞として ne が用いられ，これを定形動詞の前に置いた．初
期中英語になると，ne に加えて補助的な否定副詞 not を動詞の後に置くよ
うになった．しかし否定辞 ne は後期中英語では消失し，not だけが動詞の
後に残った．そして 16 世紀以降，助動詞 do が用いられるようになった．[18]
（51）は 14 世紀からの例である．

(51)　This Absolon　*ne* **roghte** *nat* a bene
　　　This Absalom　NE cared　 not a bean

(c1395 The Miller's Tale 664)

定形動詞 roghte 'cared' が ne と not に挟まれており，（50b）の段階にある
ことがわかる．

　否定文の一連の発達を捉えるため，ここでは（52）の基本句構造を仮定す
る．

---

[18] 後期中英語から初期近代英語にかけて，まれに I not say 型の否定文が現れることが
あった．Ukaji（1992）はこのタイプを（50c）と（50d）をつなぐ「橋渡し的現象」であると
論じている．本章の枠組みに沿ったこの現象の分析については，縄田（2016b）を参照．

第 3 章 初期英語の節構造と動詞移動の消失　　　　　77

(52)　否定文の句構造

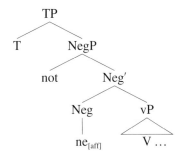

否定を表す機能範疇 NegP が TP と vP の間に存在しており，古英語では接辞的否定辞 ne が NegP 主要部に現れた．[aff] は ne がもっている接辞特性を表している．加えて初期中英語では副詞的否定辞 not が NegP 指定部に置かれるようになったが，後期中英語になると主要部の ne が消失し，指定部の not だけが残った．

このような句構造を仮定すると，(50b) の段階にある I ne seye not 型否定文の派生は (53) のように表すことができる（以下，実線矢印は統語部門での操作を表し，破線矢印は音韻部門での操作を表す）．

(53)　[$_{FinP}$ Fin$_{[\phi][aff]}$ [$_{TP}$ 主語 T$_{[aff]}$ [$_{NegP}$ not ne$_{[aff]}$ [$_{vP}$ v + V]]]]

<ne V not>

4.1 節では，複数の主要部 X, Y, … V から動詞複合体をつくるアルゴリズムを以下のように仮定した（(30) 参照）．(i) 関連する機能範疇はすべて接辞特性 [aff] をもっていなければならない．(ii) 語幹 V から機能範疇 Y までを含む複合体は統語部門における主要部移動で形成される．(iii) 最上位の機能範疇 X と Y を融合する際には，音韻部門における接辞下降が優先的に利用される．このアルゴリズムにしたがい，(53) では動詞語幹が Neg で否定接辞 ne に付加しながら T まで連続循環的に主要部移動し，音韻部門で Fin が T に接辞下降する．結果として，ne V not 語順が派生される．[19]

---

[19] (53) は，動詞が本章で定義する「豊かな一致」を持つ 15 世紀中ごろから 16 世紀中ごろにかけての構造である．それ以前の「超豊かな一致」をもつ古英語から初期中英語では，

上で触れたように後期中英語以降に否定的接辞 ne が衰退したが，当面の間は Neg が音形をもたないゼロ接辞として機能していたと考えてみよう．

(54) 否定接辞 ne の消失後，機能範疇 Neg に [aff] 素性が随意的に付与された．

すると Neg に [aff] 素性が付与されていた場合，否定文の動詞複合体は (53) と同じように形成される．

(55) 16 世紀中ごろまで：Neg に [aff] あり
[FinP Fin$_{[\phi][aff]}$ [TP 主語 T$_{[aff]}$ [NegP not Neg$_{[aff]}$ [vP v + V]]]]   <V not>

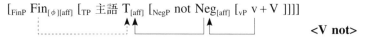

Neg は音韻的に空であるが，[aff] 素性が駆動因となることで連続循環的動詞移動の中継点として機能する．

接辞的否定辞 ne の消失後は V not 語順が標準的な形式であったが，迂言的助動詞 do を用いた do not V 語順もほぼ同時に出現して徐々にその頻度を高めていった（Ellegård (1953))．この語順は，Neg に [aff] 素性が指定されていない場合に得られる形式として分析できる．

(56) 16 世紀中ごろまで：Neg に [aff] なし
[FinP Fin$_{[\phi][aff]}$ [TP 主語 T$_{[aff]}$ [NegP not Neg [vP v + V]]]]   <do not V>

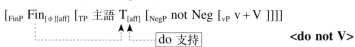

do 支持

上で仮定したように，動詞複合体を構成するすべての機能範疇が接辞特性をもっていなければならないとすると，(56) において動詞語幹は Neg に上昇することができない．そこで，他に助動詞がない場合は派生を救うために音韻部門において T への do 支持（do-support）が適用され，その結果得られる複合体に Fin が接辞下降する．このように，(54) を仮定することで，否

動詞は Fin まで上昇していた．古英語の ne 先頭 V2 構文に関して，3.1 節では ne が FocP の指定部を占めていると仮定していたが，ここでの議論に照らせば ne は動詞複合体の一部として Foc 主要部にあり，FocP 指定部には空演算子があるとするのが正確である．ne 先頭 V2 構文における空演算子の存在を支持する証拠については，Ohkado (1996) を参照．

定辞 ne の消失後に V not 型否定文と do not V 型否定文が（後者が増加しつつ）併存した事実を捉えることができる.

　それでは，動詞の屈折が乏しくなり一致素性が T によって担われるようになった 16 世紀中ごろ以降の否定文はどのように派生されたのだろうか.Neg の [aff] 素性の有無に応じて関連する構造を示すと，(57), (58) のようになる.

(57)　16 世紀中ごろ以降：Neg に [aff] なし
　　　[$_{FinP}$ Fin [$_{TP}$ 主語 T$_{[\phi][aff]}$ [$_{NegP}$ not Neg [$_{vP}$ v + V]]]]

　　　　　　　　　　　　└┈┈┈ do 支持　　　　　　　　**<do not V>**

(58)　16 世紀中ごろ以降：Neg に [aff] あり（→ (60) に修正）
　　　[$_{FinP}$ Fin [$_{TP}$ 主語 T$_{[\phi][aff]}$ [$_{NegP}$ not Neg$_{[aff]}$ [$_{vP}$ v + V]]]]

　　　　　　　　　　　　　　　　　　　　　　　　　　　***<not V>**

このうち (57) の派生は，Fin から T への接辞下降が適用されない点をのぞいて (56) と同じである．問題は (58) である．動詞語幹が Neg の [aff] 特性に駆動されて Neg に上昇し，T から Neg への接辞下降が適用されると，定形動詞が not に後続する not V 語順が派生されることになる．しかし，これは事実と異なる．not V 型否定文は近代英語において決して生産的ではなく，(57) のように迂言的助動詞 do が現れないときは，豊かな一致の時代と同様に V not 語順が用いられていた（ただし注 18 を参照）.

　そこで，動詞語幹が Neg に留まることを阻止するフィルターとして (59)の二重詰め NegP フィルター (Doubly-Filled NegP Filter) を提案する.

(59)　二重詰め NegP フィルター：　*[$_{NegP}$ not V]

これは NegP の指定部と主要部がともに語彙的要素で占められることを禁止するもので，Chomsky and Lasnik (1977) の「二重詰め COMP フィルター (Doubly-Filled COMP Filter)」の NegP 版である.[20] このフィルター

---

[20]　二重詰め NegP フィルターという名称のフィルターを最初に提案したのは Besten (1986) であり，そこではアフリカーンス語における否定表現の共起制限を説明するために用いられている.

が与えられると，(58) の派生は (60) のように修正される．

(60) 16世紀中ごろ以降：Neg に [aff] あり（修正版）

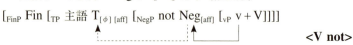

ここで，動詞複合体形成アルゴリズムの最終ステップ（上記 (iii), (30c)）において「音韻部門における接辞下降が優先的に利用される」と規定されていたことを思い起こそう．つまりこの条項は規則適用に関する経済性を定めたものであり，他に優先すべき原理があれば接辞下降ではなく主要部移動を適用してもよいのである．当該の例では，(58) のように接辞下降を適用すると (59) の二重詰め NegP フィルターの違反が生じてしまう．そこで (60) では音韻部門で Neg から T への主要部移動が生じて語彙動詞が T まで上昇している．これにより，乏しい一致の時代に観察された V not 語順を正しく派生させることができる．ただし，初期近代英語の末期（1700年ごろ）までには Neg が [aff] 素性を付与されなくなり，(60) の V not 語順は (57) の do not V 語順に置き換えられたと考えられる．

まとめると，否定辞 not を越える動詞移動が Neg の接辞特性によって駆動されると仮定することで，初期近代英語で V not 型否定文と do not V 型否定文が併存していた事実を説明することができる．

5.5. 素性継承パラメター

ここまで，英語史における V2 語順と動詞移動の消失を「豊かな一致の仮説」にもとづいて説明した．動詞屈折接辞の衰退に由来する V-to-Fin 移動の消失は，(61) の一致素性の推移としてまとめられる（τ は時制素性を表す）．[21]

---

[21] (61) では義務的に投射される範疇のみを示している．Top^u と Foc は英語史を通して随意的で，Top^l は15世紀中ごろ以降句構造に投射されなくなった可能性がある（注14参照）．

第 3 章 初期英語の節構造と動詞移動の消失 81

(61) a. 古英語から 15 世紀中ごろまで

$$[_{ForceP}\ Force\ [_{TopP}\ Top^1\ [_{FinP}\ Fin\ [_{TP}\ T\ [_{vP}\ v\ ...]]]]]$$
$$\#\qquad \pi \qquad \tau$$

b. 15 世紀中ごろから 16 世紀中ごろまで

$$[_{ForceP}\ Force\ [_{FinP}\ Fin\ [_{TP}\ T\ [_{vP}\ v\ ...]]]]$$
$$\phi \qquad \tau$$

c. 16 世紀中ごろ以降

$$[_{ForceP}\ Force\ [_{FinP}\ Fin\ [_{TP}\ T\ [_{vP}\ v\ ...]]]]$$
$$\phi,\ \tau$$

数の一致素性が Top^1 にあり，人称の一致素性が Fin にあった古英語から初期中英語にかけては定形動詞が Fin まで上昇し，主節において V2 語順が派生された．しかし 15 世紀中ごろに数の一致素性が衰退すると，数素性と人称素性がともに Fin に担われるようになり，動詞は T までしか上昇しなくなった．さらに 16 世紀中ごろに一致形態素と時制形態素が融合すると一致素性は T に下方推移し，定形動詞は vP 内に留まるようになった．また動詞屈折接辞の豊かさとは独立して生じる動詞移動には，焦点基準によって駆動される V-to-Foc 移動と，Neg の [aff] 素性に起因する V-to-Neg 移動があった．

　Chomsky (2008) は，フェイズ主要部である C に基底生成された素性が統語部門において非フェイズ主要部である T へと継承されるとする「素性継承 (feature inheritance)」のメカニズムを提唱している．Chomsky は一致素性と時制素性が継承されるとしているが，解釈可能素性である時制は T の内在的素性であると考えるのが自然である．そこで，解釈不可能素性である一致素性のみがフェイズ主要部から非フェイズ主要部に継承されると仮定しよう．この仮説と分裂 CP 構造を組み合わせると，数と人称の一致素性はフェイズ主要部である Force に基底生成され，非フェイズ主要部である Top，Fin，T のいずれかに継承されることになる．そうすると，数と人称の素性がどの範疇に継承されるかに関してパラメター可変域が生じ，それが (61) に示した一致素性の推移を生み出したと考えることができる．以下，

当該のパラメーターを「素性継承パラメーター (feature inheritance parameter)」とよぶ．英語史における V2 語順と動詞移動の消失は，動詞屈折接辞の衰退により，素性継承パラメーターが変化して生じたものであると結論づけられる．

6. 文法化による語彙動詞から助動詞への変化

動詞移動の消失に関して残された問題は，後期近代英語の一部動詞にみられる残留動詞移動である．この節では残留動詞移動を素性継承パラメーターの変化と文法化の競合の観点から論じ，節構造の変化と動詞移動の消失に関する本章の議論を締めくくりたい．

6.1. パラメーター変化と文法化の競合

ここで，生成文法におけるパラメーターの概念について簡単に振り返っておきたい．パラメーターは，原理とパラメーターのアプローチ (Principles and Parameters Approach: Chomsky (1981)) において共時的な言語変異を記述するとともに，言語獲得に関するプラトンの問題（ヒトはなぜ限られた言語資料から個別言語を獲得できるのか）を解決するために導入された概念である．すなわち，言語の多様性が普遍文法に組み込まれたパラメーター値の変異に由来し，母語の獲得が有限個のパラメーターの値を設定する作業であると仮定することで，標準理論 (Standard Theory: Chomsky (1965)) で問題となった言語理論の記述的妥当性と説明的妥当性の緊張関係を乗り越えようとしたのである．この概念装置の「発明」が 1980 年代以降における比較統語論研究の隆盛を導いたことはよく知られているが，このことは同時に生成文法による言語変化研究を生み出す契機となった．なぜなら言語の通時的変化は世代をまたがるパラメーター変異とみなされ，言語獲得の際に子供が親世代と異なる値を選択することで変化が生じると考えられるからである（第 1 章 3 節参照）．

言語変化を説明するもう 1 つの概念として文法化 (grammaticalization) がある．文法化は，内容語が機能語に変化するという言語変化の一般的傾向

第 3 章　初期英語の節構造と動詞移動の消失　　83

を捉えるために歴史言語学において用いられてきた概念であり，Meillet
(1951 [1912]) に端を発する．ただし理論言語学で注目を集めるようになっ
たのはやはり 1980 年代以降であり，Lehmann (1995 [1982]) や Hopper
and Traugott (2003 [1993]) による研究がきっかけとなった．それらは意味
論や語用論を基盤としていたため，1980 年代から 90 年代にかけての言語
変化の研究では，きわめて大雑把にいえば統語変化をパラメーターによって分
析し，意味変化を文法化によって分析する傾向があった．しかし 2000 年代
に極小主義プログラム（Minimalist Program: Chomsky (1995)）の枠組み
で文法化を扱った Roberts and Roussou (2003) や Gelderen (2004) など
が登場し，統語変化の分野でも文法化を主題とした研究が次々と発表される
ようになってきている．生成文法研究者の中には文法化もパラメーター変化の
一種であると考えている者も多く，その場合には「文法化」という独立した
メカニズムが仮定されているわけではない．しかし以下に述べるようにパラ
メーター変化と文法化では異なる特徴が観察されるため，本章では両者を区別
して論じることにする．[22]

　通時的な統語変化におけるパラメーター再設定と文法化の特徴を対比させる
と，前者が「瞬時的」かつ「大域的」であり，後者が「漸次的」かつ「局所的」
であるといえよう．[23] 原理とパラメーターのアプローチで提案された主要部パ
ラメーターや空主語パラメーターは，基本語順の違いや義務的主語の必要性な
ど，言語の類型的特徴を大域的に捉えようとしたものであった．本章で考察
したように，英語では 15 世紀中ごろに V-to-Fin 移動が消失し，16 世紀中
ごろに V-to-T 移動が消失した．英語史上のある限られた時期にほとんどの
動詞がこれらの変化を受けたという点で，一連の動詞移動の衰退はパラメー
ター再設定による言語変化の典型例といえる．

　他方で，文法化はもともと個別語彙項目の漸次的変化を捉えようとする概

---

　[22] 縄田 (2005) は，パラメーター変化が統語部門での変化であるのに対して，文法化は音
韻部門の現象であると論じている．
　[23] ここで論じている大域的パラメーター（macro parameter）(Baker (1996)) に加え，局
所的パラメーター（micro parameter）(Kayne (2000)) を認める立場もある．極小主義プロ
グラムにおけるパラメーターの扱いについては，Boeckx (2011)，Rizzi (2017) などを参照．

念である．文法化のクライン (cline) として知られる「内容語から機能語へ」「客観的意味から主観的意味へ」といった一般的傾向はいずれも連続的な変化を表しており，また同一範疇に属する複数の語が変化の異なる段階にあることも珍しくない．例として助動詞の発達をとり上げよう．英語の助動詞はその多くが語彙動詞から変化した．例えば法助動詞 can は本来 "to know" を表す語彙動詞であったが，そこから「能力」を表す根源的法助動詞の用法が発達し，さらに「可能性」を表す認識様態法助動詞としても用いられるようになった (中尾 (1972))．動詞移動の消失と異なり，その変化は古英語から近代英語の長期間にわたっていた．また同様の変化は may や must など他の助動詞でも生じたが，その時期と速度は個別の語彙項目ごとに異なっていた．[24] 変化が漸次的でかつ個別の語彙項目ごとに生じたという点で，英語史における助動詞の発達は文法化の典型的な事例といえよう．

　動詞移動の消失と助動詞化は，統語構造内での変化の方向性という点でも対比をなす．前者はかつて T まで主要部移動していた V が動詞句内に留まるようになった変化であり，句構造上の「下方推移」である．その様子を図示すると (62) のようになる（囲み は変化後の動詞の位置を表す）．

(62)　動詞移動の消失（パラメーター変化）

$$[_{TP}\ 主語\ T\ 副詞\ [_{VP}\ V\ ...]] \Longrightarrow [_{TP}\ 主語\ T\ 副詞\ [_{VP}\ \boxed{V}\ ...]]$$

それに対して助動詞化は，主要部移動で上昇していた動詞が上位の機能範疇に基底生成されるようになる変化であり，句構造内の「上方推移」である．Roberts and Roussou (2003) は法助動詞の発達を (63) のように分析している．

(63)　助動詞化（文法化）

$$[_{TP}\ 主語\ T_1\ [_{VP}\ V_1\ [_{TP}\ T_2\ [_{VP}\ V_2\ ...]]]] \Longrightarrow [_{TP}\ 主語\ \boxed{T_1}\ [_{VP}\ V_2\ ...]]$$

---

[24] 文献調査に基づく動詞から助動詞への変化についての詳細な記述については，小野 (1969) を参照のこと．

前法助動詞は複文構造の上位節において V-to-T 移動していたが，T_1 に基底
生成されるようになった結果，V_1 と T_2 が消失して単一節構造への通時的な
再構造化（restructuring）が起こった．

　では，動詞移動がまさに消失しつつあった時期に，ある動詞が助動詞化を
受けたらどうなるだろうか．5.3 節の最後で，後期近代英語になっても
know, believe, care, doubt などの一部の動詞が動詞移動の消失に抵抗し，
否定文において not の前に置かれることがあったと述べた．残留動詞移動
とよんだこの現象こそ，(62) のようなパラメター変化と (63) のような文
法化が競合した結果生じた現象であるというのがここでの主張である．次節
ではコーパスの調査に基づいて，後期近代英語における know 類動詞の残
留動詞移動を考えてみたい．

6.2. know 類動詞の残留動詞移動

　まず後期近代英語の V not 語順の実例を確認しておこう．(64) はいずれ
も The Penn Parsed Corpus of Modern British English 第 2 版(PPCMBE2)
からの例である．[25]

(64) a.　He saith, I **know not**.　　　　　(ERV-NEW-1881, 9, 1J.798)

　　 b.　Ah! but you **know not** the humiliating avowal I have to make?

　　　　　　　　　　　　　　　　　　　　(BROUGHAM-1861, 28.1030)

　　 c.　And I **knew** him **not**:　　　　　(ERV-NEW-1881, 1, 20J.63)

　　 d.　Again, the world's refinement is based upon Christianity, even

　　　　 though the world **knows not** of it.　　(PUSEY-186X, 283.66)

　　 e.　I **know not** what I shall have from his Hands,

　　　　　　　　　　　　　　　　　　　　(DAVYS-1716, 50.898)

　　 f.　but there standeth one amidst you, whom ye **know not**;

　　　　　　　　　　　　　　　　　　　　(NEWCOME-NEW-1796, 1, 20J.54)

---

[25] コーパスからの用例の出典は，該当コーパスの表記法にしたがってテキストの略称と
用例 ID によって示す．詳細情報については，https://www.ling.upenn.edu/hist-corpora/
index.html を参照のこと．

g.　Whether this was a Defiance or Challenge, we **know not**;

(DEFOE-1719, 193.12)

これらのうち，(64a) は自動詞用法であり，(64b) は DP 補部が後続する用法である．代名詞目的語は (64c) のように動詞と not の間に現れることもあった．(64d) では PP が not に後続している．また (64e) のように，節補部が know not に後続する例もよく見られる．さらに (64f, g) のように，know の DP 補部あるいは節補部が関係節化や話題化によって移動を受けている例も観察される．これらの例から，後期近代英語においても know not 語順は慣用表現に限定されていたわけではなく，文法的に生産的な形式であったことがわかる．

　そこで，後期近代英語で動詞移動の消失に抵抗した know, believe, doubt, care の 4 つの動詞について，疑問文での主語との相対語順および否定文での否定辞 not との相対語順を PPCMBE2 で調査した．結果をまとめたのが表 7 である．V > subj. と V > not はこれらの動詞が主語や否定辞に先行する語順を示し，do > subj. と do > not は動詞が元位置に留まっている語順である．

	V > subj.		do > subj.		V > not		do > not	
know	10	(4%)	258	(96%)	264	(32%)	557	(68%)
believe	3	(8%)	33	(92%)	36	(36%)	65	(64%)
doubt	0	(0%)	3	(100%)	35	(53%)	31	(47%)
care	1	(33%)	2	(66%)	16	(26%)	46	(74%)

表 7：後期近代英語における know 類動詞の疑問文と否定文での相対語順

ここから，この時代の know 類動詞は疑問文で主語と倒置する力はほぼ失っていたが，否定文で not に先行する力を依然として維持していたことがわかる．他の動詞はすでに do などの助動詞によって否定文を作るのが一般的であったことから，これら 4 つの動詞が英語全体の動詞移動の消失に「抵抗」しているようにみえる．

　このような know 類動詞のふるまいは非常に奇妙である．6.1 節で触れた

とおり，V-to-T 移動の消失のようなパラメター変化は当該範疇に属するすべての項目に影響を及ぼし，ある特定の語彙項目だけがその効果を免れることはないからである（例えば，疑問詞 what と who は顕在的に wh 移動するが where は移動しないというような事態は考えにくい）．そこで，know 類動詞が V-to-T 移動消失のパラメター変化を受けつつ，(65a) から (65b) へと構造的に再分析されたと提案する．

(65) know 類動詞の再分析

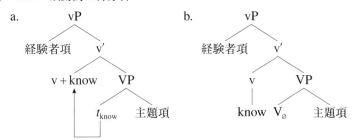

他の動詞と同様，know 類動詞も本来 V として基底生成されて軽動詞 v に主要部移動していたが，再分析によって know それ自体が軽動詞であるとみなされるようになり，v に直接挿入されるようになった．この場合 V は音形をもたない動詞として存在する．もともと句構造の下位にあった要素が上方推移の再分析を受けたという点で，(65) は文法化の一種とみなすことができる（6.1 節 (63) 参照）.[26]

　know 類動詞が (65b) のように v へと再分析されると，vP と VP を構造上分裂させて扱うことができるようになる．すなわち，V と複合体を形成する義務を免れた v は併合対象の選択制限が緩くなったのである．そこで，再分析後の否定文においては，vP が NegP の上位に基底生成される (66) の構造が利用可能であったと仮定しよう．

---

[26] 英語史における語彙動詞 V から軽動詞 v への文法化の他の事例に関しては Kume (2009, 2011) が詳しく論じている．

(66)　軽動詞の否定文構造

$[_\text{CP} \varnothing\ [_\text{TP} \text{He}\ t_\text{T}\ [_\text{vP} \text{know-s}\ [_\text{NegP} \text{not}\ [_\text{VP} \text{V}_\varnothing\ \text{her name}]]]]]$

この分析のもとでは，know 類動詞は動詞移動を経ることなく V not 語順を派生できたことになる．また文法化の過程においては，旧来の用法と新しい用法が共時的に両立することが知られている（Bybee (2015))．後期近代英語の know 類動詞には軽動詞用法と語彙動詞用法が混在しており，後者を含む文では他の語彙動詞と同じように助動詞を用いて否定文が作られた．これが表 7 の do > not 語順に反映している．

　他方で，語彙動詞および軽動詞は主語-（助）動詞倒置を生じさせる T-to-Foc 移動の対象にならないので，疑問文で主語に先行することはなかった．したがって，他に助動詞を含まない文では，(67) のように do 支持の適用を受けた．

(67)　軽動詞の疑問文構造

$[_\text{CP} \text{Does}\ [_\text{TP} \text{he}\ t_\text{T}\ [_\text{vP} \text{know}\ [_\text{VP} \text{V}_\varnothing\ \text{her name}]]]]$

ここから，know 類動詞が後期近代英語において主語と倒置する力を失っていたことが導かれる．

　では，know 類動詞の文法化を促進した要因は何だったのであろうか．文法化を進行させる要因の 1 つとして「主観化（subjectification)」を挙げることができる．これは，本来客観的事実を述べるのに用いられた動詞が，次第に話者の主観的認識を表すようになるという現象である．know 類動詞は主語の認識，思考または感情を表すので，主語が一人称の場合に主観化を受けやすいという特徴がある．そこで，表 7 でとりわけ高い頻度（53%）で残留動詞移動を示した doubt をとり上げて，doubt not 語順と do not doubt 語順が主語の人称ごとにどのように分布していたかを PPCMBE2 で調査すると，表 8 に示した結果が得られた．

第3章　初期英語の節構造と動詞移動の消失　　89

	一人称	二人称	三人称	不明	計
doubt not	31	1	3	0	35
do not doubt	17	2	10	2	31

表8：後期近代英語における doubt 否定文の人称分布（生起数）

他者の心理状態を客観的に記述する三人称主語では do not doubt が優勢であるのに対し，話者の心理を主観的に表す一人称主語では doubt not が好まれたことがわかる．このことは，doubt の一人称用法で主観化が進行していたことを示している．

　しかし know 類動詞の軽動詞用法は19世紀中にほぼ消失し，最終的に否定文の語順は他の語彙動詞と同じく do not V 型に統一された．旧来型の V not 語順を動詞の文法化によって維持しようとする動きがパラメター変化による do not V 語順の圧力に屈した要因のひとつとして，使用頻度の差を挙げることができるだろう．Bybee (2003) は使用頻度が文法化に及ぼす影響を指摘し，頻繁に用いられる表現ほど意味の漂白化が起きやすいと述べている．表7からわかるとおり，後期近代英語では know 類動詞全体として do not V 語順の方が優勢であり，軽動詞用法の頻度は語彙動詞用法に比べて低かった．この頻度の差が，最終的に know 類動詞の V not 語順の消失につながったと思われる．

　また，know 類動詞の補部構造も助動詞への再分析を促すのに適したものではなかった．表9は肯定平叙文で現在形または過去形の know と doubt がとる補部のタイプを調査した結果である．

	to 不定詞	定形節	名詞句	計
know	36	1023	857	1916
doubt	1	40	21	62

表9：後期近代英語における know 類動詞の肯定平叙文での補部（生起数）

6.1節で述べたとおり，語彙動詞が助動詞に文法化される過程では複文構造が単文構造へと再分析される．(63) で示した構造変化を (68) として再録

90　　第 II 部　英語の節構造の変化

する.

(68)　助動詞化（文法化）（＝(63)）

$$[_{TP} \text{主語 } T_1 \ [_{VP} \ V_1 \ [_{TP} \ T_2 \ [_{VP} \ V_2 \ ...]]]] \Longrightarrow [_{TP} \text{主語 } \boxed{T_1} \ [_{VP} \ V_2 \ ...]]$$

このとき，V_1 が助動詞化すると同時に V_2 が主節の語彙動詞になることが重要である．そのため，V_1 はその補部として不定詞節をしたがえる必要があるが，know 類動詞はその条件を満たしていない．表 9 では know の to 不定詞補部が 36 例あるものの，そのうち 23 例は know＋目的語＋to 不定詞のパターンであり，これらは単文構造への再分析の入力とはなりえない．これは know と doubt だけでなく，believe や care にも共通する性質である．したがって know 類動詞は (65) のように軽動詞までは文法化されたものの，それ以上の助動詞化を経ることはなかった.[27]

7.　まとめ

以上，本章では英語史における節構造の変化を動詞移動の消失に着目して分析した．定形動詞の位置を決める統語操作と，それによってもたらされる語順は次のようにまとめられる.

(69)　a.　V-to-Foc 移動：　演算子先頭 V2 語順
　　　b.　V-to-Fin 移動：　話題先頭 V2 語順
　　　c.　V-to-T 移動：　　動詞–副詞語順
　　　d.　V-to-Neg 移動：　動詞–not 語順[28]

---

[27] know 類動詞以外にも，say などいくつかの動詞が後期近代英語で残留動詞移動を示した．これらの動詞の扱いについては別途検討する必要があるが，主観化とは別の要因で助動詞化が進んだ可能性もある．例えば発話動詞 say に関しては，現代英語でも "I'm hungry," *said John.* のように，引用句に後続する位置で主語と倒置する引用句倒置 (quotative inversion) を起こすという興味深い事実がある．Collins (1997) は，引用句倒置では定形動詞が V-to-T 移動していると論じており，後期近代英語における say の残留動詞移動を分析する際には，このような現代英語のふるまいも考慮する必要があるだろう.

[28] より正確には，統語部門で V-to-Neg 移動が生じた後に，(59) の二重詰め NegP フィ

e. v 位置基底生成： know 類動詞の「動詞-not」語順

　このうち，(69b) の V-to-Fin 移動と (69c) の V-to-T 移動が動詞の屈折接辞に駆動される移動であり，素性継承パラメーターの影響を受ける．屈折接辞の衰退とともに V-to-Fin 移動は 15 世紀中ごろに，V-to-T 移動は 16 世紀中ごろに，それぞれ消失した．(69a) の V-to-Foc 移動は焦点基準によって駆動される移動であり，現代英語でも主語-助動詞倒置を引き起こす T-to-Foc 移動として残っている．(69d) の V-to-Neg 移動は否定接辞 ne およびそのゼロ形式によって駆動される移動であったが，否定接辞の衰退とともに 1700 年頃にほぼ消失した．know 類動詞は，後期近代英語期に文法化により軽動詞として v 位置に基底生成されるようになった (= (69e))．しかし，素性継承パラメーターの変化による V-to-T 移動消失の圧力により，最終的に know 類軽動詞は消失した．

　本章の議論を通じて，現代語の統語論でなされたさまざまな提案（分裂 CP 仮説，反対称性仮説，豊かな一致の仮説，素性継承仮説など）が，初期英語の共時的統語分析ならびに通時的変化の分析に対しても有効であることを示した．本章の分析から得られる理論的な洞察のひとつとして，「英語の節構造は見かけほど大きく変化していない」ということが挙げられよう．英語は 15 世紀中ごろに談話階層型言語から主語卓立型言語へという類型上の大きな変化を経験したが，これは数の一致素性衰退という，形態上の微弱な変化によってもたらされたものである．古英語の基本節構造として提案された (12) の分裂 CP 構造は，現代英語でも (Top^{i}P が消失した可能性があるものの) 基本的に維持されている．Chomsky (1995) 以来の極小主義プログラムでは，統語部門における言語間の変異を可能なかぎり小さくするという基本理念が採用されているが，英語の史的変化に対しても，この理念に沿った分析が可能である．

　また本章で提案した (61) の素性継承パラメーターは，分裂 CP 仮説と素性継承仮説の帰結として導かれる．なぜなら，フェイズ主要部 Force に基底

ルターを回避するために音韻部門で Neg から T への主要部移動が生じる．

生成された数と人称の一致素性が非フェイズ主要部である Top, Fin, T の
いずれかへと継承されるとすると，どの素性がどの範疇へと継承されるかに
関しておのずとパラメター可変域が生じるからである．古英語・初期中英語
では数の一致素性が Top[1] に継承され，人称の一致素性が Fin に継承されて
いたが，15 世紀中ごろに両者がともに Fin に継承されるようになり，さら
に 16 世紀中ごろには時制素性とともに T に担われるようになった．言い換
えると，英語は古い時代には CP 領域を使って主語との一致操作を行ってい
たが，時代が下るにつれて TP 領域のみを用いて主語と動詞を一致させるよ
うになったのである．したがって，V-to-Fin 移動と V-to-T 移動の消失に関
する一連の変化は，主語との一致を担う素性が機能範疇の階層を下方推移し
たことによって生じたといえる．

　それでは，一致素性の分布に関するパラメター変化は，主語の位置にどの
ような影響をもたらしたのであろうか．一致素性が句構造を下方推移したと
いう本章の分析が正しければ，主語もこれらの素性の動きにあわせて下方推
移したのではないかと予想される．はたしてこの予想が正しいかどうか，次
章で検討してみよう．

第 4 章

主語位置の変遷と各種構文の変化[*]

1. はじめに

　前章では，一致を表す動詞屈折接辞の衰退とともに定形節における動詞の位置が下方推移し，それによって話題先頭 V2 構文と V-to-T 移動が消失した過程を分析した．この一連の変化を引き起こした「素性継承パラメーター」を (1) として再録する．[1]

(1) a.　第 I 期：古英語‒後期中英語

$$[_{\text{ForceP}}\ \text{Force}\ [_{\text{TopP}}\ \text{Top}^{1}\ [_{\text{FinP}}\ \text{Fin}\ [_{\text{TP}}\ \text{T}\ [_{v\text{P}}\ v\ \ldots]]]]]$$

$$\#\qquad\quad \pi\qquad \tau$$

---

[*]　本章は Nawata (2011b, 2019a) および縄田 (2013, 2020) に基づき加筆・修正を加えたものである．

[1]　第 3 章では，動詞屈折語尾の衰退の程度にもとづいて，第 I 期と第 II 期の境界が 15 世紀中ごろであり，第 II 期と第 III 期の境界が 16 世紀中ごろだったと推定した．ただし，パラメーター変化は話者個人のレベルでは瞬時的であるものの，言語共同体のレベルでは数十年から 100 年程度の時間の幅をもって生じることもめずらしくない．なぜなら，ある言語の共時態においては，革新的な文法もつ若者から保守的な文法をもつ年配者まで，異なる世代の話者が混在しているからである．そこで，個別の構文変化を扱う本章では，素性継承パラメーターの時代区分を厳密に特定せず，(1) のように一定の緩衝年代をともなった形で記述する．

b. 第 II 期：後期中英語-初期近代英語
$[_{\text{ForceP}} \text{Force} [_{\text{FinP}} \text{Fin} [_{\text{TP}} \text{T} [_{v\text{P}} \text{v} \ldots]]]]$
$\phi \qquad \tau$

c. 第 III 期：初期近代英語-
$[_{\text{ForceP}} \text{Force} [_{\text{FinP}} \text{Fin} [_{\text{TP}} \text{T} [_{v\text{P}} \text{v} \ldots]]]]$
ϕ, τ

　本章のねらいは，このパラメターの理論的帰結を英語史における各種構文の発達をとおして検討することである．その際，とくに焦点をあてるのが定形節における主語位置の変遷である．標準的な生成統語論の枠組みでは，主語は動詞句内に基底生成された後に格あるいは一致を担う機能範疇の指定部へ移動すると理解されており，その点は Chomsky (2000) 以降の極小主義プログラムでも変わっていない．[2] そこで，本章では主語位置が一致素性の推移にあわせて (2) のように変化したと提案する．

(2)　英語史における主語位置の変遷
a.　第 I 期：古英語-後期中英語
$[_{\text{ForceP}} \text{Force} [_{\text{TopP}} \text{主語 Top}^{1}_{\#} [_{\text{FinP}} \text{Fin}_{\pi} [_{\text{TP}} \text{主語 T}_{\tau} [_{v\text{P}} \text{v} \ldots]]]]]$
b.　第 II 期：後期中英語-初期近代英語
$[_{\text{ForceP}} \text{Force} [_{\text{FinP}} \text{主語 Fin}_{\phi} [_{\text{TP}} \text{主語 T}_{\tau} [_{v\text{P}} \text{v} \ldots]]]]$
c.　第 III 期：初期近代英語-
$[_{\text{ForceP}} \text{Force} [_{\text{FinP}} \text{Fin} [_{\text{TP}} \text{主語 T}_{\phi, \tau} [_{v\text{P}} \text{v} \ldots]]]]$

英語史を通じて，主格付与にかかわる T の指定部が主語位置として利用可能であった．それに加え，古英語から後期中英語では数の一致を担う Top[1]

---

　[2] ただし，移動が駆動因となる素性を必要とするかどうかについては論者の間で見解が分かれている．近年の極小主義プログラムでは，移動が駆動因を必要としないとする自由併合 (Free Merge) の立場も提唱されているが (Chomsky (2013, 2015))，第 II 部では Chomsky (2000, 2001, 2004) に従い，移動が一致操作に付随して生じると仮定する．なお，本章の以下の議論では探査子 (probe) と標的 (goal) の間で c 統御にもとづいて成立する統語的関係に対して「一致操作 (Agree)」という用語を用い，主語と動詞の間の人称・数の呼応現象を指す「一致 (agreement)」と区別する．

の指定部が，後期中英語から初期近代英語にかけては数と人称の一致素性の
ある Fin の指定部が，それぞれ主語位置として機能した．そして初期近代
英語以降は，主語位置は T の指定部に統一された．このように，素性継承
パラメーターは英語の主語位置が全体的に下方推移しながら一本化されたこと
を予想する．[3] この「主語位置の下方推移」仮説にもとづき，本章では第 I 期
から第 II 期にかかわる変化として空主語の消失（第 2 節），第 I 期から第
III 期にわたる変化として奇態格経験者主語構文の消失（第 3 節）と他動詞
虚辞構文の消失（第 4 節），そして第 II 期から第 III 期にかけての変化とし
て that 痕跡効果の出現（第 5 節）を取り扱う．

　その前に，まず (2) で示した表層主語位置への移動のメカニズムについ
て概観しておきたい．主語が一致を引き起こす機能範疇の指定部に移動でき
るとすると，後期中英語までの構造 (2a)（＝(1a)）において人称の一致素
性を担う Fin の指定部にも主語が生じた可能性はないだろうか．そこで，
数と人称の一致素性が異なる機能範疇に継承される文の派生を考えてみよ
う．古英語から後期中英語にかけて，主語が Top^{l}P 指定部に移動する文は
以下の手順で派生されたと提案する（(3a-c) の矢印は，それぞれ括弧に示
された統語操作を表す）．

(3) 　一致に付随した主語移動

a. 　$[_{\mathrm{ForceP}}$ Force$_{\#, \to \pi}$ $[_{\mathrm{TopP}}$ Top$^{\mathrm{l}}_{\#}$ $[_{\mathrm{FinP}}$ Fin$_{\pi}$ $[_{\mathrm{TP}}$ T$_{\tau}$ $[_{\mathrm{vP}}$ 主語 v …]]]]]
　　　　　　　　　　　　　　　　　　　　　　　　　　　　　　（素性継承）

b. 　$[_{\mathrm{ForceP}}$ Force$_{\#, \to \pi}$ $[_{\mathrm{TopP}}$ Top$^{\mathrm{l}}_{\#}$ $[_{\mathrm{FinP}}$ Fin$_{\pi}$ $[_{\mathrm{TP}}$ T$_{\tau}$ $[_{\mathrm{vP}}$ 主語 v …]]]]]
　　　　　　　　　　　　　　　　　　　　　　　　　　　　　　（一致操作）

c. 　$[_{\mathrm{TopP}}$ 主語 Top$^{\mathrm{l}}_{\#}$ $[_{\mathrm{FinP}}$ 主語 Fin$_{\pi}$ $[_{\mathrm{TP}}$ T$_{\tau}$ $[_{\mathrm{vP}}$ 主語 v …]]]]
　　　　　　　　　　　　　　　　　　　　　　　　　　　　　　（移動）

d. 　$[_{\mathrm{TopP}}$ 主語 Top$^{\mathrm{l}}_{\#}$ $[_{\mathrm{FinP}}$ 主語 Fin$_{\pi}$ $[_{\mathrm{TP}}$ T$_{\tau}$ $[_{\mathrm{vP}}$ 主語 v …]]]]
　　　　　　　　　　　　　　　　　　　　　　　　　　　　　　（コピー削除）

---

[3] Kemenade and Los (2006) は古英語と中英語の従属節における談話副詞 þa/þonne と
主語の位置関係にもとづいて，古英語期に 2 つあった主語位置が中英語期には上方推移し
て統一されたと論じている．この主張に対する反論としては Nawata (2014a) を参照．

フェイズ主要部 Force が併合によって句構造に導入された段階で，Force に
基底生成された数素性（#）と人称素性（π）が非フェイズ主要部の $\text{Top}^!$ と
Fin に継承される（= (3a); Chomsky (2008)）．次に解釈不可能素性である
と π が探査子となってその c 統御領域内にある主語を標的として同定し，
両者の間に一致関係が結ばれる（= (3b)）．ここで注意したいのは，この一
致が複数の探査子と単一の標的の間の関係となっている点である．すなわ
ち，$\text{Top}^!$ と主語，Fin と主語がそれぞれ個別に一致するのではなく，主語
は 2 つの探査子と同時に一致関係を結ぶ．Hiraiwa (2005) は単一の探査子
が複数の要素を標的として同定する「多重一致（Multiple Agree）」とよばれ
る統語操作を提案しているが，(3b) は複数の探査子と単一の標的を含む「逆
多重一致（Inverse Multiple Agree）」とでもよべる関係である．そして主語
の移動が一致操作に付随した操作であるとすると（注 2 参照），主語は
$\text{Top}^!\text{P}$ 指定部と FinP 指定部にやはり同時に移動する（= (3c)）．その結果，
主語のコピーは元位置の vP 指定部を含めて 3 つできる．ただし，発音の際
には連鎖の先頭にあるコピー以外は削除されるので（= (3d); Nunes
(2004)），FinP 指定部と vP 指定部のコピーは削除されて，$\text{Top}^!\text{P}$ 指定部の
コピーのみが発音される．つまり，第 I 期で主語が一致素性を駆動因とし
て移動する際には，FinP 指定部にもコピーが存在するものの，必ず $\text{Top}^!\text{P}$
にもコピーが存在してそちらが発音されるため，見かけ上は FinP 指定部に
主語は現れないのである．

　他方で，T の主格付与に付随して生じる主語の移動は，(4) の手順で実行
される．

(4)　格付与に付随した主語移動

　　a.　$[_{\text{TopP}} \text{Top}^!_{\#} [_{\text{FinP}} \text{Fin}_{\pi} [_{\text{TP}} \text{T}_{\tau} [_{\text{vP}} \text{主語 v} \dots]]]]$

　　　　　　　　　　　　　　　　　　　　　　　　　　　（一致操作）

　　b.　$[_{\text{TopP}} \text{Top}^!_{\#} [_{\text{FinP}} \text{Fin}_{\pi} [_{\text{TP}} \text{主語 T}_{\tau} [_{\text{vP}} \text{主語 v} \dots]]]]$

　　　　　　　　　　　　　　　　　　　　　　　　　　　（移動）

　　c.　$[_{\text{TopP}} \text{Top}^!_{\#} [_{\text{FinP}} \text{Fin}_{\pi} [_{\text{TP}} \text{主語 T}_{\tau} [_{\text{vP}} \text{主語 v} \dots]]]]$

　　　　　　　　　　　　　　　　　　　　　　　　　　　（コピー削除）

Pesetsky and Torrego (2001) は,主格は名詞句がもつ解釈不可能な時制素性の反映であると提案しており,ここでもその仮定を採用しよう.そうすると,まず T がもつ時制素性 τ と主語の間で時制素性の一致関係が成立して主語に主格が付与され (= (4a)),次にその格付与に付随して主語が TP 指定部に移動する (= (4b)).そして最後に vP 指定部のコピーが削除されて主語は移動先の TP 指定部で発音される (= (4c)).

注意したいのは,一致操作はかならず移動を誘発するわけではないという点である.したがって,(3) では格に付随した移動は生じず,(4) では一致に付随した移動は生じない.しかし,主語は (3) か (4) のいずれかの方法で元位置の vP 指定部から移動しなければならない.Chomsky (2013, 2015) で提唱されたラベル付けアルゴリズム (labeling algorithm) によれば,主語 DP が vP に併合した構造は (5) のようになる.このような XP-YP 構造のラベルは,XP と YP が何らかの素性を共有するか,XP または YP が移動することによって決定される.主語 DP と vP は共有する素性をもたないので,ラベル決定のために主語が義務的に機能範疇領域に移動する.[4]

(5) 元位置主語によるラベル未決定 (Chomsky (2013, 2015))

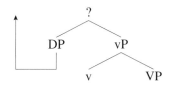

したがって,vP 内に基底生成された主語は,(2a) に示した2つの表層主語位置のいずれかへと一致または格付与にともなって移動しなければならなかった.[5]

---

[4] Chomsky (2013, 2015) のラベル付けアルゴリズムが提案されるよりも前に,Alexiadou and Anagnostopoulou (2007) は「少なくとも1つの項は vP から移動しなければならない」という趣旨の「主語元位置一般化 (subject-in-situ generalization)」を提唱している.この一般化もまた,機能範疇領域の主語位置が何らかの要素によって占められなければならないことを保証する.

[5] 前章で論じたように,従属節における動詞末尾語順は vP に相当する構成素を Top¹P 指定部に前置することで派生された (第3章 (23) 参照).この場合,主語それ自体は移動

その後，数素性と人称素性がともに Fin に担われるようになった第 II 期になると，主語は一致に付随して FinP 指定部に移動するか，格付与に付随して TP 指定部に移動するようになった（= (2b)）．そして，数素性・人称素性・時制素性がすべて T に担われるようになった第 III 期では，主語は常に TP 指定部に移動するようになった（= (2c)）．これにより，TP 指定部が義務的に具現化される拡大投射原理（Extended Projection Principle: EPP）の効果が出現したのである．以下，このような主語位置の変遷がもたらした各種構文の変化を見ていこう．

2. 空主語構文

　一般に現代英語は典型的な非空主語言語，すなわち義務的に主語を必要とする言語として知られている．しかし古英語や中英語の作品においては，ときに現代イタリア語などと同様に定形節で主語が顕在的に現れていないと思われる事例が観察される．ここから，古い時代の英語ではどの程度空主語が許されたのかという記述レベルの問題，そしてもし許されたのだとすればその認可のメカニズムはいったいどのようなものであったのかという説明レベルの問題が浮かび上がる．

　先行研究では，前者の記述的妥当性の問題についてさえも最近まで見解の一致をみていなかった．例えば，Hulk and Kemenade (1993, 1995) は古英語では虚辞の空主語のみが許されたと述べている．他方で Gelderen (2000) によれば，古英語は現代イタリア語と同じ空主語言語で指示的な代名詞の脱落も許したが，通例三人称として解釈され，一・二人称として解釈されることはまれであったという．このような見解の相違は，個々の先行研究が依拠する一次資料の違いに起因すると思われる．しかし近年の電子コーパスの発達により，古英語・中英語あるいはそれ以前の空主語の生起状況に

しないので，いわゆる vP はラベル未決定のまま前置されることになる．ここでは暫定的に，移動先で vP と Top'P が XP-YP 構造を作る際に両者が何らかの素性（例えば話題機能が不活性であることを示す [−Top]）を共有することによって，vP に相当する構成素のラベルも決定されると仮定しておく．

関する全体像が明らかになってきた（Walkden (2013), Walkden and Rusten (2017), Rusten (2019) など）．これらを総合すると，古英語・中英語ではたしかに指示的な空主語が観察されるものの，その頻度はゲルマン祖語などと比べるとはるかに低かったようである．

　また共時的研究に目を向けると，2000 年代以降の比較統語論研究では，空主語の認可に関する古典的空主語パラメター（Perlmutter (1971), Chomsky (1981), Rizzi (1982, 1986)）では捉えられない事実の指摘やそれを説明する理論の提案が相次いでいる．ひとつの潮流として，局所的パラメター理論による空主語言語の分類の精緻化がある（Holmberg (2010), Roberts and Holmberg (2010), Roberts (2012, 2019) など）．そこでは，イタリア語に代表される均質的空主語言語（consistent null subject language），日本語などの談話的空主語言語（discourse null subject language）に対し，フィンランド語などは部分的空主語言語（partial null subject language）として分類されている．また，空主語の認可に関して最近注目を集めているのが，空主語の解釈に節構造の左方周辺部が関与しているという仮説である (Frascarelli (2007, 2018), Frascarelli and Jiménez-Fernández (2019), Kato and Ordóñez (2019) など)．それによれば，空主語の解釈には談話レベルの「話題連鎖（topic chain）」が重要な役割を果たしているという．

　このような先行研究をふまえ，この節では古英語・初期中英語をゲルマン祖語で生産的だった指示的空主語が漸次的に衰退した最終段階である局所的空主語言語（local null subject language）として位置づけ，その空主語認可のメカニズムを明らかにする．そして，最終的な空主語の消失が（1）の素性継承パラメターの変化とそれにともなう（2）の主語位置の変遷によって説明されることを示す．

2.1. 局所的空主語言語としての古英語・初期中英語

　まず古英語・中英語における空主語の分布を概観しよう．古英語に関しては Rusten (2019) が The York-Toronto-Helsinki Parsed Corpus of Old English Prose（YCOE）および The York-Helsinki Parsed Corpus of Old English Poetry（YCOEP）の網羅的調査に基づく計量的な分析を行ってい

る．それによれば，古英語の代名詞主語と空主語の総数で空主語が占める割合は全体として高くなく，散文で1.0%，韻文で11.5%である．自然な言語使用に近いと考えられる散文に限れば，空主語は決して生産的とはいえない．ここから，Rustenは古英語はすでに現代英語と同じ非空主語言語であったとしている．

しかし同時に，空主語の生起率はどのような環境でも均等に低かったのではなく，いくつかの非対称性が観察されるのも事実である．1つ目はテキストによる非対称性である．散文作品の生起率は全体で1.0%であったが，中には比較的高頻度で空主語が現れたテキストも存在した．Rustenによる YCOE の調査で空主語が2例以上現れ，かつ生起率が2%以上だったテキストは以下のとおりである．

テキスト名称	代名詞主語の数	空主語の数	空主語の割合
Bede	3923	111	2.8%
Anglo-Saxon Chronicle C	657	36	5.2%
Anglo-Saxon Chronicle D	763	52	6.4%
Anglo-Saxon Chronicle E	1098	34	3.0%
Vercelli Homilies (ScraggVerc 1)	204	6	2.9%
Vercelli Homilies (ScraggVerc 9)	76	4	5.0%
Vercelli Homilies (ScraggVerc 15)	77	2	2.5%
Vercelli Homilies, Homily IX	53	6	10.2%
Vercelli Homilies (ScraggVerc 19)	97	3	3.0%
Laws of Ine	122	8	6.2%
Bald's Leechbook (1)	191	27	12.4%
Bald's Leechbook (2)	252	42	14.3%
Bald's Leechbook (3)	83	2	2.4%
James the Greater	84	5	5.6%
Mary of Egypt	489	13	2.6%
Martyrology, I	63	4	6.0%
Lacnunga	103	4	3.7%

表1：YCOE で空主語が生産的だったテキスト (Rusten (2019: 36–39))

他方で，空主語の生起数が 1 例以下ないしは生起率が 2% 未満であるテキストは 131 ファイルにも上り，これらが全体の生起数を引き下げている．ここから，古英語の言語共同体には空主語を認める話者とそうでない話者が混在していたのではないかと推測される．

　2 つ目の非対称性は空主語の人称解釈に関するものである．YCOE における人称・数ごとの空主語の生起率を Rusten (2019) がまとめたのが表 2 である．一人称または二人称として解釈される空主語の生起率がいずれも 0.5% 未満であるのに対して，三人称単数では 1.2%，三人称複数では 1.8% の生起率を示している．

人称・数	代名詞主語の数	空主語の数	空主語の割合
一人称単数	8984	16	0.2%
一人称複数	6458	5	0.1%
二人称単数	6214	5	0.1%
二人称複数	2987	9	0.3%
三人称単数	36972	452	1.2%
三人称複数	13314	241	1.8%

表 2：YCOE における人称・数ごとの空主語の生起状況（Rusten (2019: 99)）

ここから，Gelderen (2000) が指摘したとおり，古英語では三人称解釈の空主語が一人称・二人称解釈の空主語よりも有意に高頻度で生じていたことがわかる．

　3 点目は統語環境の非対称性である．古英語の空主語は，動詞が節の先頭に現れる V1 環境（空主語が先頭要素であると考えれば V2 環境）において有意に高頻度で現れた．Rusten (2019) は主節における V1 環境と非 V1 環境，等位節における V1 環境と非 V1 環境，そして従属節での空主語の生起状況を表 3 のようにまとめている．ここからわかるとおり，空主語の生起率がもっとも高いのは等位節における V1 環境で，51.2% という非常に高い頻度を示している．[6] 次いで多いのが主節の V1 環境の 7.2% で，これも

---

　[6] Rueten (2019) はいわゆる等位主語削除 (p. 33, 111 参照) による非顕在主語を含む例

散文全体の生起率 1.0% を大きく上回る．それ以外の非 V1 環境および従属節では生起率は 1.5% 未満に留まる．

統語環境		代名詞主語の数	空主語の数	空主語の割合
主節	V1 語順	1108	86	7.2%
	非 V1 語順	20207	64	0.3%
等位節	V1 語順	144	151	51.2%
	非 V1 語順	13197	177	1.3%
従属節		38477	250	0.6%

表 3：YCOE での統語環境ごとの空主語の生起状況（Rusten（2019: 103））

また，中英語に関しては Nawata（2014b）が The Penn-Helsinki Parsed Corpus of Middle English 第 2 版（PPCME2）を調査し，古英語と同様の話者・人称・統語環境に関する非対称性が観察されることを報告している．PPCME2 で空主語が 2 例以上現れ，かつ生起率が 2% 以上だったテキストは以下のとおりである（表中の pro は空主語を表す）．

	主節			従属節		
	pro	代名詞	pro 生起率	pro	代名詞	pro 生起率
Ancrene Riwle	41	764	5.1%	27	1463	1.8%
Hali Meidhad	12	87	12.1%	4	224	1.8%
St. Juliana	10	43	18.9%	1	92	1.1%
St. Katherine	10	47	17.5%	1	107	0.9%
Lambeth Homilies	4	78	4.9%	1	123	0.8%
St. Margaret	10	50	16.7%	0	71	0%
Peterborough Chronicle	5	134	3.6%	1	118	0.8%
Trinity Homilies	36	396	8.3%	26	772	3.3%
Kentish Sermons	5	54	8.5%	3	84	3.5%
計	133	1653	7.5%	64	3054	2.1%

表 4：PPCME2 における空主語の生起状況（Nawata（2014b: 105））

はあらかじめ排除している．

いずれのテキストでも，空主語が従属節より主節で高い頻度で現れていることがわかる．従属節の空主語は，ほとんどの場合動詞中位語順の環境で生じており，典型的な従属節語順である動詞末尾語順で空主語が現れているのは *Trinity Homilies* の 1 例だけであった．また，人称の非対称性については多くのテキストで空主語の生起数そのものが少ないため断定はできないが，比較的多くの空主語が検出され，かつラテン語からの影響のない *Ancrene Riwle* では，三人称代名詞に占める空主語の生起率が一人称・二人称よりも有意に高かったと報告されている．ただし，表 4 で示したテキストはいずれも初期中英語からのものであり，後期中英語のテキストで生起率 2% を越えるものはなかった．ここから，Nawata (2014b) は英語の空主語は後期中英語に消失したと結論付けている．

　古英語など西ゲルマン諸語の起源であるゲルマン祖語は，現代イタリア語などと同じ均質的空主語言語であったといわれている (Walkden (2013))．それに比べて古英語空主語の生起頻度が非常に低いことから，Rusten (2019) は古英語を非空主語言語に分類している．しかしながら，上述のように古英語や初期中英語で一部の話者が限られた条件のもとで空主語を認可したのもまた事実である．そこで，以下の議論では (6) のような記述的理想化を行う．

> (6)　古英語および初期中英語では，V1 環境において三人称解釈の空主語を随意的に許す話者が存在した．

このような特徴を持つ言語を局所的空主語言語とよぼう．[7] ゲルマン祖語は均質的空主語言語であったが，通時的発達の過程で空主語の生起環境が徐々に狭まり，局所的空主語言語に変化したのではないかと推測される．最終的

---

　[7] 局所的空主語言語はフィンランド語などの部分的空主語言語とは異なる点に注意が必要である．古英語・初期中英語では空主語が主節と等位節の V1 環境でのみ生じていたのに対し，部分的空主語言語では従属節でも自由に空主語が生じることができる．また英語の空主語はほぼ三人称解釈に限られるが，部分的空主語言語では必ずしもそうではない．むしろ，空主語文が単独で提示されると一人称または二人称として解釈される (Holmberg (2005))．

に (6) の特徴は後期中英語に失われて，英語は非空主語言語になった．

2.2. 空主語の認可条件

ここで空主語の認可に関わる仮説を導入する．感覚運動（Sensorimotor: SM）インターフェイスと概念・意図（Conceptual-Intentional: C-I）インターフェイスにおいて，名詞類には次の条件が課せられると提案する．

(7) a. SM インターフェイス条件
 DP が音声的に具現化されるためには，語彙挿入に十分な素性を備えていなければならない．
 b. C-I インターフェイス条件
 指示能力を持たない DP が適切に解釈されるためには，他の要素から指示対象を復元しなければならない．

SM インターフェイス条件（7a）が意図しているのは，音韻部門で代名詞に適切に語彙挿入が行われるためには，関連する性・数・人称の素性が十分に備わっていなければならないということである．そこで，便宜上代名詞が語根（root）を含まない名詞化子 n と D の複合体であると想定し，空代名詞の内部構造を次のように仮定する．

(8) 空代名詞の内部構造

この構造では名詞化子 n に数と（随意的に）性が指定されているが，通常の代名詞では指定されている人称素性が欠けている．この人称素性を欠いた代名詞 DP を DP_{def} と表記する．内部構造の詳細は以下の議論に直接影響しないので詳しく論じないが，重要なのは DP_{def} が人称素性を指定されずに統語計算に導入されるという点である．

また，十分な素性を備えていない DP_{def} はそれ自身で指示能力をもたないので，他の要素から指示対象を復元して（7b）の C-I インターフェイス条件

を満たさなければならない. まず考えられるのは, イタリア語などで提案されているように, 動詞屈折接辞から空主語の指示対象を同定する可能性である (Rizzi (1982, 1986)). しかし古英語・初期中英語の動詞屈折は過去形で一人称と三人称が区別されないことから (第3章表1参照), DP_{def} の解釈を動詞の形態情報から復元することはできない. そこで, Frascarelli (2007) などを援用して, 古英語・初期中英語の DP_{def} は話題連鎖によって解釈されたと提案する. 節構造の左方周辺部には FocP を挟んで2つの話題句があるが, これらの談話上の機能はおよそ次のようなものである.

(9) a. Upper Topic (Top^u)
  -談話レベルの aboutness 機能
  -対比機能
  -場面設定機能
 b. Lower Topic (Top^l)
  -文レベルの aboutness 機能
  -旧情報表示機能
 (cf. Frascarelli (2007), Frascarelli and Jiménez-Fernández (2019))

Top^{u}P は談話レベルの aboutness 機能をもち, その指定部を占める要素が節境界を越えた話題連鎖を形成する. 新しい話題が談話に導入される場合は義務的に発音されるが, 既出の話題を引き継ぐ場合は音声的に空でもよい.

2.3. 空主語構文の派生と消失

以上の枠組みをふまえて, 英語史における空主語の認可とパラメーター変化について分析を行う. 関連する問いは次のように細分化される. (i) なぜ古英語・初期中英語で空主語を許す話者と許さない話者がいたのか. (ii) なぜ空主語は三人称で解釈されたのか. (iii) なぜ空主語は V1 環境でのみ認可されたのか. (iv) なぜ空主語は後期中英語で消失したのか.

空主語を含む文の派生と解釈を具体的に検討しよう. DP_{def} が主語として含まれる節の一致関係は (10) のようになる.

106　　第 II 部　英語の節構造の変化

(10)　空主語構文の派生 (1/3)：一致素性への値付与

$$[_{TopP} \text{Top}^l_{\#\to[pl.]} [_{FinP} \text{Fin}_{\pi\to[3rd]} [_{TP} \text{T}_\tau [_{vP} \text{DP}_{def[pl.]} \text{ v VP}]]]]$$

一致操作 ── デフォルト

Top^l の探査子 # は，DP_{def} との一致操作により数の値が与えられる．他方で，Fin の探査子 π は DP_{def} との一致操作が成立しないために，最終手段 (last resort) としてデフォルト (default) により三人称の値が付与される．そしてこの数・人称の値付与に付随して，DP_{def} が (11) のように FinP 指定部と Top^lP 指定部に移動する．

(11)　空主語構文の派生 (2/3)：主語移動

$$[_{TopP} \text{pro Top}^l_{[pl.]} [_{FinP} \text{DP}_{def} \text{Fin}_{[3rd]} [_{TP} \text{T}_\tau [_{vP} \text{DP}_{def} \text{ v VP}]]]]$$

DP_{def} は形態的具現化に必要な人称素性を欠いているため，SM インターフェイス条件 (7a) より Top^lP 指定部で音声的に pro として具現化する．他方，指示対象を復元するための十分な解釈可能素性をもたない DP_{def} は，この位置では C-I インターフェイスで認可されない．そこで DP_{def} は解釈を求めて Top^uP 指定部にさらに移動する．

(12)　空主語構文の派生 (3/3)：話題移動

$$[_{TopP} \text{pro Top}^u [_{TopP} \text{pro Top}^l \quad \text{FinP}]]$$

この位置で DP_{def} は節境界を越えた話題連鎖を形成する．古英語の典型的な空主語構文 (13a) の構造は (13b) のように表される（<pro> は談話トピックを表す）．

(13) a. Þa　　he ðus gefaren hæfde *pro* wende þa　norðweard to
　　　　when he thus gone　　had　 [he] turned then northward to
　　　　his scipum
　　　　his ships

'When he thus had gone, he then turned northward to his ships.' (ChronC 1013.25 / Rusten (2019: 103))

b. [$_{ForceP}$ [$_{ForceP}$ Þa [$_{TopP}$ [$_{vP}$ he ðus gefaren] Top^1 [$_{FinP}$ hæfde [$_{TP}$ T t_{vP}]]]] Force [$_{TopP}$ <pro>$_i$ Top^u [$_{TopP}$ pro$_i$ Top^1 [$_{FinP}$ wende [$_{TP}$ þa norðweard to his scipum]]]]]

この構造のもとで，Top^{u}P 指定部にある pro が文の境界を越えた談話レベルの話題連鎖を形成することで DP$_{def}$ は解釈を得る．[8]

以上のような空主語構文の派生メカニズムをふまえて，上で挙げた (i) から (iv) の問いに答える．まず (i) の話者に関する非対称性であるが，古英語と類型的に近いと考えられているアイスランド語では，虚辞構文において動詞が主格名詞句と一致する方言とデフォルトの三人称単数の屈折を示す方言があることが知られている (Sigurðsson and Holmberg (2008) など)．古英語・初期中英語の話者の中にも，(10) の一致関係において最終手段としてのデフォルト一致を許す話者と許さない話者がいたと想定するのはそれほど不自然なことではないだろう．前者のみが主語として DP$_{def}$ が現れることを容認し，空主語構文を派生させることができたと考えられる．

次に (ii) の人称制限であるが，(13b) のような話題連鎖それ自体は，一人称あるいは二人称の話題要素で作ることもできる．しかし連鎖に DP$_{def}$ が含まれる場合は別の問題が生じる．話題連鎖によって得られた DP$_{def}$ の解釈が節内部での移動の連鎖でも共有されると，(14) のように FinP 内部で人称の値の不一致が生じる．

(14) 空主語解釈の人称制限

---

[8] 表3からわかるように，同じ V1 環境でも空主語は主節よりも等位節で圧倒的に高い頻度で観察される．これは，等位節では何らかの理由で話題連鎖が形成されやすいためではないかと思われる．談話トピックの連鎖にどのような構造的制約が関与しているかは，今後の研究課題である．

直感的にいうと，動詞屈折がたとえデフォルトの結果であっても三人称を指定されると，主語の DP_{def} もまた三人称解釈を強制されるということである．

続いて (iii) の統語環境の制限を考える．主節の非 V1 環境，すなわち $\text{Top}^\text{u}\text{P}$ 指定部に別の話題要素がある場合，DP_{def} は同じ位置に移動できないために話題連鎖から指示対象を復元できず，C-I インターフェイスで認可されない．

(15)　主節非 V1 環境での空主語生起不可
　　　[$_\text{TopP}$ D-topic Top$^\text{u}$ [$_\text{TopP}$ pro Top$^\text{l}$　FinP]]

また，従属節の動詞末尾語順は vP が $\text{Top}^\text{l}\text{P}$ 指定部に移動することで派生されるが（第 3 章 (23) 参照），指定部に移動した要素は一般に島を構成することから，DP_{def} を取り出すことはできない．

(16)　従属節動詞末尾語順での空主語生起不可
　　　[$_\text{TopP}$　Top$^\text{u}$ [$_\text{TopP}$ [$_\text{vP}$ DP_{def} V+v] Top$^\text{l}$　[$_\text{FinP}$ Fin　[$_\text{TP}$ T t_vP]]]]

したがって DP_{def} は $\text{Top}^\text{u}\text{P}$ 指定部にさらに移動して話題連鎖によって解釈を復元することができず，C-I インターフェイスで認可されない．

ただし 2.2 節で概観した Rusten (2019) のデータが示しているように，古英語の空主語は V1 環境と三人称解釈に完全に限定されていたわけではない．上記の分析は，そのような例外的な事例の一部に対しても説明を与えることができる．例えば (17a) は YCOE から採取した例であるが，その構造は (17b) のように表される．

(17)　a.　&　him to cwæþ, Broþor, hwyder wille *pro*　feran mid
　　　　　and him to said　Brother, whither will [you] go　with
　　　　　þys medmyclum scipe?
　　　　　this mediocre　　ship
　　　　　'and said to him, "Brother, whether will you go with this me-

diocre ship?"'

(coblick,LS_1.2_[AndrewMor[BlHom_19]]:233.66.2969)

b. Broþor$_i$, [$_{ForceP}$ Force [$_{TopP}$ <pro>$_i$ Top^u [$_{FocP}$ **hwyder** Foc + **wille** [$_{TopP}$ pro$_i$ t_{Top} [$_{FinP}$ ~~DP~~$_{def}$ t_{Fin} [$_{TP}$ t_T [$_{vP}$ ~~DP~~$_{def}$ **feran mid þys med-myclum scipe**]]]]]]]

この例では，呼びかけ語に続く主節疑問文で空主語が現れている．この文は法助動詞 wille の前に疑問詞 hwyder が現れる非 V1 環境であり，空主語は二人称として解釈される．(17b) に示すように，細分化された左方周辺部において主節の疑問詞は FocP 指定部に生じる (Rizzi (1997))．したがって，DP$_{def}$ は Top^{i}P 指定部から疑問詞を越えて Top^{u}P 指定部に移動し，話題連鎖を形成することができる．また，ここでは呼格 Broþor に影響されて動詞の形態が二人称単数現在の wilt ではなく三人称単数現在の wille となっている．このように，主語の先行詞が動詞のデフォルト一致と矛盾しない場合には，空主語の一・二人称解釈が許されたと考えられる．

　最後に，なぜ後期中英語で空主語が消失したのかという (iv) の問いを考えるため，第 I 期の素性分布 (1a) と第 II 期の素性分布 (1b) を比較してみよう．# と π が独立した探査子としてはたらいている (1a) では，# が一致操作で，π がデフォルトで，それぞれ値を得ることができた ((10) 参照)．他方で，両者が単一の探査子となって主語と一致関係を結ぶ (1b) では，一致操作とデフォルトを併用することができない．一般に，「単一の探査子 p は，一致操作またはデフォルトによって値未付与素性の値を得ることができるが，両者を併用することはできない」と考えられるからである．結果として，第 II 期（＝後期中英語）では DP$_{def}$ を含む文の派生を認可するのに必要なデフォルト一致の仕組みが英語話者によって獲得されなくなり，英語の時制文から空主語が完全に消失したと考えられる．

3. 奇態格経験者主語構文

　この節では，英語史における主語位置の下方推移を支持するさらなる事例

として，心理動詞（psychological verb）の経験者項が文頭位置で与格また
は対格として現れる（18）のような構文を取り上げる（例文では心理動詞は
太字で，経験者項は斜体字でそれぞれ示す）．

(18) *mænigne*　　*mon*　　**sceamaþ**　　þæt he
　　　many.ACC.SG. man.ACC.SG. feel shame.3.SG. that he

　　　wiorðe　　　　wyrsa þonne his eldran　　　wæron
　　　become.SG.SUB. worse than　his elder.NOM.PL. were

　　　'many a man feels shame that he may have become worse than
　　　his elders were'

　　　　　　　　　　　　　　(Bo [0835 (30.69.11)]／Möhlig-Falke (2012: 134))

現代英語では動詞に先行する経験者項は主格で現れなければならないが，古
英語から中英語にかけては（18）の構文が広く観察された．以下，与格また
は対格で現れる経験者項を「奇態格経験者（quirky Experiencer）」，そのよ
うな主語を含む構文を「奇態格経験者主語構文（Quirky Experiencer Sub-
ject Construction: QESC）」とよぶ．はじめに 3.1 節では Möhlig-Falke
(2012) および Miura (2015) にもとづいて QESC の基本特性を概観し，
3.2 節では現代語の心理動詞構文に関する先行研究の知見から心理動詞の動
詞句構造を提案する．その上で，3.3 節で素性継承パラメーターによって
QESC の変遷が説明できることを示す．

3.1. 奇態格経験者主語構文の特性

　QESC の特徴の 1 つとして，奇態格経験者がもつ文法機能の二重性を挙
げることができる．Dictionary of Old English Corpus を用いて古英語の非
人称構文を網羅的に調査した Möhlig-Falke (2012) によれば，QESC の奇
態格経験者は通例文脈においてすでに言及されている旧情報を表し，かつ当
該の文によって描写される事態の話題として機能していた．(19) の例で考
えてみよう．

第 4 章　主語位置の変遷と各種構文の変化　　111

(19)　se　munuc　　　feoll　to　þæs　　　　halgan　　　weres
　　　the　monk.NOM.SG.　fell　to　the.GEN.SG.　holy.GEN.SG.　man.GEN.SG.

fotum　　　　[and] *him*　　　swiðe　**hreow**,　þæt　he　swa
feet.DAT.PL.　and　him.DAT.SG.　greatly　rued.3.SG.　that　he　so

dysiglice　dyde
foolishly　did

'the　monk　fell　to　the　holy　man's　feet　and　rued　sorely　what　he
had　done　so　foolishly'

　　　　　(GD 2 (C) [0383 (19.143.20)] / Möhlig-Falke (2012: 91))

この例において，第 2 文の奇態格経験者 him は第 1 文の se　munuc 'the
monk' を指し，文章全体がこの修道士の行為と心情について述べたものと
なっている．ここから，QESC の奇態格経験者がある種の話題要素として
振る舞っていたことがわかる．

　他方，Allen (1995) は等位主語削除 (Coordinate Subject Deletion:
CSD) にもとづいて，奇態格経験者は典型的な主語としての特性をもってい
たと論じている．CSD とは，等位接続された 2 つの文のうち第 2 文の主語
が省略される現象であるが，第 1 文が QESC である場合に第 2 文に対して
CSD を適用することができた．第 2 章 2.4 節であげた (41) の例を (20) と
して再掲する．

(20)　ac *gode*　　　ne　**licode**　na　heora　geleafleast,　　　ne　heora
　　　but　God.DAT　not　liked　not　their　faithlessness.NOM　nor　their

ceorung,　　　　ac　asende　him　to　fyr
grumbling.NOM　but　sent　them　to　fire

'but　God　did　not　like　their　unbelief　or　their　grumbling,　but　sent
fire　to　them'　　　　　　　(ÆHom 21 68 / Allen (1995: 114–115))

このことは，QESC の経験者項が主語として振る舞っていたことを示して
いる．結論として，(19) の例と (20) の例をあわせて考えると，奇態格経
験者は話題要素と主語という 2 つの機能を併せもっていたことになる．

112 　　第 II 部　英語の節構造の変化

　QESC のもう 1 つの特徴として，その構文交替を取り上げたい．Miura
(2015) は Historical Thesaurus of the Oxford English Dictionary および
Middle English Dictionary (MED) をデータベースとして中英語における
非人称心理動詞構文の意味特性を調査し，QESC に用いられる心理動詞の
多くが原因項 (Cause) 主語構文との交替を示したことを明らかにした．(21)
と (22) は agrīsen 'to shudder with fear' の例である．

(21)　奇態格経験者主語構文

Þou schalt … come with me to an herre 　　 Iustice … of

you shall 　　come with me to a 　sovereign Justice 　　of

ȝwam þe 　　　　schal **a-grise**.

whom you.ACC schall fear

'You shall … come with me to a sovereign Justice … of whom
you shall be afraid.'

(c1300 *SLeg.Jas* (LdMisc108) 361 / Miura (2015: 111))

(22)　原因項主語構文

Þet milde meiden Margarte grap 　　þet grisliche þing

that mild 　maiden Margaret grasped that horrible 　thing

þet 　　 *hire* 　　ne **agas** 　　　nawiht.

that.NOM her.ACC not frightened not

'That lovely maiden Margaret grasped that horrible demon which
did not frighten her.'

(c1225 (?c1200) *St.Marg.* (1) (Bod 34) 28.10 / ibid.: 114)

(21) では経験者項 þe 'you' が奇態格主語として現れ，主題項 (Theme) が
関係詞 ȝwam 'whom' として前置されている．他方，(22) で主語となって
いるのは主格関係詞 þet 'that' で，対格代名詞 hire 'her' は目的語として解
釈される．原因項主語構文が使役の解釈をもつことから，この現象を「使役
交替」とよぶ．

　Miura (2015) は MED の引用例にもとづき，QESC で用いられる心理動
詞が初期中英語において上のような使役交替を示したかどうかを調査した．

その結果をまとめたのが表5である。[9]

動詞の意味分類	使役交替あり	使役交替なし
恐れ（Fear）	agrīsen	agrūwie, grīsen, uggen
怒り（Anger）	grāmen, grēmen, tēnen	
同情・哀れみ （Pity／Compassion）	reuen, areuen（OE）	
謙遜（Humility）	shāmen	ofshāmen
憎しみ・憎悪 （Hatred／Enmity）	lōthen, uggen, wlāten	irken
楽しみ・喜び （Pleasure／ Enjoyment）	gāmen, glāden,（i）līken, paien, plēsen,（i）quēmen, rejoisen, joien, tikelen	bilŏven, listen, lusten
精神的苦痛・苦悩 （Mental Pain／ Suffering）	anoien, forthinken, grāmen, grēven, mislīken, noien, reuen, smerten, sŏuen, tēnen, wērīen	areuen, irken, mēnen, ofthinken, overthinken

表5：初期中英語の奇態格主語構文で用いられる動詞の使役交替の有無
　　（Miura（2015: Chapter 5）にもとづき作成）

使役交替を示す動詞が多数派を占めるが，同時に交替をしなかった動詞も存在したことがこの表からわかる。その中には（23）の listen 'wish' や lusten 'wish' のように，比較的高い頻度で QESC で用いられた動詞も含まれる。

(23)　奇態格経験者主語構文のみ／原因項主語構文なし
Whanne hiss fasste forþedd wass, Þa **lisste** *himm* after
when his fasting finished was then pleased him.ACC after
fode.
food

---

[9] ただし，reuen 'feel regret' と areuen 'feel pity' は古英語でのみ使役交替を示した。

'When his fasting was finished, he wanted food.'

(?c1200 *Orm.* (Jun 1)11334/Miura (2015: 176))

このように，古英語から初期中英語にかけては agrīsen のように原因項主語構文と交替することのできた動詞と，そのような使役交替を示さなかった動詞の 2 種類が併存していた．

ただし，Miura (2015) の調査によれば，後期中英語から新規に QESC に現れるようになった動詞，例えば disdeinen 'be offended'，irken 'be weary'，ofdrēden 'be afraid' は使役交替を示さなかった．このことから使役型の QESC は後期中英語に衰退したものと推察される．また，非使役型も含めた QESC は 1600 年ごろ消失したとされる (Lightfoot (1979), Allen (1995))．これらの知見から，QESC の発達史は概略図 1 のようにまとめられる．

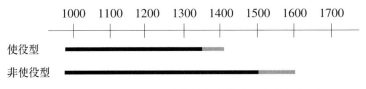

図 1：使役型/非使役型奇態格主語構文の年代的変遷

古英語・初期中英語では使役型と非使役型の QESC が両立していたが，後期中英語で非使役型のみが残り，最終的に 17 世紀初頭には非使役型 QESC も消失した．最初の変化が V2 構文の消失時期に，第 2 の変化が V-to-T 移動の消失時期に，それぞれ対応している点に注目していただきたい．

3.2. 心理動詞構文の構造

上記のような QESC の諸特性をふまえて，この節では関連する統語構造を提案したい．まず，奇態格主語が話題要素と主語の 2 つの機能をもっている点は，所格倒置 (Locative Inversion) 構文に現れる場所の前置詞句と共通する特性である．典型的な所格倒置の例である (24) を考えてみよう．

(24) He unscrews the plate and removes it from the door. *Behind the*

plate is a chiselled cavity. (Mikami (2010: 301))

behind 句に含まれる the plate は，前文で言及された名詞句を引き継ぐ旧情報であるとともに，文全体が表す事態の主たる関心事となっている．つまり behind 句は所格倒置が生じている第 2 文において話題要素として機能している．また (25a) は，一般的に例外的格標示 (Exceptional Case Marking: ECM) 補部内で話題化が許されないことを示している．この例では to Mary が話題化されて非文となっている．

(25) a. *John believes [(for) to Mary, Sam to have given a book].

(Nishihara (1999: 389))

b. *I wouldn't expect [behind the trees to (appear to) stand a large building of some kind]. (Levine (1989: 1037))

これと平行的に，(25b) では ECM 補部内で場所句 behind the trees が倒置されて非文となっている．この事実もまた，所格倒置の場所句が話題要素として解釈されることを示唆している．

他方，所格倒置の場所句は主語としても振る舞っていることが先行研究で指摘されている．(26) は，場所句が通常の主語と同様に繰り上げ操作 (raising) を受けることができることを示している．[10]

(26) [In the backyard]$_i$ seemed [t_i to stand a fountain].

(Nakamura (1994: 167))

さらに，(27a) のように前置詞句が話題化によって文頭に前置される場合には，前置詞句内の先行詞が移動によって飛び越えられた代名詞を束縛することができないが，(27b) の所格倒置文では every dog が its を束縛する解釈が可能である．

(27) a. *Into every dog$_i$'s cage its$_i$ owner peered. (話題化)

b. Into every dog$_i$'s cage peered its$_i$ owner. (所格倒置)

(Culicover and Levine (2001: 289))

---

[10] 倒置された場所句の主語的な振る舞いについては Bresnan (1994) も参照のこと．

(27a) の現象は弱交差 (weak crossover) とよばれる．一般に弱交差は A バー移動でのみ生じる現象であり，A 移動では生じないことが知られている．ここから，所格倒置される場所句の着地点が通常の主語と同じ A 位置の特性をもっていることがわかる．

このように，QESC の奇態格主語と所格倒置の場所句には，話題要素と主語の特性を併せもつという共通点がある．この特性を捉えるため，Landau (2010) は心理動詞の経験者項は「心的場所 (mental location)」であると論じている．この提案にしたがい，奇態格経験者項の構造を (28) のように仮定しよう．

(28) 奇態格経験者項の構造

$P_{\emptyset}$ は発音されない前置詞であり，補部の経験者 DP に与格または対格を付与する．古英語・初期中英語では，場所の前置詞 in に後続する名詞句は与格または対格で現れたので，$P_{\emptyset}$ は in のゼロ形とみなすことができるかもしれない．

次に，(28) の奇態格経験者項を含む動詞句の構造を考えてみよう．ここでもやはり，現代語の心理動詞構文の分析が参考になる．Landau (2010) は経験者が目的語として現れる心理動詞構文を Amuse 類と Appeal 類の 2 種類に分類している．[11] これらのうち Amuse 類心理動詞は「状態 (state)」の解釈と「出来事 (event)」の解釈をともに許す．出来事解釈が可能である

---

[11] Landau は，Amuse 類を第 II 類 (Class-II)，Appeal 類を第 III 類 (Class-III) とそれぞれよんでいる．第 I 類 (Class-I) は主格経験者構文である．ここでは第 I 類の動詞は扱わないが，like と fear は経験者が内項として現れる第 III 類から，それが外項として生起する第 I 類へと変化した（第 2 章 4 節参照）．

ことは，(29a) のように進行形で用いることができたり，(29b) のように動作主主語の意図性を表す on purpose などの副詞表現と共起できることから明らかである．

(29) Amuse 類目的語経験者動詞
    a. The noise is scaring Mary right now.
    b. John embarrassed Maggie (on purpose).　(Landau (2010: 6))

それに対し，Appeal 類心理動詞は状態の解釈にかぎられる．したがって (30a) のように進行形で用いることができず，(30b) が示すように主語の意図性を表す副詞表現 deliberately と共起することができない．

(30) Appeal 類目的語経験者動詞
    a. *The solution is occurring to Mary right now.
    b. Bob (*deliberately) mattered to his boss.　　　　(ibid.)

3.1 節では QESC に用いられる心理動詞には使役交替を示すものとそうでないものがあることを紹介したが，興味深いことに，使役交替を示す agrīsen タイプの動詞は Amuse 類動詞と同様に出来事解釈を許す．

(31) Vðen … vnimete　grete, fleoð ut　a　þat lond, þat
     waves　　extremely great rush out on that land　that
     leoden　　**agriseð**　an hond.
     people.ACC shudders in hand
     'Waves … of extremely great large size, rush out on that land, so that people shudder quickly.'
          (c1275 Lay. *Brut* (Clg A.9) 22034 / Miura (2015: 105))

この例では，「すばやく」と解釈される副詞表現 an hond が現れており，出来事を表している．他方で，使役交替を示さない listen タイプの動詞は (32) のような状態解釈のみが可能であった (Miura (2015))．

(32) And ... tolde hym ... Why Dido cam ... Of which as now
and told him why Dido came of which as now
me **lesteth** nat to ryme.
me.ACC pleases not to rhyme
'And ... told him ... why Dido came ... of which I am pleased now to rhyme.'
(c1430 (c1386) Chaucer *LGW* (Benson-Robinson) 996/ibid.: 176)

この種の動詞は Appeal 類動詞と同様，単純現在形で非習慣的な意味を表す．

Landau (2010) は，Amuse 類動詞と Appeal 類動詞の振る舞いの違いが両者の動詞句構造の違いに起因すると論じている．具体的には，前者が原因項を含む vP 構造をもつのに対し，後者が外項を欠く VP 構造をもっていると主張している．この洞察にもとづき，ここでは使役型と非使役型の心理動詞の構造を以下のように仮定する．

(33) 使役型心理動詞（agrīsen タイプ）の動詞句構造

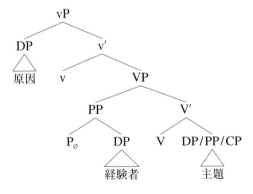

(34) 非使役型心理動詞 (listen タイプ) の動詞句構造

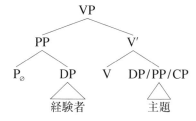

ただし，ここでは Landau (2010) と異なり，使役型心理動詞は三項動詞であり，原因項，経験者項，主題項を必ず vP 構造に投射すると仮定する．この場合，いわゆる「対象・関心事制約 (Target/Subject Matter Restriction)」によって，原因項と主題項はどちらか一方しか形態的に具現化することができない（この制約についてここでは立ち入ることができないが，詳細については Pesetsky (1995) を参照）．原因項が具現すると原因項主語構文となり，主題項のみが具現化すると QESC となる．したがって，agrīsen タイプの心理動詞にみられる使役交替は，原因項と主題項のどちらが発音されるかの違いとして捉えることができる．

3.3. 奇態格経験者主語構文の派生と消失

それでは，奇態格経験者項の構造 (28) および心理動詞の構造 (33), (34) にもとづいて，3.1 節の図 1 でまとめた QESC の年代的変遷を分析していこう．その際に注目するのが，機能範疇領域における主語位置の特性である．素性継承パラメター仮説によれば，古英語から現代英語にかけて主語位置として利用できたのは，Top¹P 指定部，FinP 指定部，TP 指定部であり（1 節 (2) 参照），それらの統語的特性は表 6 のようにまとめられる．

統語位置	A/A バー特性	EPP 特性
Top¹P 指定部	A バー位置	なし
FinP 指定部	A 位置	なし
TP 指定部	A 位置	あり (16 世紀なかば以降)

表 6：主語位置の特性

話題要素として解釈される主語を収容する Top¹P 指定部は A バー位置であり，FinP 指定部と TP 指定部は A 位置である。[12] また，ここでは EPP を「ある機能範疇の指定部が顕在統語部門で必ず満たされること」を要求する制約であると解釈しよう．すると，機能範疇領域に複数の主語位置が存在していた時期は特定の主語位置に関する EPP 効果はみられず，主語位置が TP 指定部に統一された 16 世紀なかばになってはじめて，現代英語と同様の EPP が出現したことになる．

はじめに，古英語・初期中英語に関連する心理動詞構文がどのように派生されたかを考えてみたい．この時期には Top¹P 指定部と TP 指定部が主語位置として利用可能であったので，原因項主語構文の派生は (35a, b) いずれかのように表される．（以下では，発音されない項を便宜上 PRO として表すとともに，潜在的に利用可能な主語位置の最大投射ラベルを TP のように四角で囲って表示する．）

(35)　古英語・初期中英語における原因項主語構文の派生

a. [$_{\text{TopP}}$ 原因$_i$ Top¹ [$_{\text{FinP}}$ Fin [$_{\text{TP}}$ T [$_{vP}$ t_i v [$_{VP}$ 経験者 V PRO]]]]]

b. [$_{\text{TopP}}$ Top¹ [$_{\text{FinP}}$ Fin [$_{\text{TP}}$ 原因$_i$ T [$_{vP}$ t_i v [$_{VP}$ 経験者 V PRO]]]]]

この構文では主題項が発音されず，原因項のみが具現化される．この原因項が話題（≒旧情報）として解釈される場合には Top¹P 指定部に，新情報として解釈される場合は TP 指定部に，それぞれ移動する．

次に，同じ vP 構造で原因項が発音されず主題項が具現化される場合を考えてみよう．PRO が一致操作の標的となる素性をもたず，したがって移動の対象にならないとすると，(36) のように vP 内の顕在項で最上位にある

---

[12] 指定部の A/A バー特性が移動を駆動する素性の違いに起因するならば，正確には，Top¹P 指定部は当該要素の移動が Top の話題素性によって駆動される場合に A バー位置となり，数の一致素性によって駆動される場合に A 位置となる．以下で論じるように経験者項の Top¹P 指定部への移動は話題素性によると思われるため，表 6 では Top¹P 指定部を A バー位置と分類している．

経験者が移動することになる．これで QESC が派生される．

(36) 古英語・初期中英語における使役型 QESC の派生
　　　[$_{TopP}$ 経験者$_i$ Top^1 [$_{FinP}$ Fin [$_{TP}$ T [$_{vP}$ PRO v [$_{VP}$ t_i V 主題]]]]]

(28) で示したように経験者項は PP 内で与格または対格を付与されており，T による主格付与の対象にはならない．また初期英語の QESC では，経験者は通例動詞との一致を示さなかった (Allen (1995))．したがって，(36) の経験者項の移動は Top^1 の話題素性に駆動された A バー移動である．当該の移動は PRO を越えるが，vP 指定部は A 位置であるため，相対的最小性 (Relativized Minimality: Rizzi (1990)) の違反は生じない．また，移動先の Top^1 指定部は主語位置でもあるため，経験者項はここで主語と話題の解釈を同時に受けることができる．[13]

原因項が統語構造に投射されない非使役型の QESC の派生も，基本的には使役型と同じである．

(37) 古英語・初期中英語における非使役型 QESC の派生
　　　[$_{TopP}$ 経験者$_i$ Top^1 [$_{FinP}$ Fin [$_{TP}$ T [$_{vP}$ t_i V 主題]]]]

(35) から (37) の分析により，古英語・初期中英語では非使役型と使役型の心理動詞の両方から QESC が派生可能であったこと，使役型 QESC が原因項主語構文との交替を示したこと，そして QESC の経験者項が主語と話題要素の二重の機能をはたしていたことが適切に説明される．

では，後期中英語に上位主語位置が Top^{1}P 指定部から FinP 指定部に推移すると，QESC はどのように変化したであろうか．まずは非使役型の派生から考えてみよう．

---

[13] ここでは便宜上，音声形式をもたない PRO はラベル決定能力をもたないと仮定しておく．そうすると，(36) で PRO が基底位置にとどまっても動詞句のラベルは vP と決定される．

(38) 後期中英語における非使役型 QESC の派生
[$_{TopP}$ 経験者$_i$ Top^1 [$_{FinP}$ t_i Fin [$_{TP}$ T [$_{vP}$ t_i V 主題]]]]

この段階では Top^{1}P 指定部はすでに主語位置としての機能を失っているので，経験者項が主語と話題の解釈を同時に受けるには，まず主語として FinP 指定部に A 移動し，そこから話題要素として Top^{1}P 指定部に A バー移動しなければならない．[14] これで (38) では QESC が適切に派生されるが，(39) の使役型 QESC では最初の移動で問題が生じる．

(39) 後期中英語における使役型 QESC の派生
[$_{TopP}$ Top^1 [$_{FinP}$ 経験者$_i$ Fin [$_{TP}$ T [$_{vP}$ PRO v [$_{VP}$ t_i V 主題]]]]]

使役型 QESC では発音されない PRO が vP 指定部に存在するため，経験者項が FinP 指定部に A 移動する際に相対的最小性の違反が生じてしまう．したがって (38) と (39) より，後期中英語に使役型の QESC が衰退し，非使役型のみが存続したことが導かれる．

最後に，初期近代英語で非使役型 QESC も最終的に消失した理由を考えてみよう．主語位置が TP 指定部に統一された 17 世紀以降の非使役型 QESC の派生は (40) ように示される．

(40) 17 世紀以降の非使役型 QESC の派生
*[$_{TopP}$ Top^1 [$_{FinP}$ Fin [$_{TP}$ 経験者$_i$ T [$_{vP}$ t_i V 主題]]]]

後期中英語の (38) と同様に，経験者項はまず主語位置へと A 移動する．

---

[14] 後期中英語でも経験者項は引き続き PP 内で格を付与されたとすると，当該の A 移動は格付与による TP 指定部への移動ではなく，一致にともなう FinP 指定部への移動であったと予想される．奇態格経験者項が動詞と一致する例が 14 世紀後半までに増加したという Allen (1995: 263) の観察はこの予想とほぼ一致するものである．ただし，QESC の経験者項が動詞と一致しているかどうかは動詞の形態からは判断できないことも多く，さらなる検討が必要である．

ただし，この時期に TP 指定部に移動する要素は EPP 特性を満たさなければならない．EPP 効果の定式化についてはこれまで数多くの提案がなされてきているが（Chomsky (1981, 1995, 2013) など参照），ここでは EPP を SM インターフェイスに課せられる条件として捉える Landau (2007) の以下の提案を採用する．

(41) [$_{HP}$ ZP [$_{H'}$ H$_{[EPP]}$ ...]] において，Z は発音されなければならない．
(Landau (2007: 489)：筆者訳)

(41) は，EPP 特性をもつ主要部 H がその指定部だけでなく，指定部要素の主要部も音形をもつことを要求することを述べたものである．これにより，例えば現代英語で that 節が主語として生じる場合にその主要部 that が省略できないことなどが説明される．

この条件を念頭に QESC の構造 (40) の TP 部分を拡大すると，(42) のようになる．

(42)

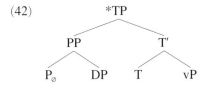

空の前置詞 P$_\emptyset$ を主要部とする経験者項が TP 指定部に移動すると，必然的に (41) の条件に違反する．このようにして，非使役型 QESC も 17 世紀には消失したことが導かれる．

まとめると，英語史における QESC の共時的特性と通時的変化は，ともに先行研究における現代語の心理動詞構文の知見と，第 3 章で提案した節の構造と素性分布を組み合わせることで説明できることを示した．とりわけ，素性継承パラメーターが予想する主語位置の下方推移分析によって，使役型 QESC が後期中英語に衰退し，その後，非使役型の QESC も初期近代英語に消失したことが正しく捉えられた．

4. 他動詞虚辞構文

他動詞虚辞構文 (Transitive Expletive Construction: TEC) とは，その名のとおり他動詞が there に相当する虚辞と共起する構文であり，(43a) のアイスランド語など，一部のゲルマン系言語で観察される．

(43) a.　アイスランド語：TEC 可

Það　borðuðu sennilega margir jeólasveinar　　bjúgun.
there ate　　　probably　many　Christmas.trolls the.sausages
'Many Christmas trolls probably ate the sausages.'

(Bobaljik and Jonas (1996: 196))

b.　現代英語：TEC 不可

*There ate many children the cookies.

TEC を許容する言語としてはアイスランド語のほかオランダ語，ドイツ語，イディッシュ語などがある．他方，デンマーク語，ノルウェー語，スウェーデン語では TEC が非文となる (Bobaljik (1995), Bobaljik and Jonas (1996), Jonas (1996))．現代英語は後者のグループに属し，there 構文に現れる動詞は通例 be または非対格動詞にかぎられる．(43b) のように他動詞が現れることはない．しかし興味深いことに，英語はその歴史の一時期において TEC を許容したことが知られている (Breivik (1983), Tanaka (2000))．この節では，英語史における TEC の発達と衰退を，主語位置の下方推移仮説によって分析する．

4.1. 他動詞虚辞構文の通時的変遷

はじめに，どの時期に TEC が容認されたのかを把握するために，PPCME2 と The Penn-Helsinki Parsed Corpus of Early Modern English (PPCEME) を用いて中英語と初期近代英語の TEC の生起状況を調査した．表7は，TEC が観察されたテキストと生起数を年代ごとにまとめたものである．[15]

---

[15] PPCME2 と PPCEME における時代区分は次のとおりである．M1: 1150-1250, M2:

時期	テキスト名	生起数	
M3	*The Tale of Melibee*	2	
	The Parson's Tale	1	
	The Mirror of St. Edmund (Vernon Ms.)	1	
		計	4
M4	Aelred of Rievaulx's *De Institutione Inclusarum*	1	
	The Book of Margery Kempe	9	
	Capgrave's Chronicle	7	
	The Book of Vices and Virtues	2	
	Richard Rolle, *Epistles*	1	
	Malory's *Morte Darthur*	14	
	Caxton's *History of Reynard the Fox*	1	
	Mirk's *Festial*	5	
		計	40
E1	More, Sir Thomas	1	
	Tyndale, William	2	
	Roper, Margaret, née More	1	
	Udall, Nicholas	1	
	Vicary, Thomas	1	
	Poole, Germain	1	
	Turner, William	1	
		計	8
E2	First Westminster Company	1	
	Sir John Perrott	1	
	Proud, Mary, née Sprakeling	1	
		計	3

表 7：PPCME2 および PPCEME における他動詞虚辞構文の生起状況

1250-1350, M3: 1350-1420, M4: 1420-1500, E1: 1500-1569, E2: 1570-1639, E3: 1640-1720. なお，各作品の執筆年代と写本年代が異なる場合は，写本年代の時期によって分類した．

126 第 II 部　英語の節構造の変化

M1，M2，E3 の各時期からは TEC の用例は検出されなかった．M3 期から E2 期にかけての TEC の例を（44）に挙げる（there-定形動詞-主語にあたる部分を太字で示す）．

(44) a. for **þer　hedde non** so gret　vertu　in him:
　　　　for there had　　none so great virtue in him
　　　　　　　　　　　　　　　　　　　　　(M3: CMEDVERN,256.701)

　　 b. Certeyn **þer　can no tonge　telle** the ioye and the reste
　　　　certainly there can no tongue tell　the joy　and the rest
　　　　whiche is in Abrahams　bosom,
　　　　which　is in Abraham's bosom　　(M4: CMAELR4,24.731)

　　 c. and if yow eate this medicine fastinge **ther shall no poyson hurt** yow that daye:　　(E1: TURNERHERB-E1-P2,72.51)

　　 d. **there may some haufe** a casion heare after
　　　　　　　　　　　　　　　　　　(E2: PROUD-1630-E2-P1,120.11)

TEC の典型的な語順は，（44b，c）のような「there-助動詞-否定主語-本動詞原形」である．ただし（44a）のように本動詞が定形で現れていたり，（44d）のように否定語でない主語が現れていたりする例も観察されるので，助動詞と否定主語を含む語順だけが可能であったわけではない．

　表 7 からわかるとおり，英語の TEC は後期中英語から初期近代英語にかけてのかぎられた時期でのみ許容された．M3 期の *The Tale of Melibee*, *The Parson's Tale*, *The Mirror of St. Edmund* はいずれも 1390 年頃のテキストであり，この時期に英語に TEC が出現したと思われる．また，最後期の例は 17 世紀前半の書簡集からのものである（筆者の Proud, Mary, née Sprakeling は 1583 年生まれとされる）．TEC は，およそ 1500 年にわたる英語の歴史において，200 数十年の間でだけ観察された非常に特異な構文といえよう．

　そして注目したいのは，TEC が観察された 15 世紀から 16 世紀が，素性継承パラメーターの変化における第 II 期とほぼ重なるということである．第 II 期のパラメーター値をもつ文法では，一致素性がともに Fin によって担わ

れ，V2 移動は衰退したものの V-to-T 移動は依然として生産的であった（第3 章を参照）．そこで，表7で TEC が5 例以上観察されたテキスト（*The Book of Margery Kempe*, *Capgrave's Chronicle*, Malory's *Morte Darthur*, Mirk's *Festial*）を対象として，名詞句を主語とする話題先頭 V2 語順の生起数と頻度を PPCME2 によって調査した．その結果をまとめたのが下の表である．

	話題-V-主語 DP		話題-主語 DP-V	
	生起数	頻度	生起数	頻度
The Book of Margery Kempe	11	19%	48	81%
Capgrave's Chronicle	98	43%	129	57%
Malory's *Morte Darthur*	39	38%	63	62%
Mirk's *Festial*	11	16%	57	84%

表 8：TEC テキストにおける話題先頭 V2 構文の生産性

頻度にばらつきはあるものの，いずれのテキストでも非 V2 語順である「話題-主語 DP-V」語順の方が優勢であり，「話題-V-主語 DP」の V2 語順は減少傾向にある．したがって，英語で TEC が認可されたのは，V2 語順が衰退してから V-to-T 移動が消失するまでの暫定的期間，すなわち素性継承パラメーターの第 II 期に相当する期間であるといえよう．[16]

4.2. 他動詞虚辞構文の出現，派生と消失

現代ゲルマン語のうち，TEC を許容するアイスランド語，オランダ語，ドイツ語，イディッシュ語ではいずれも V-to-T 移動が観察され，逆に TEC を許さないデンマーク語，ノルウェー語，スウェーデン語は接辞下降型の言語である．そこでゲルマン系言語の TEC に関する先行研究（Bobaljik

---

[16] ただし，M3 期の *The Tale of Melibee* および *The Parson's Tale* の作者である Chaucer は V2 語順を派生させる文法をもっていたと考えられる（第3章表2参照）．パラメーター変化の過渡期にある話者が古い文法と新しい文法の両方をもつことがあるとすると（Pintzuk (1999)），Chaucer は素性継承パラメーターの第 I 期と第 II 期の文法をともに使用していたのかもしれない（第2章3節も参照）．この点については，さらなる検証が必要である．

(1995), Bobaljik and Jonas (1996), Jonas (1996) など) では，TEC の存否が V-to-T 移動と関連させて分析されてきた．また Tanaka (2000) も，英語史の TEC に関して同様の観点から分析を行っている．そこで，第 3 章 4.1 節で紹介した分裂 IP 仮説による接辞下降言語と動詞移動言語の構造を (45) として再録する．

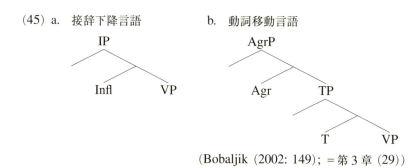

(Bobaljik (2002: 149); ＝第 3 章 (29))

ここで注目したいのは両タイプの言語における主語の位置である．接辞下降言語の構造 (45a) では IP が分裂しておらず，IP 指定部が唯一の主語位置となっている．他方で，動詞移動言語の構造 (45b) では IP が AgrP と TP に分裂しており，両者の指定部がともに主語位置として機能する．これら 2 つの主語位置に虚辞と外項が生じることによって TEC が派生される，というのが上記先行研究による分析の骨子である．

　第 3 章では分裂 IP 仮説による (45a, b) の構造の変異を仮定せず，かわりに素性継承パラメター第 II 期には FinP の指定部と TP の指定部が機能上等価な主語位置として利用可能であったと提案した ((2) 参照)．そうすると，後期中英語から初期近代英語にかけての TEC の構造は (46) のように表される．

(46) 英語他動詞虚辞構文の構造（第 II 期）

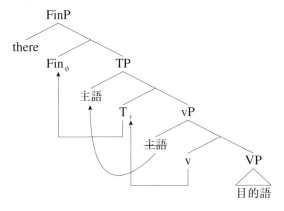

虚辞 there が FinP 指定部に直接挿入され，vP 指定部に基底生成された外項が TP 指定部に移動している．また，定形（助）動詞は T を経由して Fin まで連続循環的に主要部移動することで，時制と一致の接辞と融合する．これにより「there-定形動詞-主語」の語順が派生される．[17]

Tanaka (2000) の議論を援用して，英語の TEC が (46) の構造をもっていたことを示す証拠をいくつか紹介したい．まず，(47) のように助動詞を含む TEC では，目的語が主語と本動詞の間に現れることがあった（目的語を斜体字で示す）．

(47) a. þere may no man *þis doom* repele
    there may no man this doom repeal
    　　　　　(Body & Soul in Anglia II. 243 / Tanaka (2000: 480))

---

[17] 第 3 章 4.1 節で導入した動詞複合体形成のアルゴリズムにしたがえば，(46) で動詞は統語部門で T まで上昇し，音韻部門で Fin が T に接辞下降するはずである．実際，この一連の操作によって第 II 期の V-to-T 移動現象が正しく説明される．ただし第 3 章 5.4 節でも議論したように，主要部移動のみによって動詞複合体が形成される可能性も選択肢としては存在していたと思われる．表 8 からわかるとおり，TEC を許容するテキストでは「話題-V-主語 DP」語順も（衰退傾向にあるものの）残存していた．この語順は V-to-Fin 移動によって派生されるものであり，同じ操作が TEC でも適用されていたと考えられる．

b. **þere couþe no man** *it* aquenche wiþ no craft

    there could no man it quench   with no craft

(Trevisa Higden (Rolls) I. 223 / ibid.)

Chomsky (1995) などにしたがって，目的語が vP の外側の指定部に移動することで OV 語順が派生されるとすると，(47a) の関連する部分の構造は (48) のように表される．

    (48) $[_{TP}$ no man$_i$ T $[_{vP}$ þis doom$_j$ $[_v$ t_i repele $[_{vP}$ t_v $t_j]]]]$

外項主語 no man の基底生成位置は，目的語 þis doom の移動先よりも構造上低い位置にある．しかし表層の語順では主語が目的語に先行することから，主語は目的語よりも高い位置，すなわち TP 指定部に移動していると推定される．

  また，虚辞 there が FinP 指定部よりも上位の位置，例えば Top¹P 指定部を占めていなかったことを示す証拠もある．TEC は主節だけでなく従属節でも観察され，とりわけ (49a) のような間接疑問文や (49b) のような副詞節において生じることができた．

  (49) a. yow liketh knowen of the fare of me, whos wo **ther**

          you pleases know   of the fare of me whose woe there

          may no wit discryve

          may no wit describe

(Chaucer TC V. 1366-1367 / ibid.: 481)

      b. but knyge Arthur was so currageous that **there might no**

          but king   Arthur was so courageous that there might no

          maner of knyght lette   hym to lande

          sort   of kight   hinder him to land

(Malory 65. 15-17 / ibid.)

これらは，いずれも話題化が生じない環境である．このような環境では Top¹P が不活性であるとすると，there はせいぜい FinP 指定部の高さにし

か生じ得ないことになる．これらの事実を考え合わせると，there が FinP 指定部，外項主語が TP 指定部を占める (46) の構造が支持される．

最後に，なぜ英語では TEC が後期中英語から初期近代英語のかぎられた時期にのみ観察されたのかを考えてみよう．素性継承パラメターの第 I 期では，Top^{I}P 指定部と TP 指定部が主語位置となっていた．この時期の文法で TEC を派生させると，その構造は (50) のようになる．

(50) 他動詞虚辞構文の構造（第 I 期）
　　　*[$_{TopP}$ there（助）動詞-Top^I [$_{FinP}$ Fin [$_{TP}$ 主語$_i$ T [$_{vP}$ t_i v 目的語]]]]

第 I 期の文法では第 II 期と同様に機能範疇領域に主語位置が 2 つ存在していたが，第 II 期と異なり第 I 期では両者の間に機能上の役割分担があった．すなわち，TP 指定部には新情報主語が生じることができたのに対し，Top^{I}P 指定部はもっぱら話題（旧情報）として解釈される主語によって占められていた．虚辞 there は意味内容を欠く純粋に形式的な要素であるため，話題としての解釈を受けることができない．よって，(50) のように Top^{I}P 指定部に生じることができなかった．[18]

また，第 III 期の文法では主語位置は TP 指定部に統一された．もしこの位置に there が挿入されると，外項主語は元位置から移動できず，vP 指定部に留まることになる．

(51) 他動詞虚辞構文の構造（第 III 期）
　　　*[$_{FinP}$ Fin [$_{TP}$ there（助）動詞-T [$_{vP}$ 主語 v 目的語]]]

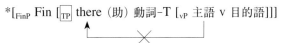

しかし，そうすると主語 DP と vP が併合した結果生じる XP-YP 構造のラ

---

[18] ただし，場所の意味を保持した副詞 there は旧情報要素あるいは場面設定副詞として Top^{I}P 指定部や Top^{II}P 指定部に生じ得た可能性がある．表 7 で報告した PPCME2 と PPCEME の調査では虚辞を表すタグ EX が付与された there のみを対象としているので，副詞としての there は反映されていない．副詞 there から虚辞 there への文法化とそれにともなう there 構文の発達については，Hosaka (1999) を参照．

ベルを決定することができなくなる（1節（5）を参照）．あるいは，「少なくとも1つの項はvPから移動しなければならない」という「主語元位置一般化」（Alexiadou and Anagnostopoulou（2007））の違反が生じてしまう．いずれにしても，主語がvP指定部に留まった（51）は不適格な構造として排除されるので，第III期にTECは認可されなくなった．

　まとめると，英語のTECは後期中英語から初期近代英語のかぎられた時期にのみ観察される一時的現象であり，これは素性継承パラメーターの第II期に相当する．当該の時期には，TECが適切に派生されるために必要となる虚辞と外項主語を収容する2つの主語位置が利用可能であった．したがって，英語史におけるTECの発達と衰退は，ここで仮定している主語位置の下方推移分析を支持する経験的証拠となる．

5.　that 痕跡効果

　英語史における主語位置の変遷に関連する最後の現象は，補文からの主語wh句の抜き出しである．よく知られているように，現代英語では動詞補文内からのwh句の取り出しに関して，主語と目的語の非対称性が観察される．

(52) a.　Who$_i$ do you think (that) John helped t_i?

　　　b.　Who$_i$ do you think (*that) t_i helped John?

目的語のwh移動は補文標識thatの有無にかかわらず可能であるが，主語のwh移動はthatが現れると非文となる．（52b）のように補文標識thatと主語痕跡の連続が禁止される現象をthat痕跡効果（*that*-trace effect）とよぶ．しかし，that痕跡効果は英語史を通して常に観察されるわけではない．（53）が示すとおり，古英語ではthat節内部からの主語の取り出しが可能であった．

(53)　Mine gebroðra, ne lufige ge ðisne middangeard ðe$_i$ ge

　　　my　brethren　not love　you this　world　　　that you

第4章　主語位置の変遷と各種構文の変化　　　　133

geseoð **ðæt** t_i lange wunian ne mæg

see　　that　long　last　　not may

'My brethren, do not love this world that you see cannot last

long.'　　(Alc. Th. Vol.1 p.614.24／Allen (1980: 361)：一部改変)

Allen (1980) よれば，このような例は古英語において一般的であらゆるテキストで生じていることから，運用上の誤用である可能性はほとんどないとのことである．また Bergh and Seppänen (1994) は，同様の現象は中英語でも引き続き観察され，that 痕跡効果が英語において確立したのは中英語末期であると述べている．

　この節では，通時コーパスの調査から英語に that 痕跡効果がいつ現れたかを確定し，その出現のメカニズムを説明することを試みる．理論的道具立てが刷新され続けている生成統語論において，that 痕跡効果は常に取り上げられてきた現象である．その豊富な先行研究の知見とここで仮定している素性継承パラメーターにもとづき，なぜ英語にこの現象が出現したのかを明らかにしたい．

5.1.　that 痕跡効果の出現時期

　はじめに，通時コーパスによる that 痕跡効果の出現時期に関する調査結果を報告する．表9は，PPCME2, PPCEME, PPCMBE2 における，補文標識 that に主語痕跡が後続する用例（以下，that-t と表記）とゼロ補文標識に主語痕跡が後続する用例（以下，zero-t 表記）の出現数をまとめたものである．[19]

---

[19] PPCME2 と PPCEME の時代区分については注15を参照．PPCMBE2 の時代区分は以下のとおり．L1: 1700–1769, L2: 1770–1839, L3: 1840–1914. テキスト編纂年代と写本作成年代が異なる場合には，写本作成年代によって集計している．なお，これら3つのコーパスは収録語数のサイズが異なるため（PPCME2：約120万語，PPCEME：約170万語，PPCMBE2：約280万語），表9の数値の変動は that-t と zero-t の出現頻度を反映していない点に注意されたい．ここでの議論に重要なのは，that-t が E3 以降出現していないという事実である．

	M1	M2	M3	M4	E1	E2	E3	L1	L2	L3
that-t	6	1	3	1	1	2	0	0	0	0
zero-t	1	0	7	10	39	50	84	153	134	112

表 9：PPCME2，PPCEME，PPCMBE2 における that-t と zero-t の出現数

zero-t については，この表から M1 から M2 にかけての初期中英語ではま
れであり，後期中英語以降に確立されたことが分かる．これは古英語から初
期中英語にかけては抜き出しの有無にかかわらず補文標識 that が省略され
にくかったことによると思われるが (Rissanen (1991), Gelderen (1993))，
この点についてはこれ以上立ち入らないこととする．

　他方で，that-t の方は中英語を通して 11 例が検出されたものの，E2 の 2
例を最後に途絶えている．以下に M1 から E2 における that-t の例を 1 例ず
つあげておく．

(54) a. Ðis ilche seið godd to hem ðe$_i$ he wile **ðat** t_i bie him
　　　 this same says god to them that he wishes that　 be him
　　　 hersum:
　　　 obedient　　　　　　　　　　　(M1: CMVICES1, 109.1321)

　　b. zuyche men þet zuerieþ of þinge þet$_i$ hi　 wyteþ wel:
　　　 such　 men that swear　 of thing that they know　well
　　　 þet t_i ne　is naȝt zoþ.
　　　 that　 not is not　true　　　　(M2: CMAYENBI, 65.1212)

　　c. Haue also reuerence of þe gode angel, whic$_i$ þu　 schalt
　　　 have also reverence of the good angel　 which you shall
　　　 not doute **þat** t_i is iput to þe,
　　　 not doubt that　 is put to you　 (M3: CMAELR3, 29.80)

　　d. Adam and Eue and oþer Forme-fadyrs　whilke$_i$ He in His
　　　 Adam and Eve and other former fathers which　 he in his
　　　 forluke　 walde　 **þat** t_i ware sauede.
　　　 foresight wished that　 be　 saved

第4章　主語位置の変遷と各種構文の変化　　　135

(M4: CMGAYTRY, 4.35)

e. But shoulde he fynde the same soueraygne felicitie, in thyn-ges, that$_i$ I haue shewed **that** t_i cannot geue and performe that thing that they do promes?　　(E1: BOETHCO-E1-H, 70.132)

f. Ther is the statelyest hearse in the Abbye I thinke **that** t_i ever was made.　　　(E2: KNYVETT-1620-E2-P1, 66.109)

初期近代英語における that-t は，George Colville 訳 *Boethius*（1556），Queen Elizabeth 訳 *Boethius*（1593），Thomas Knyvett による書簡（1620-1627）からそれぞれ1例の計3例を見つけることができた．

これと同様の調査を行った先行研究として Bergh and Seppänen（1994）がある．彼らは Helsinki Corpus of English Texts にもとづく独自コーパスを調査し，初期近代英語における that-t の例として Queen Elizabeth 訳 *Boethius* からの3例を報告している．ただしこのテキストがラテン語の翻訳であることから，彼らはそれらを「話者固有の保守的文体（idiosyncratic conservative style）」（同 p. 136）として退け，1500年以降は that-t が廃用になったと結論づけている．

ここで注目したいのが，that-t と V-to-T 移動の関係である．PPCEME を用いて，初期近代英語で that-t を示した上記3つのテキストについて，「動詞-副詞-目的語」語順と「動詞-not」語順が観察されるかを調査した．その結果，前者の語順は George Colville 訳 *Boethius* から，後者の語順はすべてのテキストから検出された．関連する用例を (55)-(57) に挙げる．

(55) a. and **leue clerely** the excellencye of your owne consciens and vertue.　　　(E1: BOETHCO-E1-P1, 49.544)

b. But the commen people **beholde not** these thynges.

(E1: BOETHCO-E1-H, 102.711)

(56) The last thy wo agaynst fortune invayed, complayning that she **equalled not** desertes rewarde.　(E2: BOETHEL-E2-P1, 16.117)

(57) I **writt not** the Last weeke because I intended to have been at

home as soone as my Letter,

(E2: KNYVETT-1620-E2-P1, 71.324)

しかし第3章5.3節，5.4節で論じたように，動詞の豊かな一致に駆動される V-to-T 移動の証拠となるのは「動詞–副詞」語順であり，「動詞–not」語順は V-to-Neg 移動が駆動因となっていた．that 痕跡効果の出現を素性継承パラメーターで説明しようとする試みにとっては，Queen Elizabeth 訳 *Boethius* と Thomas Knyvett 書簡で「動詞–副詞」語順が観察されないのは都合が悪いかもしれない．

しかし Bergh and Seppänen (1994) が述べているように Queen Elizabeth 訳 *Boethius* が当時の英語の文法を正確に反映していないとするならば，このテキストは考察の対象から外すべきかもしれない．また，否定辞 not を含む文に比べて VP 副詞を含む文はそもそも生起頻度が低いために，「動詞–副詞」語順がないからといって，当該テキストの筆者がその語順を許容しなかったとは必ずしも断定できない．実際，Thomas Knyvett 書簡では VP 副詞を用いた「副詞–動詞」語順も1例しかなく，動詞と副詞の語順に関して決定的なことは言えない．

したがって暫定的ではあるが，以下の議論においては英語史では V-to-T 移動が消失したのにともなって that 痕跡効果が出現したと仮定したい．その上で，V-to-T 移動が生じる文法でのみ that-t が許されるのはなぜか，そして V-to-T 移動が生じる文法と生じない文法の両方で zero-t が許されるのはなぜかを考えていきたい．そのために，次節では that 痕跡効果に関する近年の代表的な先行研究である Rizzi and Shlonsky (2007) による分析を概観して，分析の枠組みを提案する．

5.2. 主語基準

Rizzi and Shlonsky (2007)（以下 R&S）の議論の出発点となっているのは，(58) に示す原理である．

(58) 基準凍結 (Criterial Freezing)：基準を満たす句はその場で凍結する．

(Rizzi and Shlonsky (2007: 118)：筆者訳)

第 4 章　主語位置の変遷と各種構文の変化　　　137

ここで「基準を満たす」とは，「特定の談話的解釈を認可する機能範疇の指
定部を占める」ことを意味する．関連する談話的解釈として，wh 句や否定
辞の作用域をはじめ焦点，話題などが提案されており，主語としての解釈も
そのひとつとされる．R&S は主語の解釈を認可する機能範疇として Subj
を仮定しており，関連する構造は (59) のように示される．

(59)　主語基準の構造 (Rizzi and Shlonsky (2007))

　　　[SubjP DP [Subj XP]]

上の基準凍結原理によれば，いったん SubjP 指定部に移動した名詞句はそ
の場で凍結し，それ以上移動することができない．そこで問題となるのが，
主語名詞句が wh 句となっている場合である．単一の DP が，基準凍結原
理の違反を回避しつつ主語基準 (Subject Criterion) と wh 基準 (p. 49 参照)
に関係する別個の機能範疇の指定部を占めることがどのようにして可能とな
るのだろうか．

　R&S は主語の基準凍結を回避する方略をいくつか提示しているが，その
1 つが SubjP 指定部以外の主語位置の活用である．(60a) に示すように，
イタリア語では主語は通常の SubjP 指定部に加え，文末位置に生じること
ができる．そして (60b) に示すとおり，イタリア語は英語のような that 痕
跡効果が現れない言語として知られている．

(60)　イタリア語の文末主語構文と that-t 構文

　　a.　Credi　　　che pro abbia telefonato　Gianni

　　　　believe.2.SG that　　has　telephoned Gianni

　　　　'You believe that Gianni has telephoned.'

　　b.　Chi_i credi　　　[CP che [SubjP pro Subj abbia telefonato　t_i]]

　　　　who believe.2.SG　　that　　　　　has　　telephoned

　　　　　　　　　　　　　　　　　(Rizzi (2015b: 31)：一部改変)

R&S はこの 2 つの事実を関連させて次のように分析している．空主語言語
であるイタリア語では，虚辞の pro を SubjP 指定部に挿入することによっ
て主語基準を満たすことができる．そして主語 wh 句は文末の主語位置を経

由して主節の wh 基準位置へと移動することができる．つまり，文末主語位置を移動の脱出口とすることで主語の基準凍結が回避され，that 痕跡効果の違反を免れているのである．[20]

基準凍結を回避するもう 1 つの方略は，一致素性の活用である．具体的には，R&S は主語基準に関連する構造形として（59）に加えて（61a）を提案している．ここでは SubjP のすぐ上にある機能範疇 Fin が一致素性をともなっており，この一致素性が Subj を局所的に c 統御することによって主語基準が満たされる．

(61) a. Fin + ϕ [$_{SubjP}$ Subj [... [wh$_{subj}$ ...]]]　　　　　（主語基準の認可）

　　 b. wh$_i$ ... [$_{FinP}$ t_i Fin + ϕ [$_{SubjP}$ Subj [... [t_i ...]]]]

　　　　　　　　　　　　　　　　　　　　　　　　　　（一致素性への値付与）

すると，主語 wh 句は（61b）のように基底生成位置から FinP 指定部を経由して上位の wh 基準位置に着地することができる．主語 wh 句が FinP 指定部に立ち寄る際，指定部-主要部一致により Fin の一致素性に主語の値が付与される．この提案の下では，現代英語の that-t と zero-t の構造はそれぞれ（62a, b）のように表される．

(62) a. *Who$_i$ do you think [$_{ForceP}$ that [$_{FinP}$ t_i t_{that} [$_{SubjP}$ Subj [$_{IP}$ t_i helped John]]]]?

　　 b. Who$_i$ do you think [$_{ForceP}$ Force [$_{FinP}$ t_i Fin + ϕ [$_{SubjP}$ Subj [$_{IP}$ t_i helped John]]]]?

この分析で鍵となるのは補文標識 that の扱いである．（62a）に示されているように，that は Fin に基底生成され，Force まで上昇するとされている．Fin 位置において一致素性と that は相補分布をなしており，that が顕在化する場合には Fin が一致素性をともなうことができない．よって，（62a）では主語基準が満たされずに非文となる．他方で（62b）は（61b）と同じ構

---

[20] Belletti（2001, 2004）は，文末に生じる主語は基底生成位置から vP 周辺部の FocP 指定部に移動していると論じている．

造形で，主語 wh 句は主語基準の違反を回避して補文から主節へと抜け出ることができる．この場合 that は顕在的に現れず，結果として zero-t が派生される．

　本章の分析も基本的には R&S の洞察にそったものであるが，彼らの分析にはいくつか改善の余地もあるように思われる．具体的には，主語基準を担う機能範疇として新たに Subj を措定すべきかどうかは慎重に検討する必要があるだろう．そして，主語基準を満たす構造形として (59) の指定部-主要部構造に加えて (61a) の主要部-主要部構造を仮定するのは，理論的な経済性の面から好ましいとはいえない．そこで，以下の議論では R&S と異なり機能範疇 Subj を仮定せず，主語基準の構造形として (59) を修正した (63) を用いることにする．

(63)　主語基準の構造：修正版
　　　$[_{XP} DP [X_{\phi} YP]]$

X は，指定部の DP と一致してそれに主語の解釈を与える任意の機能範疇である．X の指定部に主語名詞句が移動すると主語基準が満たされるとともに，基準凍結によりそれ以上移動することができなくなる．

5.3.　that 痕跡効果出現のメカニズム

　以上の枠組みに基づいて，英語史において that 痕跡効果が出現したメカニズムを考察する．まず，that-t が許されていた第 II 期の主語 wh 疑問文の派生を取り上げよう．この時期には一致素性が Fin にあり，FinP 指定部と TP 指定部の 2 つの主語位置が機能範疇領域に存在した．したがって，(60) のイタリア語と同様に，基準位置以外の主語位置を活用することで基準凍結を回避する方略を取ることができたはずである．主語 wh 句を含む埋め込み節の構造は次のように示される．

(64) 主語 wh 疑問文の派生（第 II 期）

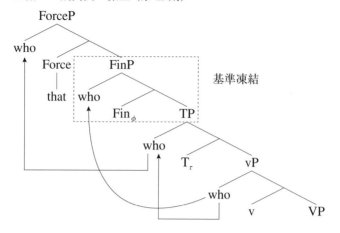

　一致を担う機能範疇は Fin であるので，(63) より FinP が基準凍結の領域となる．主語 wh 句がこの位置に移動すると，主語基準が満たされてそれ以上動けなくなるが，それとは別に，wh 句は TP 指定部を経由して ForceP 指定部に達することもできた．第 II 期の主語 wh 疑問文ではこれら 2 つの移動がともに生じ，基準凍結を回避した連鎖の wh 句のみが主節に抜け出て文頭で発音されたと考えよう．この派生は Force が補文標識 that として具現するかどうかにかかわらず利用可能であるので，(64) は that-t と zero-t にともに対応する構造である．したがって，V-to-T 移動が生じていた第 II 期の文法で that 痕跡効果が現れなかったことが導かれる．

　次に，V-to-T 移動が消失した第 III 期の文法を考えてみよう．この時期に一致素性は T によって担われるようになり，TP 指定部が機能範疇領域における唯一の主語位置となった．したがって主語 wh 句を含む埋め込み節の構造は (65) のようになる．

(65) that 痕跡効果の出現（第 III 期）

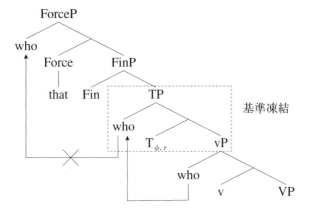

　一致素性と主語位置の推移にともない，TP が基準凍結の領域となった．したがって主語 wh 句が TP 指定部に移動すると，主語基準が満たされてそれ以上動けなくなる．また第 II 期と異なり ForceP 指定部へのバイパスとなる非基準主語位置がないので，埋め込み節内の主語 wh 句は主節に抜け出すことができない．このようにして，第 III 期に that 痕跡効果が出現したと考えられる．

　では，現代英語にみられる that-t と zero-t の非対称性はどのように生じたのだろうか．ここで，同一の機能範疇において一致素性と補文標識 that が相補分布にあるという R&S の洞察を援用して，顕在的補文標識は一致素性のない Force の具現形であり，ゼロ形は一致素性をもつ Force に対応していると仮定しよう．

(66) a.　that ⇔ Force
　　　b.　zero ⇔ Force$_\phi$

Force における一致素性の有無は，素性継承の適用の仕方で決まる．フェイズ主要部である Force から T（第 II 期では Fin）に一致素性が継承される際に，素性のコピーが随意的に Force に残されると仮定しよう．コピー削除が適用されると (65) のように that が現れ，削除されずに残るとゼロ補文標識となる．この点をふまえてゼロ補文標識を含む埋め込み節の構造を示

すと，(67) のようになる．

(67) 主語 wh 疑問文の派生（第 III 期）

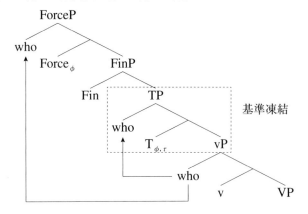

Force と T の一致素性はともに主語 wh 句を標的として一致関係を結ぶ．すなわち，これらの要素は複数の探査子と単一の標的を含む逆多重一致関係をなしている（1 節 (3) 参照）．この場合，主語 wh 句は TP 指定部と ForceP 指定部に同時に移動し，基準凍結を回避した後者のコピーが主節へと抜け出し，文頭で発音される．以上の分析により，初期近代英語以降の第 III 期で that-t と zero-t の非対称性が生じた理由を説明することができる．[21]

まとめると，英語では V-to-T 移動の衰退と軌を一にして that 痕跡効果が生じた．これは，第 II 期までは機能範疇領域に複数の主語位置があり，その片方を経由して主語 wh 句が主節に脱出することができたのに対し，主語位置が統一された第 III 期ではそれができなくなったためである．ただし zero-t 構文では一致素性をもった Force が主語 wh 句を誘引できるので，

---

[21] 本書で仮定している逆多重一致に基づく平行移動では，探査子となる複数の主要部が同一の素性をもっている必要がある（(3) 参照）．これは，CP 指定部と TP 指定部への自由な平行移動を認める Chomsky (2008) よりも厳しい条件である．したがって，(67) では Force と T がともに一致素性をもっているので who がこれらの指定部に平行移動できるのに対し，(65) では Force が一致素性を欠いているため，who は ForceP 指定部に平行移動できない．

ForceP 指定部をバイパスとして利用することができる.[22]

6. まとめ

以上，本章では空主語構文，QESC，TEC，that-t 構文を取り上げ，英語の主語位置の推移がこれら構文の変遷にどのような影響を与えたかを考察した．第 I 期から第 III 期までの主語の位置と 4 つの構文の関係は，以下のようにまとめられる．

時期	主語位置	空主語	QESC	TEC	that-t
第 I 期	Top$^!$P 指定部 TP 指定部	○	○	×	○
第 II 期	FinP 指定部 TP 指定部	×	△	○	○
第 III 期	TP 指定部	×	×	×	×

表 10：英語の主語に関する諸特性の変化

第 I 期は，Top$^!$P 指定部と TP 指定部が主語の情報ステイタスによって使い分けられていた時代である．この時期には動詞の一致を担う # と π が別個の探査子として機能しており，空主語が認可された．また Top$^!$P 指定部が主語位置とともに話題位置としても機能していたことにより QESC が認可されていたが，同じ理由によって TEC は容認されなかった．また，主語位置が 2 つ存在したことで主語の基準凍結が回避され，that-t が許された．続く第 II 期は，FinP 指定部と TP 指定部が機能的に等価な主語位置として利用されていた時代である．この時期に # と π は φ に一本化され，それによって空主語が消失した．また上位の主語位置の話題特性が消失したことにより，使役型の QESC が消失した．その一方で，FinP 指定部が虚辞 there

---

[22] ここでは紙幅の都合上第 II 期と第 III 期のみを取り上げた．第 I 期も第 II 期と同様に 2 つの主語位置（Top$^!$P 指定部と TP 指定部）をもっていたことから，TP 指定部が基準凍結の脱出口になっていたという第 II 期の分析を第 I 期にも適用することができる．

によって占められることで TEC が派生できるようになった．最後の第 III 期には QESC, TEC, that-t が認可されなくなったが，これらはいずれも機能範疇領域の主語位置が 1 つに統一されたことの副産物である．具体的には，TP 指定部に EPP 効果が出現したことで奇態格 PP 主語が生じられなくなり，TEC の外項主語が元位置に留まることで DP-vP 構造のラベルを決定できなくなり，that-t 構文では主語の基準凍結を回避するバイパス経路が失われた．このような歴史的変遷を経て，現代英語の主語特性が形成されたのである．

　前章を含む第 II 部では，動詞移動の消失と主語位置の推移に焦点をあてて英語の節構造の変化を考察した．英語は古英語期に古ノルド語と接触し，それが一因となって動詞の屈折接辞が単純化されていった．その結果生じた統語構造上の一致素性の分布の変異を素性継承パラメターの変化として捉えることで，さまざまな統語現象の通時的変化を説明しようと試みた．一連の因果関係は図 2 のようにまとめられる．

図 2：英語の節構造における形態的変化の統語的影響

時間の経過をともなう自然現象の変化においては，入力値のわずかなずれが出力の大きな変化となることがある．このような現象は「バタフライ効果 (butterfly effect)」とよばれる（ローレンツ (1997)）．英語の節構造でも，屈折接辞の衰退という形態上のわずかな変化によって談話階層型言語から主語卓立型言語へという言語類型上の大きな変化が生じており，バタフライ効果の一例といってよいであろう．もちろん，節に生じた構造変化はパラメター変化だけで引き起こされたものではなく，第 3 章で論じた文法化のは

第 4 章　主語位置の変遷と各種構文の変化　　　145

たらきも見逃すことはできない．主語や動詞を下方推移させた素性継承パラ
メターと，個別の動詞を助動詞化させた文法化の力がせめぎ合いながら，現
代英語の節構造が形成されたのである．

第Ⅲ部

英語名詞句の構造と分布

第 5 章

非構造格の消失と格による名詞句の認可方法の変化[*]

1. はじめに

　第 III 部では英語の名詞句とその領域に関する形態・統語現象を取り上げる．その中でも本章で取り上げるのは名詞の格である．名詞の格は，経験的にも理論的にも重要な役割を担っている．理論的には，1980 年代に発展した統率・束縛理論（Government and Binding Theory）で提唱された格フィルター（Case Filter）以降，さまざまな形式で格による名詞句の認可方法が提案されている（2.2 節参照）．一方，経験的側面では，英語の歴史において，格語尾の水平化により前置詞の使用が増加したといわれている．例えば，古英語の属格表現 þæs cyninges は of the king のように前置詞 of を用いた表現に代わり，与格表現 þæm cyninge は to the king に移行する．一方，主格表現 se cyning と対格表現 þone cyning はいずれも前置詞をともなわない名詞表現 the king となる．こうした表現形式の変遷は，理論的には一般に構造格（structural Case）と非構造格（non-structural Case）の違いに還元することができる.[1] つまり，構造格である主格・対格は構造的に付

---

[*] 本章は主に Yanagi (2012c, 2015: Chapter 4, 5) にもとづき加筆・修正を加えたものである．第 III 部をまとめるにあたっては科学研究費補助金（基盤研究（C）：課題番号 21K00592，基盤研究（B）：（課題番号 20H01269））の助成を受けている．

[1] θ 役割にもとづいて付与される格は通例「内在格」とよばれるが，本章では Woolford

与されるため，格語尾の消失後も前置詞の使用を拒絶したのに対し，非構造格である属格・与格は θ 役割 (theta-role) にもとづいて付与され，形態的に具現化するため，格語尾の消失後，前置詞の使用を受容した．

確かに，格語尾の消失が前置詞の使用を促進させたことは事実だが，すべての統語環境で属格表現・与格表現が前置詞句に移行したわけではない．属格表現は，上記のような of 属格に加えて，the king's のような s 属格も発達させる．また，与格表現は，前置詞 to（あるいは for）をともなう表現へと移行するだけでなく，統語環境によっては，前置詞をともなわない名詞表現のままの場合もある．そこで，本章では，格による名詞句の認可方法の変化について考察し，古英語における与格名詞は，格による認可方法と与格名詞を選択する動詞の内在的語彙特性の違いから，前置詞 to をともなう表現と対格名詞へと分化したことを示す．

具体的に取り上げる構文は，経験者構文，与格動詞構文，二重目的語構文の 3 つである．それぞれ古英語では与格名詞が用いられていたが，格語尾の水平化にともない，一旦はすべて前置詞 to をともなう表現に移行する．しかしながら，動詞の内在的語彙特性と動詞句構造の違いから，経験者構文では前置詞 to が保持される一方，与格動詞構文では対格が付与されるようになったと主張する．また，二重目的語構文では，2 つの目的語に対格が付与される構文（二重目的語構文）と前置詞 to を要求する構文（to 与格構文）とが発達したことを示す．[2]

2 節では，格に関する経験的事実と理論的仮定について概観する．とくに，統率・束縛理論以降，さまざまな形式で提案されている「格フィルター」と格による名詞句の認可方法を示す．3 節では，経験者構文，与格動詞構文，二重目的語構文における与格名詞の変遷に関する歴史的事実を概観する．後期中英語以降，名詞の格形態はほぼ現代英語の格形態と同じであるため，古

(2006) の格理論に従い，非構造格とよび，非構造格をさらに内在格と語彙格とに下位区分する (2.3 節参照).

[2] for 与格構文と交替を示す二重目的語構文もあるが，この種の二重目的語構文における与格目的語は動詞が内在的に要求する項とは異なる．そのため，for 与格構文は本章では扱わない．

英語から中英語を中心に分析を行う.

4節では,格による名詞句認可のメカニズムがどのように機能し,動詞の内在的語彙特性の違いから,個々の構文における格付与のメカニズムがどのように変化したのかについて議論する. 5節は本章のまとめである.

なお,本章で採用する枠組みは極小主義プログラム (Minimalist Program) を基本とする. 格に関しては,生成文法の理論的発展にともない,「格付与 (Case assignment)」「格照合 (Case checking)」「格付値 (Case valuation)」と異なるメカニズムが提案・採用されている (Chomsky (1981, 1993, 1995, 2000, 2001, 2008)). それぞれのメカニズムに違いはあるものの,すべての根底にあるのは「格による名詞句の認可」(格フィルター) である. 本章では,格に関する個々のメカニズムの詳細には立ち入らず,「格付与」という呼称を総称として用いる.

2. 格に関する経験的事実と理論的仮定

2.1. 名詞の格変化と格語尾の衰退

古英語の名詞は文法的性 (grammatical gender)・数 (number)・格 (case) によって変化していた. 例として男性名詞 stan 'stone' の語形変化を表1に示す.

	単数	複数
主格	stan	stanas
対格	stan	stanas
属格	stanes	stana
与格	stane	stanum

表1:男性名詞の変化表

文法的性には男性 (masculine) のほか,中性 (neuter),女性 (feminine) があった. 単数・複数の区別に加え,主格,対格,属格,与格の4つの格が用いられていた.

第5章 非構造格の消失と格による名詞句の認可方法の変化　　151

中英語に入ると屈折語尾の水平化が進み，格語尾による区別はしだいに消失する．初期中英語と後期中英語の語形変化を表2に示す．

	初期中英語		後期中英語	
	単数	複数	単数	複数
主格	stōn	stōnes	stōn	stōnes
対格	stōn	stōnes	stōn	stōnes
属格	stōnes	stōne	stōnes	stōnes
与格	stōne	stōne	stōn	stōnes

表2：名詞の変化表（宇賀治 (2000: 168)）

このような名詞の活用語尾の消失により前置詞の使用が増進したと考えられている．属格（所有格）表現は完全には消失しなかったが，s 属格に加えて，前置詞 of を用いる of 属格を発達させる．名詞の与格語尾は完全に消失し，前置詞 to あるいは for をともなうようになる．しかしながら，古英語におけるすべての与格名詞が前置詞をともなう表現に移行したわけではない．古英語の与格名詞と現代英語の対応表現を (1)–(4) に示す．それぞれの例文において，(a) が古英語の例，(b) が対応する現代英語の例である．例文中，与格表現は太字で示す．

(1) a. Þis godspel ðincð **dysegum mannum** sellic.

　　　 this gospel　seems to foolish men　　　 extraordinary

　　　　　　　　　　　　　　　　　　　　　　　　(ÆCHom II 271.103)

　　b. This gospel will seem extraordinary to foolish men.

(2) a. hie　sceoldan **Martine** gefultmian

　　　 they should　Martin　 help

　　　　　　　　　　　　　　 (Blikcl. Hom 221.31 / BT s.v. *ge-fultuman*)

　　b. They should help St. Martin.

(3) a. he sylþ　**eow** oðerne frefriend

　　　 he gives you　another comforter　　　　 (Jn (WSCp) 14.16)

　　b. He shall give you another comforter.

(4) a. ic hi sylle **þe**   ðonne **oðrum   men**
       I her give to thee than   to another man   (Gen 29.19)

   b. I give her to thee than to another man

(1) と (4) について，古英語の与格名詞句 dysegum mannum 'to foolish men' と与格代名詞 þe 'to thee' と与格名詞句 oðrum men 'to another man' は，現代英語では前置詞 to をともなう表現が用いられている．一方，(2) と (3) について，古英語の与格名詞 Martine 'Martin' と与格代名詞 eow 'you' は，現代英語では前置詞をともなわない名詞表現が用いられている．[3] このような前置詞の使用と抵抗については，2.3 節で概観する Woolford (2006) で提案された 3 種類の格の違いを用いて，4 節で統語的な分析を行う．

2.2. 格による名詞句の認可方法

本節では，生成文法における格理論の変遷を概観する．1980 年代以降，生成文法において格は重要な役割をはたしてきた．統率・束縛理論 (Chomsky (1981)) では，格は名詞句を認可するために要求されると仮定されており，(5) の格フィルターとして定式化されている．[4]

(5) 格フィルター (Case Filter)
     音形をもつ名詞句には格が付与されなければならない．

                                    (Chomsky (1981 [1993]: 49)：筆者訳)

このフィルターによれば，文中の名詞句のいずれかに格が付与されていなければ，その文は非文として排除される．統率・束縛理論では，格は統率

---

[3] 一般的に，名詞の格語尾の消失が前置詞の使用につながったと考えられている．近藤 (1984: 80-81) は形態的格語尾の消失と前置詞の発達は単一の統語現象の 2 つの側面だと述べている．また Sato (2009) は古英語散文における格形式から前置詞構文への発達について論じている．

[4] 原理とパラメーターのアプローチ (Principles and Parameters Approach) では，「抽象格 (Abstract Case) は原理にもとづく普遍の特性である一方，抽象格が形態的に具現化するかどうかはパラメーター的変異に依存している」(Markman (2010: 850))．本章で論じている格形態の変化は，通時的なパラメーターの変化と捉えることができる．

(government) という概念のもと付与されると仮定されている．(6) に主格と対格（目的格）の付与に関連する特性を示し，その構造を (7) に示す．

(6) a. AGR に統率されている場合，名詞句に主格が付与される．
　　b. V に統率されている場合，名詞句に目的格が付与される．
(Chomsky (1981 [1993]: 170)：筆者訳)

(7)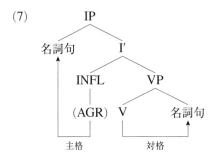

統率・束縛理論では，主格と対格（目的格）という異なる格付与を，統率を用いて統一的に説明できる一方，同種の格付与であるにもかかわらず異なる構造が用いられているという不統一が問題点として指摘されている．

初期の極小主義プログラム（Chomsky (1993)）では，Pollock (1989) の分離 IP 仮説を取り入れる一方，概念的必然性（conceptual necessities）がないという理由で統率という概念を破棄した．統率に基づく格認可のメカニズムにかわる手段として照合理論（checking theory）が導入された．照合理論では，主格・対格にかかわらず，指定部・主要部関係（Spec-Head relation）という統一された構造で認可されると仮定されている．これにより，統率・束縛理論での問題点を回避することができる．主格と対格の格照合の構造を (8) に示す．

(8)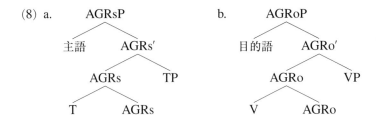

(8a) では，T と AGRs の融合形と AGRs の指定部にある主語との間に，指定部・主要部関係が成立し，主語名詞句の主格が照合される（付与される）．一方，(8b) では，V と AGRo の融合形と AGRo の指定部に生起する目的語との間に，指定部・主要部関係が成立し，目的語名詞句の対格が照合される．

理論が発展し，AGRsP や AGRoP が概念的に動機付けられないという理由で破棄されることになる（Chomsky (1995)）．そのため，(8) の構造は (9) の構造へと置き換えられる．

(9)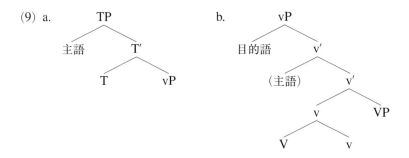

主語は T との指定部・主要部関係によって格照合されるのに対し，目的語は v との指定部・主要部関係によって格照合される．また，英語では主語は顕在的に照合され，目的語は非顕在的に照合される．

さらに，Chomsky (2000) 以降の枠組みでは，下方向に適用される一致操作（Agree）が新たに導入される．φ素性（性・数・人称）をもつ T あるいは v が探査子（probe）となり，標的（goal）として，格の値付けがなされていない名詞句を局所的に探す．探査子が標的を見つけると，一致関係が確立する．T がこの関係にかかわれば主格の値付けがなされ，v がかかわれば

対格の値付けがなされる．構造を (10) に示す．

(10)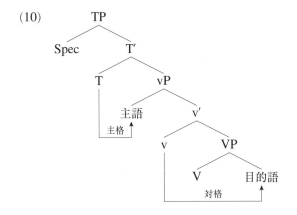

　ここまで述べてきた格認可のメカニズムはすべて構造格に関するものである．構造格に関する議論は長年続けられているが，その一方で非構造格はあまり議論されていない．[5] 非構造格は特定の θ 役割と密接な繋がりがあるとされる (Chomsky (1981: 171))．また，初期の照合理論では，構造格が指定部・主要部関係によって認可されるのに対し，内在格（ここでいう非構造格）は主要部・補部関係によって認可されることが示唆されている．さらに Chomsky (2000: 102) では軽動詞によって内在格（非構造格）が付与されると仮定されている．本章では，従来の捉え方を踏襲し，非構造格は θ 役割と密接な繋がりがあると仮定する．さらに，次節で述べるように，Woolford (2006) に従い，θ 役割は軽動詞 (light verb) あるいは語彙動詞 (lexical verb) によって付与されると仮定する．

2.3. 3種類の格と認可方法

　本節では Woolford (2006) で提案されている格理論を概観する．Woolford によれば，抽象格は構造格と非構造格にわかれ，非構造格はさらに語彙格 (lexical Case) と内在格 (inherent Case) に分類される．図示したもの

---

[5] 本章では Woolford (2006) の格の3分類を採用するため，非構造格という名称を用いるが，非構造格は一般的に内在格とよばれている．

が (11) である．

(11)

語彙格とは個々の動詞によって語彙的に選択される格であり，典型的な例はアイスランド語の与格である．例文 (12) における bátnum 'boat' がその例である．[6]

(12) Bátnum hvolfdi.
　　　 boat.DAT capsized
　　　 'The boat capsized.'
　　　　　　　　　　(Levin and Simpson (1981: 185) / Woolford (2006: 112))

一方，同じ非構造格であっても内在格は「規則的で予測可能」な格であり，典型的な例は二重目的語構文の間接目的語に付与される与格である．アイスランド語の例を (13) に示す．

(13) Þeir gáfu konunginum ambáttina.
　　　 they gave king-the.DAT slave-girl-the.ACC
　　　 'They gave the king the slave-girl.'
　　　　　　　　　　(Maling (2002: 58) / Woolford (2006: 112))

(13) における konunginum 'the king' が間接目的語であり，内在格としての与格が付与された名詞句である．(12) にあげたような語彙格と (13) にあげたような内在格との違いは，認可子と認可方法に反映されている．認可子と認可方法の違いをまとめたものが (14) である．

---

　[6] 本章と次章で用いる略称は次のとおりである．SG（単数）；PL（複数）；NOM（主格）；ACC（対格）；DAT（与格）；GEN（属格）；MASC（男性）；NEUT（中性）；FEM（女性）；NEG（否定辞）；1SG（一人称単数）；3SG（三人称単数）；PAST（過去）；SUF（接尾辞）．

(14) 非構造格の認可

    a. 語彙格は語彙主要部（例，V, P）によってのみ認可される．

    b. 内在格は軽動詞主要部（v）によってのみ認可される．

(Woolford（2006: 117）：筆者訳)

このように認可される語彙格と内在格は相補分布をなす．Woolford（2006: 115）によれば，語彙格は主題項あるいは内項には付与されるが，外項や着点（Goal）項には付与されない．これに対し，内在格は外項や着点項に付与され，主題項あるいは内項には付与されない．

(15) 語彙格と内在格の相補分布

    a. 語彙格は主題項／内項に現れるが，外項あるいは（転移した）着点項には現れない．

    b. 内在格は外項と（転移した）着点項に現れるが，主題項／内項には現れない． (ibid.: 115：筆者訳)

また，Woolford（2006: 116）では，語彙格や内在格は構造格の付与に先立って認可されると提案している．このことを考慮し，構造格が機能範疇 v, T の併合後の一致操作によって付与されるのに対し，非構造格である語彙格は語彙範疇 V, P との併合の段階で，内在格は軽動詞 v との併合の段階で付与されるものと仮定する．つまり，統語構造の派生が下から上に進むとすれば，「語彙格＞内在格＞構造格」の順で格が付与されることになる．

次節では，経験者構文（Experiencer Construction），与格動詞構文（Dative Verb Construction），二重目的語構文（Double Object Construction）の順に，それぞれの構文の歴史的変遷を提示する．

3. 与格名詞をともなう構文の歴史的変遷

本章の調査で用いたコーパスは，The York-Toronto-Helsinki Parsed Corpus of Old English Prose（YCOE），The Penn-Helsinki Parsed Corpus of Middle English 第 2 版（PPCME2），The Innsbruck Middle English Prose

Corpus (Innsbruck Corpus) に収録されている William Caxton の作品群の 3 種類である．本節では，これらのコーパスから得られた与格名詞をともなう 3 つの構文（経験者構文，与格動詞構文，二重目的語構文）の用例を用いて，古英語から中英語における当該構文の変遷と与格名詞の分布と変化を示す．

3.1. 経験者構文

本節では古英語で与格名詞が用いられる構文の 1 つ経験者構文の歴史的変化を概観する．ここでいう経験者構文は þyncan, seem を含む構文のことである．古英語では þyncan 'seem' が用いられており，経験者項は与格で表されていた．中英語では þyncan の音韻的に弱化した þincen あるいは thinken が用いられたが，徐々に使用は減少し，semen 'seem' が代わりに用いられるようになる．semen も þincen 同様，当初は与格経験者項 (dative-marked Experiencer argument) とともに用いられていたが，与格語尾の消失後は前置詞 to をともなうようになる．

3.1.1. 古英語・中英語の経験者構文

古英語で用いられていた与格経験者構文の例を（16）に示す．以下の例文中，経験者項は太字で示している．

(16) 古英語の与格経験者構文（þyncan 'seem'）

    a. Þis   godspel ðincð   **dysegum mannum** sellic.

        this   gospel   seems foolish   men   extraordinary

        'This gospel will seem extraordinary to foolish men.'

                                         (ÆCHom II 271.103)

    b. þinceð **him** to   lytel   þæt he lange heold

        seems him too little   that he long   held

        'It seems to him too little that he ruled long time.'

                      (*Beo* 1748 / OED s.v. †*think*, v.[1] B.2.a)

    c. ðær   **him** foldwegas   fægere þuhton

        there them paths   beautiful seemed

‘where the paths seemed beautiful to them’

(*Beo* 866 / Denison 1993: 221)

þyncan は音韻的弱化 (phonological reduction) により，þincen / thinken と綴られるようになる．ただし初期中英語では，古英語と同様に，経験者項は与格によって標示されていた．具体例を (17) に示す．

(17) 中英語の与格経験者構文 (þincen / thinken ‘seem’)

    a. for **hem** þincheð þat godes hese   heuieliche semeð.

       for them seems   that God's behests heavily   weigh

(CMTRINIT,93.1244)

    b. Hit þincheð **hire** let.

       it   seems   her tedious   (CMTRINIT,183.2524)

13 世紀初めころまで，þincen / thinken ‘seem’ が用いられていたが，借入語である semen ‘seem’ も用いられるようになる．*Oxford English Dictionary* (OED) の seem の項には，初出例として 1200 年ころの例があがっている．

(18) 7   te   bitæche icc off þiss boc,

      and thee entrust I   of this book,

      Heh   wikenn alls itt semeþþ,

      noble charge as   it seems

      Al to þurrhsekenn illc an   ferrs.

      all to examine   each one verse

(a1200 Ormin Ded. 65–67 / OED s.v. *seem*, v.[2] I.1.a)

14 世紀後半には，semen ‘seem’ が与格経験者項を選択する例が観察されるようになる．具体例を (19) に示す．

(19) 中英語の与格経験者構文 (semen ‘seem’)

    a. Right so the synful man that loueth his synne, **hym** semeth,

       right so the sinful man that loves his sin   him seems

160 　第 III 部　英語名詞句の構造と分布

　　　　 that it is to him moost sweete of any thyng.

　　　　 that it is to him most　 sweet　 of any thing

　　　　　　 (c 1386 Chaucer *Pars. T.* ⸿123 / OED s.v. *seem*, v.² II.8.a)

　　 b.　 The Emparovr sayde: 'In tymys **me** semyth I may well loue

　　　　 The Emparour said　　 in times me seems　 I may well love

　　　　 þis　 mane.

　　　　 this　 man　　　　　　　　　　　　　 (CMSIEGE, 90.631)

さらに，ほぼ同時期には前置詞 to をともなう経験者項（前置詞付き経験者
項 (prepositional Experiencer argument)）も用いられるようになる．

　(20)　 中英語の前置詞付き経験者構文 (semen 'seem')

　　 a.　 And hit semeþ **to manye men** þat alle þese sectis synnen

　　　　 and it　 seems to many　 men that all　 these faith　 sin

　　　　 þus,

　　　　 thus　　　　　　　　　　　　　　 (CMWYCSER, 294.1213)

　　 b.　 And righte as it semethe **to us**, that thei ben undre us,

　　　　 and right　 as it seems　　 to us　 that they are　 under us

　　　　 righte so it semethe **hem**, that wee ben undre hem.

　　　　 right　 so it seems　　 them that we　 are　 under them

　　　　 (c1400 Mandeville (1839) xvii. 184 / OED s.v. *seem*, v.² II.7.a)

　　 c.　 This seimes **to me** ane guidlie companie.

　　　　 this　 seems　 to me an　 goodly company

　　　　　　 (a1513 Dunbar *Poems* lxxxi. 13 / OED s.v. *seem*, v.² II.3.b.)

以上のように，古英語の経験者構文では与格経験者項をともなっていたが，
中英語に入ると，与格経験者項は次第に前置詞付き経験者項へと移行し，与
格経験者項は用いられなくなる．

　こうした経験者構文の発達について論じた Elmer (1981) では，経験者項
の有無と虚辞 it の有無から，経験者構文を 3 種類に分類している．Elmer
(1981) では，(21) のように与格経験者項を含み虚辞をともなわない構文を

第 5 章　非構造格の消失と格による名詞句の認可方法の変化　　161

「タイプ S 構文」，(22) のように経験者項と虚辞を含む構文を「it 構文」，(23) のように経験者項と虚辞の両方を含まない構文を「人称構文」とよんでいる.[7]

(21)　what semeth **the**　to be the resoun of this so wrongful
　　　 what seems　thee to be the reason of this so wrongful
　　　 a confusioun
　　　 a confusion
　　　　　(?a1425 (c1380) Chaucer *Bo*. 4.pr.5.26–7/Elmer (1981: 134))

(22)　it scholde seme **to som　folk**　　that this were a merveile
　　　 it should　seem to some people that this were a marvel
　　　 to seien
　　　 to see　　　　　(?a1425 (c1380) Chaucer *Bo*. 4.pr.2.188–9/ibid.)

(23)　the wikkide men semen to be bareyne
　　　 the wicked　men seem　to be barren
　　　　　　　　　(?a1425 (c1380) Chaucer *Bo*. 4.pr.2.169/ibid.)

semen 'seem' は (21)–(23) の 3 種類の構文で用いられているが，古英語の þyncan 'seem' はタイプ S 構文でのみ用いられており，(24) のような it 構文で用いられるようになるのは，中英語期の 13 世紀から 14 世紀にかけてである.

(24)　a.　And tah　　hit þunche **oþre　men** þat …
　　　　　 and tough it　seems　other men that
　　　　　　　　　　　　　(?c1200 (c1225) *HMaid* 9.76/ibid.: 133)

　　　 b.　Vor hit **him** þingþ　þet …
　　　　　 for it　him seems that　　　(1340 *Ayenb* 135.19/ibid.)

　　　 c.　Thanne is it wysdom, as it thynketh **me** to maken vertu of
　　　　　 then　　is it wisdom　as it seems　me to make　virtue of

---

[7] (21)–(23) の例については Benson (1987) も参照.

necessitee

necessity   (c1385 *KnT* 2183/ibid.)

さらに，Elmer (1981: 134-135) によれば，タイプ S 構文では一人称の経験者項が好まれ，二人称・三人称の経験者項は it 構文で好まれていた．その結果 me と thinks の融合形である methinks が派生されたと論じている．

3.1.2. 与格経験者項から前置詞付き経験者項へ

古英語から中英語にかけて用いられていた経験者構文の与格経験者項は，動詞の前にも動詞の後ろにも生起することが可能であった．与格経験者項が動詞の前に生起している古英語の例を (25)–(27) に示す．本節で提示する古英語・中英語の用例は，YCOE・PPCME2・Innsbruck Corpus からのものである．

(25) **Sumum menn** wile þincan syllic   þis to gehyrenne

some   men   will seem   strange this to hear

'To some men it will seem strange to hear this'

(ÆLS (Maccabees) 564)

(26) Soðlice on ðam micclum dome. **ælcum ænlipium men**

verily   on the great   doom each   individual man

ðincð to lytel his agen ingehyd   him to gewitnysse.

seems too little his own understanding him to witness

þeah ðe he ne   sceole oðrum to gewitnysse beon;

though he NEG should others to witness   be

'Verily, at the great doom, to each individual man his own under-standing will seem to him too little for a witness, though he should not be as a witness to others.'   (ÆCHom II 332.150)

(27) Ða cwæð se ealdorman; Wundor **me** ðincð eower

then said the general   wonder me seems your

ðingræden

intercession

第 5 章　非構造格の消失と格による名詞句の認可方法の変化　　　163

'Then said the general, "Your intercession seems to me a won-
der"' (ÆCHom II 281.49)

次に与格経験者項が動詞の後ろに生起している古英語の例を (28)–(30) に示す.

(28) Þonne ðincð **þam arleasum** swylce hi æfre motan libban
　　 then seems the wicked such they ever might live
　　 'For it seemeth to the wicked, as if they might live for ever'
　　　　　　　　　　　　　　　　　　　　　　　(ÆLS (Pr Moses) 300)

(29) Hit þincð **ungelæredum mannum** dyslic to gehyrenne:
　　 it seems unlearned men foolish to hear
　　 'To unlearned men it seems foolish to hear' (ÆCHom I 226.84)

(30) Mine gebroðra ne ðince **eow** to hefigtyme. þæt ge ðas
　　 my brother NEG seem you too tedious that you this
　　 godspellican lare gehyron;
　　 evangelical lore heard
　　 'My brothers, let it not seem too tedious to you that ye have
　　 heard this evangelical lore.' (ÆCHom II 234.138)

さらに, (31)–(33) に前置詞付き経験者項を含む例を示す. 前述のとおり,
経験者構文で前置詞 to が用いられるようになるのは中英語からである.

(31) for certes, somthyng that somtyme semeth **to yow** that it is
　　 for certainly something that sometime seems to you that it is
　　 good for to do, another tyme it semeth **to yow** the contrarie.
　　 good for to do another time it seems to you the contrary
　　　　　　　　　　　　　　　　　　　　　　　(CMCTMELI, 222.C2.208)

(32) This lange pynnynge semede **to me** as he hadde bene
　　 this large pinning seemed to me as he had been
　　 a seuen nyght dede, allewaye sufferande payne.
　　 a seven night deed always suffering pain
　　　　　　　　　　　　　　　　　　　　　　　(CMJULNOR, 53.113)

164　　　第 III 部　英語名詞句の構造と分布

(33) a.　And hit semeþ **to manye men** þat alle þese sectis synnen

　　　　and it　seems　to　many　men that all　these faith　sin

　　　　þus,

　　　　thus　　　　　　　　　　　　　　　　(c1400 CMWYCSER, 294.1213)

　　 b.　Of þe þou3tes of his herte, to refreyne hem, he was so

　　　　of　the thoughts of his heart　to refrain　　them he was so

　　　　busy and so curious þat it wolde haue semed　**to manye**

　　　　busy and so curious that it would have seemed to many

　　　　þat　he hadde ipassed mesure.

　　　　that he had　　passed　measure　　　　　(CMAELR3, 32.164)

上記で示した経験者項の分布について，YCOE と PPCME2 を調査した結
果をまとめたものが表 3 である.[8]

経験者項	位置 範疇	動詞の前	動詞の後ろ		合計
		（代）名詞	（代）名詞	前置詞句	
古英語		150 (74.3%)	52 (25.7%)	---	202 (100.0%)
M23		0 (0.0%)	1 (50.0%)	1 (50.0%)	2 (100.0%)
M3, M34		10 (32.2%)	7 (22.6%)	14 (45.2%)	31 (100.0%)
M4		12 (70.6%)	3 (17.6%)	2 (11.8%)	17 (100.0%)

表 3：経験者項の範疇と分布（Yanagi (2015: 131)）

注目すべき点は，（代）名詞の経験者項は動詞の前にも後ろにも生起可能であ
るのに対し，前置詞句の経験者項は動詞の後ろには生起するが，動詞の前に
は生起しない点である.

　また，虚辞 it (hit) の生起に関して，単一著者としてウィリアム・キャク

---

[8] PPCME2 における時代区分は次のとおりである．M1: 1150-1250, M2: 1250-1350
年, M3: 1350-1420 年, M4: 1420-1500. M23 は執筆年代が M2 (1250-1350)，写本年
代が M3 (1350-1420) ということを，M34 は執筆年代が M3 (1350-1420)，写本年代が
M4 (1420-1500) ということを，それぞれ表している．このように，執筆年代と写本年代
が異なる場合は，執筆年代の時期によって分類した.

第 5 章　非構造格の消失と格による名詞句の認可方法の変化　　165

ストン (William Caxton) の作品を調査した結果を以下に示す.[9] 経験者項
が動詞に先行する場合，虚辞は 1 例を除いて現れず，経験者項が動詞に後
続する場合には虚辞が現れていた．経験者項が動詞に先行する例を (34)-
(36) に示す.

(34)　Syr, **me** semeth that ye　ought not to angre your selfe so

　　　sir　me seemth that you ought not to anger yourself　so
　　　sore

　　　sore　　　　　　　　　　　　　　　　(CAXTAYM1 17/32-3)

(35)　but **me** semeth ye　seke none other but your deth

　　　but me seems　you seek no　other but your death

　　　　　　　　　　　　　　　　　　(CAXTAYM2 412/18-9)

(36)　and scornfully she saide that **hym** semed　beter　to be a

　　　and scornfully she said　that him　seemed better to be a

　　　mynstrell thanne a kinge

　　　minstrel　than　a king　　　　　　(CAXTKNI 98/7-8)

(34) と (35) では，補文標識 that の有無という違いはあるが，いずれの例
でも与格経験者項である me が semen 'seem' に先行している．経験者項を
含む例は全体で 131 件あり，そのうちの 95 例が (34) もしくは (35) のタ
イプであった．またその 95 件中，(37) に示す 1 件でのみ虚辞 it (hit) が観
察された.

(37)　thenne **me** semeth it requisite and necessarye that I sette in

　　　then　me seems　it requisite and necessary　that I set　in

　　　following　the said book

　　　following the said book　　　　　(CAXTPRO1 45/10-1)

(37) の例では，経験者項 me 'me' が semeth 'seems' に先行し，虚辞 it が

───────────
　[9] 調査対象は Innsbruck Corpus に収録された 14 のファイルである (Markus (2003),
柳 (2013)).

166 第 III 部　英語名詞句の構造と分布

定形動詞と倒置している．一方，(38) の例では前置詞付き経験者項 to hym
'to him' が定形動詞 semed 'seemed' に先行している．前置詞付き経験者項
が動詞に先行している例は，この 1 例のみであった．

(38)　to lyue after the manere of theyr countre, whiche **to hym**
　　　to live　after the manner　of their　country　which　to him
　　　semed　more honest and aggreable than his owne
　　　seemed more honest and agreeable than his own
　　　　　　　　　　　　　　　　　　　　　(CAXTENEY 33 / 9-11)

　次に経験者項が動詞に後続している例を (39) と (40) に示す．これらの
例では与格経験者項が動詞に後続し，虚辞 it が動詞の前に用いられている．

(39)　for it semed　**theym** that they were assured from their
　　　for it seemed them　　that they were assured from their
　　　enmyes
　　　enemies　　　　　　　　　　　　　(CAXTAYM1 149 / 18-9)
(40)　it semed　**hym** for the beste to calle thre　of hys knyghtes
　　　it seemed him　for the best　to call　three of his　knights
　　　　　　　　　　　　　　　　　　　　　(CAXTENEY 65 / 10-1)

同様に (41) と (42) では前置詞付き経験者項が定形動詞 (semed 'seemed',
semith 'seems') の後ろに，虚辞 it / hit 'it' が定形動詞の前に生起している．

(41)　that it semed　**to Reynawde** that he was more ioyouse &
　　　that it seemed to Reynard　　that he was more joyous　and
　　　more mery　than he had be　　of all the daye
　　　more merry than he had been of all the day
　　　　　　　　　　　　　　　　　　　　　(CAXTAYM1 109 / 6-8)
(42)　hit semith **to som　men** that ye　tweyne haue merueil　of a
　　　it　seems to some men that you two　　have wonderful of a

thyng	lyght	
thing	light	(CAXTULLE 4/14-5)

以上のことから (37), (38) の例外を除き，動詞の前に生起する経験者項と虚辞とは相補分布をなし，前置詞付き経験者項は動詞の前には生起しないことがわかる．

3.2. 与格動詞構文

古英語には，与格名詞を目的語にとる動詞がある．そのような動詞を本節では与格動詞（dative verb）とよび，与格動詞が用いられる構文を与格動詞構文とよぶ．具体例を (43) に示す．

(43) a. biddende þone ælmihtigan god þæt he gehulpe **his ðeowum**
       praying the almighty   God that he helped his servants
       'praying the Almight God, that he would help his servants'

       (ÆLS (Maccabees) 768)

   b. Eac he him behet   mid soðfæstum behate … to demenne
      also he them promise with true   promise   to judge
      eallum mannum
      all   men
      'He also promised them with a true promise … to judge all men'　　　　　　　　　　　　　　　　　(ÆCHom I 488.68)

(43) における his ðeowum 'his servants' や eallum mannum 'all men' のような与格名詞は，対格名詞とは異なり，受動化によっても与格の形態を保ったままである．このような受動文を非人称受動文（impersonal passive）とよぶ．その例を (44), (45) に示す．

(44) Ac **ðæm**   mæg beon suiðe hraðe   geholpen from
     but that-one.DAT may be   very quickly helped by
     his lareowe
     his teacher

168　　第 III 部　英語名詞句の構造と分布

'But that one may be helped / it may be remedied very quickly by
his teacher'　　　　　　　　　(*CP* 225.22 / Denison (1993: 104))

(45)　... on urum agenum dihte　hu　**us**　　　　　bið　　　　　　æt
　　　　in　our　own　　power how us.DAT.PL will-be.3SG by

　　　　Gode gedemed

　　　　God　judged

　　　　'... in our own power as to how we shall be judged by God'

　　　　　　　　　　　　　　　　　　　(*ÆCHom* I 3.52.31 / ibid.)

(45) では与格複数形 us 'us' が用いられているが，定形動詞は三人称単数
形の bið 'is' が用いられている．

　さて，中英語においても与格動詞構文は用いられている．ただし，上述の
とおり，名詞の形態は格の水平化により区別できなくなっている．そのため
代名詞の例を (46) に示す．[10]

(46) a.　ich helpe **monne**　on eiþer halue,
　　　　　I　help　mankind in either half

　　　　　　　　　　　　　　(c1250 *Owl & N.* 887 / Gaaf (1929: 3))

　　　b.　ich **hire** helpe hwæt I mai
　　　　　I　her　help　what I may　　(c1250 *Owl & N.* 1601 / ibid.)

興味深いことに，同じ作品 (*The Owl and the Nightingale*) の中で，(46) と
同じ動詞が前置詞 to をともなう例も観察されている．具体例を (47) に示す．

(47) a.　Vor ich helpe **to manne uode**
　　　　　for I　help　to men's　food　(c1250 *Owl & N.* 606 / ibid.)

　　　b.　Þat miȝte helpe **to oþer þinge**
　　　　　that might help　to other things (c1250 *Owl & N.* 664 / ibid.)

　Denison (1993: 105) によれば，初期中英語以降，与格名詞句は to をと

---

[10] (46) と (47) の例については Cartlidge (2003) も参照．

第5章　非構造格の消失と格による名詞句の認可方法の変化　　　169

もなう前置詞句に置き換えられることがしばしばあった．このような置換は
能動文で多く見られた．(48) に別の例を示す．

(48)　… uor to kueme kueadliche **to þe wordle**.
　　　　for to please sinfully　　to the world

　　　　　　　　　　(1340 *Ayenb.* 26.28 / Denison (1993: 105))

また，方言によっては早い段階で，名詞・代名詞の与格と対格の区別が消失
したため，(44)，(45) のような非人称受動文ではなく，(49)，(50) のよう
な人称受動文 (personal passive) が用いられるようになる．

(49)　Þe eldist first was helpid
　　　　the eldest first was helped

　　　　　　　　　　(a1300 *North Eng. Leg.*, 12.133 / Gaaf (1929: 3))

(50) a.　Þe king wes swiðe icwemet, ant wolde witen …
　　　　　the king was very　pleased　and wished know

　　　　　　　　　　(c1225 (?c1200) *St Kath.* (*1*) 196 / Denison (1993: 105))

　　　b.　Ne hadde he ben holpen by the steede of bras
　　　　　not had　he been helped by the steed of brass

　　　　　　　　　　(c1395 Chaucer, *CT.Sq.* V.666 / ibid.)

(49) の þe eldist 'the eldest' や (50a) の þe king 'the king' では，格語尾
が水平化しているため，主格であるか与格であるかの区別はできない．一
方，(50b) では代名詞 he 'he' が用いられているため，与格ではなく主格で
あることは明らかである．

3.3.　二重目的語構文

3.3.1.　古英語における二重目的語構文の能動文と受動文

　本節では二重目的語構文の歴史的発達を概観する．古英語における二重目
的語構文では，(51) に示すように間接目的語は与格で，直接目的語は対格
で，それぞれ標示されていた．以下の例では，二重目的語構文の能動文と受
動文における主題項に相当する要素を斜体字で示す．

(51) a. þæt he andette **his scrifte** *ealle his synna*

that he confesses his confessor.DAT all his sins.ACC

'that he confesses all his sins to his confessor'

(HomS35 (Trist 4) 150 / Koopman (1990b: 226))

b. forþan ðe Drihten behæt *þone heofenlice beah*

because God promised the heavenly crown.ACC

þam wacigendum

to those who keep watch.DAT

'because God promised the heavenly crown to those who keep

watch' (HomS11.1 (Belf 5) 84 / Koopman (1990b: 226))

(51a) では，与格の間接目的語（与格目的語）his scrifte 'his confessor' が
対格の直接目的語（対格目的語）ealle his synna 'all his sins' に先行する語
順を示している．一方 (51b) では，与格目的語 þam wacigendum 'those
who keep watch' が対格目的語 þone heofenlice beah 'the heavenly crown'
に後続する語順を示している．後者の語順の場合，現代英語であれば前置詞
to を用いた to 与格構文を使用するのが一般的である．

このような「与格目的語-対格目的語」語順と「対格目的語-与格目的語」語
順は，Koopman (1990a, b) や Allen (1995) などによれば，主節・従属節
を問わず，ほぼ同じ割合で観察されている．2 つの語順の分布を表 4 に示す．

	与格-対格	対格-与格	合計
主節	43 (47.3%)	48 (52.7%)	91 (100.0%)
従属節	20 (48.8%)	21 (51.2%)	41 (100.0%)

表 4：二重目的語構文における与格・対格の分布（Koopman (1990a: 229)
より一部改編）

さて，与格動詞構文の目的語は受動文ではその格形態を保っていることを
前節で確認した．二重目的語構文における与格目的語はどうであろうか．
(52) に古英語における二重目的語構文の受動文の例を示す．

第 5 章　非構造格の消失と格による名詞句の認可方法の変化　　　171

(52) a. Þa　wearð　*se halga heap*　　**þam hælende**

　　　 then was　 the holy company.NOM the　Saviour.DAT

　　　 geoffrod

　　　 offered

　　　 'Then the holy company was offered up to the Saviour'

　　　　　　　　　　　　　　　(ÆLS (Julian and Basilissa) 123)

　　 b. Soþlice ic eow secge, ne　 bið **þisse cneorisse**

　　　 truly　I　you say　　NEG be　this　 generation.DAT

　　　 tacen　　　 geseald.

　　　 token.NOM given

　　　 'Truly I say to you, a token shall not be given to this genera-

　　　 tion.'　　　　　　　　　　　　　　　　 (Mk (WSCp) 8.12)

(52a) では，主格主語 se halga heap 'the holy company' が与格目的語
þam hælende 'the Saviour' に先行している．一方 (52b) では，主格主語
tacen 'token' が与格目的語 þisse cneorisse 'this generation' に後続してい
る．能動文と同じように，受動文においても 2 とおりの語順が可能だが，
いずれの語順においても与格目的語はその格形態を保っており，受動文では
対格目的語が主格主語となる．このように二重目的語構文の直接目的語が主
格主語になる受動文を直接受動文 (direct passive) とよぶ．一方，現代英語
のように二重目的語構文の間接目的語が主格主語となる受動文を間接受動文
(indirect passive) とよぶ．

　二重目的語構文の能動文では，「与格目的語-対格目的語」語順と「対格目
的語-与格目的語」語順は，ほぼ同じ割合で生起していたが，受動文では，
「主格主語-与格目的語」語順と「与格目的語-主格主語」語順とで頻度に差が
あった．どちらの要素も名詞である場合は「主格主語-与格目的語」語順の
ほうが好まれ，どちらの要素も代名詞である場合はほぼすべての例で「主格
主語-与格目的語」語順であった (Yanagi (2012c))．受動文における 2 とお
りの語順の分布について，YCOE を調査した結果を表 5 に示す．

	与格-主格	主格-与格	合計
名詞	45 (37.8%)	74 (62.2%)	119 (100.0%)
代名詞	2 (6.3%)	30 (93.8%)	32 (100.0%)

表5：二重目的語構文の受動文における与格・主格の分布（Yanagi (2012c) より一部改編）

主格主語と与格目的語の両方が名詞句である例を (53), (54) に，両要素が代名詞である例を (55), (56) に示す.

(53) **Sumum men** wæs *unlybba* geseald.
some man.DAT was poison.NOM given
'Poison had been given to a man' (ÆCHom II 104.408)

(54) Þa wearð *se halga heap* **þam hælende** geoffrod
then was the holy company.NOM the Saviour.DAT offered
'Then the holy company was offered up to the Saviour'

(ÆLS (Julian and Basilissa) 123)

(55) **Him** ða wæron *heo* þær gemeldode
him.DAT then were they.NOM there announced
'Then they were announced to him there' (Bede 4.18.308.13)

(56) oððe *hi* sylfe sceoldon **him** beon geoffrode
or they.NOM self should him.DAT be offered
'or they must themselves be offered unto them'

(ÆLS (Eugenia) 372)

(53), (55) では，与格目的語 sumum men 'some man' と him 'him' が文頭にあり，主格主語 unlybba 'poison', heo 'they' に先行している. 一方，(54), (56) では，与格目的語 þam hælende 'the Saviour', him 'him' は，主格主語 se halga heap 'the holy company', hi 'they' に後続している. いずれの例においても，定形動詞は主格主語と一致している. (55) では定形動詞 wæron 'were' が，(56) では sceoldon 'should' が，それぞれ用いられている. これらの動詞は複数形であることから，複数形の主格主語である

heo 'they' あるいは hi 'they' に一致していると判断できる．

3.3.2. 中英語における二重目的語構文の能動文と受動文

　中英語の二重目的語構文においても2とおりの語順が継続して観察されている．ただし，格語尾の水平化が進むにつれ，与格と対格の区別が消失し，与格の間接目的語と対格の直接目的語の区別ができなくなる．中英語における二重目的語構文の例を (57), (58) に示す．

(57) a. ye　sal　　for-giue **alle men** *ðaire trespas* for ðe　loue o
　　　 you shall forgive　all　men their　sins　　for the love of
　　　 gode.
　　　 God　　　　　　　(CMBENRUL 19.639 / McFadden (2002: 120))

　　 b. Al þus was done, forto teche **yche cristen　man**
　　　 all this was done to　　teach each Christian man
　　　 his byleue.
　　　 his belief　　　　　　　　　　　(CMMIRK 51.1450 / ibid.)

　　 c. God hatz geuen **vus** *his grace* godly　　for soþe
　　　 God has　given us　his grace graciously indeed
　　　　　　　(c1400 (?c1390) *Gawain* 920 / Denison (1993: 106))

(58) 　and ure drihten þe　him swo michel luuede ȝaf　*leue*
　　　 and our lord　who him so　much　loved gave leave
　　　 þe　deuel to binimende him his oref.
　　　 the devil to take　　　him his cattle
　　　　　　　　(CMTRINT 167.2272 / McFadden (2002: 118))

間接目的語が直接目的語に先行する (57) の場合も，後続する (58) の場合も，前置詞 to は用いられていない．現代英語であれば，(58) では前置詞 to を用いた to 与格構文となる語順である．[11]

---

[11] 間接目的語が重名詞句 (heavy NP) であれば，現代英語でも間接目的語が直接目的語に後続することもあるが，(58) の間接目的語 þe deuel 'the devil' は「軽い」名詞句である．

第 III 部　英語名詞句の構造と分布

また，経験者構文や与格動詞構文と同様に，二重目的語構文においても与格目的語に前置詞 to がともなうようになる．具体例を (59) に示す．

(59) a. Mani man … ȝevith *his douhter* **to a wiked blode**.

　　　many man 　 gives 　his daughter to a wicked blood

　　　(a1325 Proverbs of Hending (Varnhagen) 31 / Visser (1963–1973: 624))

　 b. He tolde *his drem* Sire Gerion And **til thise other twelve**

　　　he told 　his dream Sir 　Gerion and 　to these other twelve

　　　　　　　　　(c1338 Rob. of Brunne, Chron. (Zetsche) 1412 / ibid.)

(59a) の to a wiked blode 'to a wicked blood' では英語本来の前置詞 to が用いられているが，(59b) の til thise othere twelve 'to these other twelve' では，古ノルド語由来の前置詞 til 'till, to' が用いられている (Baugh and Cable (2013: 98))．どちらの例も直接目的語に to 前置詞句が後続しており，現代英語の to 与格構文と同じ語順である．

　興味深いことに，(59) の語順とは逆に，直接目的語が to 前置詞句に後続する語順も観察されている．比較のため，中英語の例を，対応する古英語の例と合わせて，(60) と (61) に例示する．(60a) と (61a) は中英語訳聖書 (*Wycliffite Bible*) からの，(60b) と (61b) は同じ箇所の古英語訳聖書 (*West-Saxon Gospels / Genesis*) からの引用である．

(60) a. The fadir … schal ȝyue **to ȝou** *another counfortour*

　　　the 　father … shall give to you another comforter

　　　　　　　　　(c1382 Wyclif, John XIV, 16 / Visser (1963–1973: 624))

　 b. he sylþ **eow** *oðerne frefriend*

　　　he gives you 　another comforter

　　　'he shall give you another comforter' 　　　　(Jn (WSCp) 14.16)

(61) a. Beter is that Y ȝyue *hir* **to thee** than **to another man**

　　　better is that I 　give her to thee than to another 　man

　　　　　　　　　(c1382 Wyclif, Gen. XXIX, 19 / Visser (1963–1973: 624))

第 5 章　非構造格の消失と格による名詞句の認可方法の変化　　　175

b.　Leofre me is þæt ic *hi*　sylle **þe**　ðonne **oðrum men**;

　　better　me is that I　her give　thee than　　another man

　　'it is better that I give her to thee than to another man'

(Gen 29.19)

(60b) の古英語の例では，与格目的語 eow 'you' が用いられており，対格目的語 oðerne frefriend 'another comforter' に先行している．一方，中英語の例 (60a) では，古英語の与格目的語 eow 'you' に対応する to 前置詞句 to ȝou 'to you' が，直接目的語に先行している．中英語の例では，to 前置詞句が用いられているが，二重目的語構文と同じ語順を示している．一方，(61b) の例では，与格目的語 þe 'thee' / oðrum men 'another man' が対格目的語 hi 'her' に後続している．対応する中英語の例 (61a) では，to 与格構文と同じ語順である．時代の変化にともなって与格目的語が to 前置詞句へと移行したことがわかる．

　このように中英語では，前置詞をともなわない通常の二重目的語構文に加え，前置詞 to をともなう 2 種類の to 与格構文が観察されている．合わせて 4 とおりの語順について調査した McFadden (2002) の結果を表 6 に示す．表中の IO は間接目的語を，DO は直接目的語をそれぞれ表す．[12]

---

[12] 表中の時代区分については注 8 を参照．

	二重目的語構文			to 与格構文		
	IO-DO	DO-IO	合計	IO-DO	DO-IO	合計
M1	109 (65.7%)	57 (34.3%)	166 (100.0%)	3 (30.0%)	7 (70.0%)	10 (100.0%)
M2	18 (81.8%)	4 (18.2%)	22 (100.0%)	5 (9.6%)	47 (90.4%)	52 (100.0%)
M3	85 (100.0%)	0 (0.0%)	85 (100.0%)	33 (18.3%)	147 (81.7%)	180 (100.0%)
M4	60 (100.0%)	0 (0.0%)	60 (100.0%)	14 (31.8%)	30 (68.2%)	44 (100.0%)

表6：中英語の二重目的語構文・to 与格構文における目的語の分布（McFadden（2002: 113）より一部改編）

表6からわかるように，中英語をとおして，二重目的語構文では，「間接目的語-直接目的語」語順に収束している．一方，to 与格構文では，「to 間接目的語-直接目的語」語順が後期中英語においても観察されてはいるものの，「直接目的語-to 間接目的語」語順に統一されつつある．

　次に中英語における二重目的語構文の受動文について概観する．（62）が示すように，古英語と同じく，前置詞 to をともなわない直接受動文が可能であった．

(62) a. *Þis scheld* is iȝeuen **us** aȝein　　alle temptatiuns
　　　 this shield is given　us against all　temptations
　　　　　　　　　　(c1230 (?a1200) *Ancr.* 106a.6 / Denison (1993: 109))

　　 b. I have relikes and pardoun in my male, …
　　　 I have relics　 and a-pardon in my bag
　　　 Whiche were **me** yeven by the popes　hond.
　　　 which　 were me given by the pope's hand
　　　　　　　　　　(c1390 Chaucer, *CT.Pard.* VI.920 / ibid.: 109–110)

古英語の場合とは異なり，（62）に例示した直接受動文に加え，till 'to' をと

第5章　非構造格の消失と格による名詞句の認可方法の変化　　　177

もなう直接受動文も中英語で観察されている．（63）に具体例を示す．

(63)　*Herodian* ... was ... gifenn **till Herode King**

　　　Herodian　　was　　given　to　Herode　King

　　　　　　　　　　　　　　　(?c1200 *Orm* 19827/MED s.v. *yeven*)

（59b）の例と同じように，（63）では，本来語である to の代わりに，古ノル
ド語由来の前置詞 till が用いられている．さらに，古英語との対比を示すた
め，中英語と古英語の対応する受動文の組み合わせを（64）に示す．

(64)　a.　*Thi synnes* ben forȝouun **to thee**

　　　　　thy sins　　are　forgiven　to thee

　　　　　　　　　　(c1380 Wyclif, Luke 5, 20/Visser (1963–1973: 2154))

　　　b.　þe　synd *þine synna* forgyfene

　　　　　thee　are　thy　sins　forgiven

　　　　　'thy sins are forgiven to thee'　　　　　　(Lk (WSCp) 5.20)

（64）のいずれの例も直接受動文だが，古英語の例（64b）では与格目的語
þe 'thee' が用いられているのに対し，中英語の例（64a）では to 前置詞句
to thee 'to thee' が使用されている．

　さらに，Denison（1993）によれば，14 世紀後半には間接受動文が用いら
れるようになり，15 世紀後半以降生産的になった．間接受動文の初出例の
1 つを（65）にあげる．

(65)　Item as for the Parke **she** is a lowyd Every yere *a dere and xx*
　　　Coupull of Conyes and all fewell Wode to her necessarye To be
　　　Takyn in a Wode callidde Grenedene Wode.
　　　'Item: as for the park, she is allowed a deer each year and twenty
　　　pair of rabbits and all fuel wood [=firewood] necessary for her,
　　　to be taken in a wood called Grenedene Wood'

　　　　　　(1375 *Award Blount* in *ORS 7* 205.30/Denison (1993: 110))

（65）の受動文では，代名詞の主格主語 she が用いられている．（66）に 15

178　　第 III 部　英語名詞句の構造と分布

世紀後半の例を示す.

(66) a. playnly **þu** 　art forbodyn *boþe*
　　　 plainly thou art forbidden both
　　　　　　　(?c1450 (?a1400) *Wycl. Clergy HP* 383.34 / ibid.: 111)

　　 b. and whan **he** 　　was gyvyn *the gre*
　　　 and when he.NOM was given the prize-for-victory
　　　 be my lorde kynge Arthure
　　　 by my lord King Arthur
　　　　　　　　　　　　(a1470 Malory, *Wks.* 699.19 / ibid.)

(66a) では二人称単数代名詞の主格 þu 'thou' が, (66b) では三人称男性単数代名詞の主格 he 'he' が, それぞれ用いられている.

4.　与格名詞の認可と認可方法の変化

　本節では, 前節で概観した 3 つの構文で用いられる与格名詞の認可方法について論じる. どの構文の与格名詞も形態的にはすべて同じ与格だが, それぞれの与格を認可する要素 (認可子) には違いがあり, その認可子の違いが, 格形態消失後の発達に影響を与えたことを示す.

4.1.　経験者構文における与格名詞の認可

　2 節で紹介したように, 語彙格は内項に, 内在格は外項に付与されると仮定する. ここで, 経験者構文における経験者項が内項と外項のどちらであるかを診断するために, 完了形の助動詞選択 (auxiliary selection) を用いることにする. 古英語の完了形では, habban 'have' と beon / wesan / weorþan 'be' の使い分けが存在した (Mitchell (1985), 小野・中尾 (1980)). 他動詞と非能格動詞は完了形助動詞として habban 'have' を選択し, 非対格動詞と非人称動詞 (impersonal verb) は完了形助動詞として beon / wesan / weorþan 'be' を選択した. (67) が完了形助動詞 habban 'have' を選択して

第 5 章　非構造格の消失と格による名詞句の認可方法の変化　　　179

いる例，(68) が完了形助動詞 beon / wesan / weorþan 'be' を選択している
例である.

(67) a.　Ic hæbbe gebunden ðone feond　þe　hi　drehte
　　　　I　have　bound　the　enemy who her vexed
　　　　'I have bound the enemy who vexed her.'

(ÆCHom I 458.18 / Mitchell (1985: 286))

　　　b.　Hraðe　heo æþelinga　　　anne hæfde
　　　　quickly she nobles　　　　one　had
　　　　fæste befangen,　　　　　…
　　　　fast　seized
　　　　'Quickly she grasped firmly one of the nobles.'

(Beo 1294a-1295a / Denison (1993: 347))[13]

(68) a.　　　…　　　　　　　oþþæt wintra　bið
　　　　　　　　　　　　　　until　winters is
　　　　þusend　urnen.　　　　　　…
　　　　thousand run
　　　　'until a thousand years have passed'

(Phoen 363b-364a / ibid.: 359)[14]

　　　b.　On þæm swicdome wearþ Numantia　　duguð　gefeallen.
　　　　in　that　treachery　became Numantines' nobility fallen
　　　　'By that treachery the flower of the Numantines died.'

(Or 117.11 / ibid.: 344)

(67) では完了形助動詞として hæbbe 'have', hæfde 'had' が用いられてお
り，完了分詞は外項をもつ他動詞 gebunden 'bound' と befangen 'seized'
である. 一方，(68) では完了形助動詞として bið 'is', wearþ 'became' が
用いられおり，完了分詞は外項をもたない非対格動詞 urnen 'run' と ge-

---

[13] (67b) については Dobbie (2023) も参照.
[14] (68a) については Krapp and Dobbie (2023) も参照.

feallen 'fallen' である．このように完了形助動詞として beon / wesan / weorþan 'be' が用いられる場合，完了分詞は外項をもたない動詞だと判断できる．

経験者動詞 þyncan 'seem' が完了形助動詞として beon / wesan / weorþan 'be' を選択していれば，非対格動詞と同じく，経験者項は内項だと判断することができる．þyncan 'seem' が完了形で用いられている例を（69）に示す．

(69)　　and me is nu　　geþuht þæt godes arfæstnyss þone gylt
　　　　and me is now seemed that God's justice　　the　　guilt
　　　　aclænsige,
　　　　cleanse
　　　　'and now me thinketh that God's justice may cleanse my guilt'
　　　　　　　　　　　　　　　　　　　　　　　　（ÆLS（Æthelthryth）57）

(69) では過去分詞 geþuht 'seemed' が助動詞 is 'is' と用いられていることから，þyncan 'seem' は外項をもたない動詞だといえる．（70）の定義にしたがえば，（69）のような経験者構文における経験者項 me 'me' には，内在格ではなく，語彙格が付与されることになる．語彙格は V あるいは P によって付与されることを考慮し，経験者動詞の動詞句構造は（71）になると提案する．

(70)　語彙格と内在格の相補分布
　　　a.　語彙格は主題項／内項に現れるが，外項あるいは（転移した）着点項には現れない．
　　　b.　内在格は外項と（転移した）着点項に現れるが，主題項／内項には現れない．　　　　　　　　　　　　　（Woolford（2006: 115）：筆者訳）

第 5 章 非構造格の消失と格による名詞句の認可方法の変化　　　181

(71)

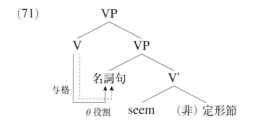

(cf. Chomsky (1995: 305))

　(71) の動詞句構造で，（非）定形節は to 不定詞もしくは定形節を表している．þyncan, seem がもつ経験者項は下位の動詞句の指定部に併合し，そのあと併合した上位の語彙主要部である動詞から θ 役割と合わせて，語彙格が付与される．Woolford (2006) によれば語彙格は語彙的に指定されている．þyncan, seem などの経験者動詞は，内在的意味として「一人称単数」の経験者を内包している．このことは経験者項が顕在化しない場合，一人称単数である「私」が経験者として解釈されることからも明らかである．
　それでは，経験者構文の実際の派生を，例文 (72) を用いて解説する．

(72)　Þis　godspel　ðincð　**dysegum mannum**　sellic.
　　　this gospel　seems foolish　　men　　　extraordinary

まず，þis godspel 'this gospel' と sellic 'extraordinary' が小節 (small clause) を形成し，V と併合する．そのあと，経験者項 dysegum mannum 'foolish men' が併合し，上位の V から語彙格としての与格が付与される．この段階での構造を (73) に示す．

(73)　[_VP V [_VP **dysegum mannum** [_V' ðincð [_XP …]]]]
　　　　　　　　　　θ 役割/与格

　派生はさらに進み，T が併合し，定形動詞 ðincð 'seems' が移動する．T は一致操作のため名詞句を探索する．もっとも近い名詞句は dysegum mannum 'foolish men' だが，すでに語彙格が付与されているため，さらに下位方向に探索し，小節内の þis godspel 'this godspel' と一致し，構造的に主格を付与する (Boeckx (2000, 2008), Vikner (1995) など参照)．また，T

の EPP 素性を満たすためもっとも近い要素である与格経験者項が T の指定部に移動する．ここまでの派生を (74) に示す．

(74)

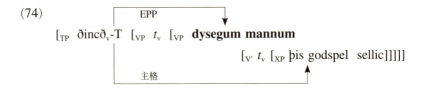

古英語は動詞第二位 (verb second: V2) 言語なので，定形動詞は C まで移動し，話題要素として小節の主語が C の指定部まで移動し，派生が完了する．

(75)

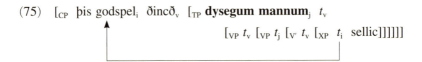

また，与格経験者項は (72) のように動詞に後続するだけでなく，(76) のように動詞に先行する場合もあった．

(76) **Sumum menn** wile þincan syllic   þis to gehyrenne
　　　some   men   will seem   strange this to hear

このような例では，与格経験者項は T の EPP 素性を満たしたあと，話題化により CP の指定部へと繰り上がることにより，文が派生される．

(77) [$_{CP}$ **Sumum menn**$_i$ wile$_v$ [$_{TP}$ t_i t_v […] [$_{VP}$ þincan syllic

では，中英語において格語尾の水平化にともない，非構造格である語彙格が消失したあとでは，どのような派生が考えられるだろうか．ここでは，þyncan, seem の動詞句構造は英語の歴史を通して同じだが，語彙主要部の機能は異なると仮定する．語彙格が消失したあとの構文の派生について (78) の構造を例に説明する．

(78) [$_{VP}$ V [$_{VP}$ 経験者 [$_{V'}$ seem [$_{XP}$ (非) 定形節]]]]
　　　　　　　　└─ θ役割 ─┘

第5章　非構造格の消失と格による名詞句の認可方法の変化　　　183

後期中英語においても，上位の V は経験者項に θ 役割を付与する．しかしながら，古英語の場合とは異なり，後期中英語では，上位の V は語彙格を付与することができない．これは，語彙格である与格が名詞に形態的に具現化されなくなったことに起因する (Lightfoot (1999))．

(79)　[$_{VP}$ V [$_{VP}$ 経験者 [$_{V'}$ seem [$_{XP}$]]]]
　　　　└─ 与格 ✕ ↑

経験者項に語彙格あるいはほかの格が付与されなければ，「音形をもつ名詞句は，格を付与されなければならない」という格フィルターに抵触し，その派生は破綻する．この格フィルターの違反を回避するため，前置詞 to が導入され，to から経験者項に構造格が付与されるようになる．(80) の文が派生される際，経験者項に前置詞 to が導入された構造を (81) に示す．

(80)　Sith　that this counseyll semeth **to you** goode, we shall doo
　　　since that this counsel　seems　to you good　we shall do
　　　it to nyghte
　　　it tonight　　　　　　　　　　　　　　　　　　(CAXTAYM1 119/2–3)

(81)　　　　　　　　　　　前置詞 to
　　　　　　　　　　　　　↙
　　　[$_{VP}$ V [$_{VP}$ to you [$_{V'}$ semeth [$_{XP}$ this counseyll goode]]]]

次に T が上位の VP に併合し，小節内の名詞句 this counseyll 'this counsel' に主格を付与する．また，T の EPP 素性によって名詞句を牽引するが，(72) の場合とは異なり，経験者項は前置詞句で現れているため，より下位の名詞句である小節内の名詞句 this counsyll 'this counsel' が繰り上がる．最終的な構造を (82) に示す．

(82)　[$_{TP}$ this counseyll$_i$ semeth$_v$ [$_{VP}$ t_v [$_{VP}$ to you [$_{V'}$ t_v
　　　[$_{XP}$ t_i goode]]]]]

(80) は従属節の例のため，(82) の構造で定形動詞 semeth 'seems' は T の位置に生起している．

184 第 III 部　英語名詞句の構造と分布

（80）は seem が小節を選択している例であったが，定形節を選択している場合の派生を考察する．（83）に例を示す．

(83) And hit semeþ **to manye men** þat alle þese sectis synnen
　　　and it seems to many men that all these faith sin
　　　þus,
　　　thus　　　　　　　　　　　　　　　　　　（CMWYCSER, 294.1213）

（83）の派生で T が上位の VP に併合し，定形動詞 semeþ 'seems' が T に繰り上がった段階の構造を（84）に示す．

(84) [TP semeþ_v [VP t_v [VP to manye men [V' t_v
　　　[CP þat alle þese sectis synnen þus]]]]]

（84）の構造では，T が主格を付与する要素が存在しない．経験者項 to manye men 'to many men' は前置詞句のため格を要求せず，埋め込み節内の名詞句 alle þese sectis 'all these faiths' は埋め込み節内で主格が付与されているので，主節の T からは格付与されない．また，T の EPP 素性を満たす要素も存在しないため，格と EPP 素性の両方の要求を満たすために，TP の指定部に虚辞 hit 'it' が挿入される．

(85) [TP hit semeþ_v [VP t_v [VP to manye men [V' t_v
　　　[CP þat alle þese sectis synnen þus]]]]]

さて，Fischer et al.（2000）によれば，英語における V2 の消失は 1400 年ごろである．つまり，1400 年ごろを境に定形動詞は C ではなく T に生起することとなる．また，（80）や（83）のように前置詞付き経験者項が英語に定着するのは，PPCME2 の調査によれば，1400 年前後である（表 3 参照）．V2 の消失時期とほぼ時期が重なっており，今回の調査では前置詞付き経験者項が話題化により定形動詞の前に生起する例（V2 の例）は観察されなかった．一方，与格経験者項と同じように，前置詞付き経験者項が TP の指定部に生起する可能性も考えられる．しかしながら，T の EPP 素性を満たす範疇は名詞要素だとすると（Chomsky（1995）），前置詞付き経験者

項は T の EPP 素性を満たすことはできないため，定形動詞の前に前置詞付き経験者項は生起しない.

ここで，語彙格が付与されなくなったことによる，格フィルターの違反を回避する方策として，編入 (incorporation) を取り上げる．(80) で示したように，15 世紀末では語彙格の付与は衰退しており，かわりに前置詞 to によって構造格が付与されるようになる．しかしながら，同じ時期に前置詞 to をともなわない (86) や (87) のような例も観察されている．(86) と (87) の例は Innsbruck Corpus から抽出した 15 世紀ころのものである．

(86) Syr, **me** semeth that ye ought not to angre your selfe so
     sir me seems that you ought not to anger yourself   so
     sore
     sore   (CAXTAYM1 17/32-3)

(87) and scornfully she saide that **hym** semed beter to be a
     and scornfully she said that him seemed better to be a
     mynstrell thanne a kinge
     minstrel than   a king   (CAXTKNI 98/7-8)

(86) では me 'me' が，(87) では hym 'him' が経験者項として用いられている．(80) の例と異なる点は，前置詞 to がないことに加え，経験者項が定形動詞に先行していることである．これは，代名詞の経験者項が定形動詞 semeth 'seems', semed 'seemed' に編入しているためだと提案する．この編入により格フィルターが満たされ，代名詞の経験者項が認可される．このような編入による項の認可は Baker (1988) で提案されている．南部ティワ語 (Southern Tiwa) の例を (88) にあげる．[15]

(88) a. Ta-**'u'u**-wia-ban   hliawra-de.
         1SG:A / A-**baby**-give-PAST woman-SUF
         'I gave the woman the child.'

---

[15] 南部ティワ語は，アメリカ合衆国南部で話されているカイオワ・タノ語族 (Kiowa-Tanoan languages) の 1 つである．

b. *Ta-wia-ban   hliawra-de 'u'u-de.
   1SG:A/A-give-PAST woman-SUF   baby-SUF
   'I gave the woman the child.'   (Baker (1988: 194))

(88) は三項動詞 wia 'give' の例である．動詞 wia 'give' は，(88b) のように，独立した2つの目的語 (hliawra-de 'woman' と 'u'u-de 'baby') を選択することはできない．このような文は格フィルターによって非文として排除される ((5))．Baker (1988) によれば，目的語として着点項が現れる場合，主題項は義務的に動詞に編入されなければならず，編入されることで主題項は格フィルターを満たすことになる．主題項 'u'u 'baby' が動詞 wia 'give' に編入した例が (88a) である．この例で着点項 hliawra 'woman' は動詞 wia 'give' から対格が付与される．同じように，(86)，(87) の例でも，経験者項 me 'me'，hym 'him' は経験者動詞から格を付与されないが，定形動詞に編入することで認可されると考えられる．このような編入の証拠として，新たに創出された語 methinks, meseems 'it seems to me' をあげることができる．

4.2. 与格動詞構文における与格名詞の認可

本節では，与格動詞構文の派生について考察する．古英語の与格動詞は3.2節で概観したように，非人称受動文が可能である．受動化を，対格付与の不活性化と動作主 (Agent) 項の付加詞への降格と捉えれば (Burzio (1986))，与格動詞の動詞句構造は，対格目的語を選択する他動詞と同じ構造だと考えることができる．古英語の与格動詞構文の動詞句構造を (89) に示す．

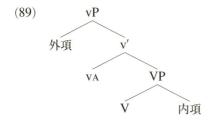

この動詞句構造において，vA は機能範疇であり，外項に動作主の θ 役割を付与し，内項に随意的に対格を付与する能力を有している．一方語彙範疇の V は，経験者動詞と同じように，内項に主題の θ 役割を付与し，同時に語彙格を付与する能力を有している．一連の操作を図示したものが (90) である．

(90)

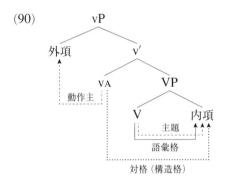

一般的に，構造格と非構造格が単一の名詞句に付与された場合，構造格よりも非構造格が優先され，非構造格が形態的に具現化する (Baker (2015), Marantz (2000), McFadden (2014))．目的語であれば，対格よりも与格が，主語であれば，主格よりも与格が，それぞれ優先される．2 節で仮定したように，格は「語彙格＞内在格＞構造格」の順に付与されるため，一度付与された非構造格（語彙格・内在格）を構造格で「上書き」することはできないと捉えることができる．(90) の構造で主題項は，語彙的 V から語彙格の与格と軽動詞 vA から構造格の対格という異なる 2 種類の格が付与されるが，形態的に具現されるのは語彙格の与格である．

古英語の与格動詞に対して，(90) のような動詞句構造を仮定する根拠に，格の交替がある．Visser (1963-1973: 283-311) によれば，古英語には，能動文では与格目的語が用いられるが，受動文では主格主語が用いられる与格動詞がある．その一例が blissian 'gladden, delight' である．能動文の例を (91) に示す．

(91) Sum   sceal on heape   hæleþum cweman,
     one.NOM shall in company   men.DAT please

188　　第 III 部　英語名詞句の構造と分布

blissian	æt		beore	**bencsittendum**
delight	at		beer	bench-sitters.DAT

'One shall please a company of men, delight the bench-sitters at beer'　　　　　　　　　　　　　　　(*Fort* 77–78 / Smith (1996: 268))[16]

この例では与格目的語 bencsittendum 'bench-sitters' が用いられていることから，blissian 'delight' が語彙格与格を付与していることがわかる．一方blissian 'delight' の受動文は (92) に示すように，能動文の目的語は主格主語として現れる．

(92)　Ða　wæs *Guðlaces*　　　*gæst*　　geblissad
　　　then was Guthlac's　　　guest.NOM delighted
　　　'Then St. Guthlac's guest was delighted'　(*GuthA* 722 / ibid.: 269)

(92) の主語 Guðlaces gæst 'Guthlac's guest' は主格である．主要部名詞gæst 'guest' は男性名詞なので，語彙格与格を保持していたとすれば，gæste となるところである．(91) と (92) の能動文と受動文の組み合わせから，語彙格与格が付与される主題項が，受動化の操作を受けて，構造格主格を付与されていると捉えられるかもしれない．しかしながら，この捉え方は正しくない．(93) に示すように，(92) と同じ動詞 blissian 'delight' が対格目的語を選択することもあった．[17]

(93)　…　　　　þær　he　　*sarig*　　　*folc*
　　　　　　　　there　he.NOM　sorrowful.ACC　people.ACC

geðewde þurste　　　　þa　blissade.
oppressed thirst　　　　then gladdened

---

[16] Krapp and Dobbie (2023) も参照.

[17] 古英語において，能動文における与格目的語と受動文における主格主語の格交替を許す唯一の動詞は (ge)fultumian 'help' である (Mitchell (1985: 356)，Smith (1996))．この動詞が対格目的語を選択している例は観察されていない (Mitchell (1985: 356))．与格目的語と主格主語の格交替はノルウェー語のハルサ方言 (Halsa dialect) でも観察されている (Åfarli and Fjøsne (2012) を参照).

'there he then gladdened the sorrowful people oppressed by
thirst' (*Ps.Th.*106.32/ibid.)[18]

(93) では，動詞 blissian 'delight' の主題項が対格目的語 sarig folc 'sor-
rowful people' となっている．与格目的語であれば，sarigum folce となる
ところである．

　以上のことから，通常与格動詞の主題項は，語彙格与格として具現化され
るが，何らかの理由により語彙的 V による語彙格付与が不活性化された場
合には，主題項には構造格対格が具現化することになる．つまり，与格動詞
は内在的に対格を付与する能力を有しており，この点において経験者動詞と
は異なる．こうした動詞の内在的特性の違いにより，語彙格与格を付与して
いた動詞の発達に差異が生じたことを以下で示す．

　それでは，古英語における与格動詞構文の派生を概観する．(94) の与格
動詞 gehulpe 'helped' の動詞句構造は (95) となる．

(94)　þæt he gehulpe **his ðeowum**
　　　that he helped his servants

(95)　[vP he [v' VA [VP gehulpe [DP his ðeowum]]]]
　　　　　　　　↑ θ役割　　　　　　θ役割/与格　↑

語彙要素 V (gehulpe 'helped') は主題の θ 役割を内項である his ðeowum
'his servants' に付与する．それと合わせて語彙格与格を内項に付与する．
また，軽動詞 VA は外項 (he 'he') に動作主の θ 役割を付与する．派生が進
み，T が vP と併合する．

(96)　[TP T [vP he [v' gehulpe [VP *t* [DP his ðeowum]]]]]

定形動詞 gehulpe 'helped' は VA を経由し，T まで繰り上がる．T はもっ
とも近い名詞要素に主格を付与する．(96) の構造でもっとも近い要素は he
'he' である．さらに T の EPP 素性を満たすために，外項である he 'he' が

---

[18] Krapp (2023) も参照．

TP の指定部まで繰り上がる.

(97) [$_{TP}$ he$_i$ gehulpe$_v$ [$_{vP}$ t_i [$_{v'}$ t_v [$_{VP}$ t_v [$_{DP}$ his ðeowum]]]]]

(97) の例は埋め込み節のため, 補文標識 þæt 'that' が併合し, (98) の構造
が派生される.

(98) [$_{CP}$ þæt [$_{TP}$ he$_i$ gehulpe$_v$ [$_{vP}$ t_i [$_{v'}$ t_v
[$_{VP}$ t_v [$_{DP}$ his ðeowum]]]]]]

　次に与格動詞の受動文の派生について概観する. (99) の派生について動
詞句構造が構築された段階を (100) に示す.

(99) hu **us**　　bið　　æt Gode gedemed
　　 how us.DAT.PL will-be by God　judged

(100) [$_{vP}$ æt Gode [$_{v'}$ vA [$_{VP}$ gedemed　　us]]]

　　　　　　　　　　　　　　　θ役割/与格

(95) の場合と同様, 語彙要素 V (gedemed 'judged') は内項である us 'us'
に主題の θ 役割と語彙格与格を付与する. 一方軽動詞 vA は, 受動化により
対格付与能力が不活性化する. 外項は vP の指定部に生起し, 動作主の θ 役
割を前置詞を通して受け取るものとする.[19]

　受動化により vA の対格付与能力が不活性となるが, 上述のように内項の格
の具現化には影響しない. 次に, bið 'will be' が併合し, さらに T が併合し,
bið 'will be' は T に繰り上がる. この段階での構造を (101) に示す.

(101) [$_{TP}$ bið$_{be}$ [$_{vP}$ t_{be} [$_{vP}$ æt Gode [$_{v'}$ gedemed$_v$ [$_{VP}$ t_v us]]]]]

ここで, T はもっとも近い名詞要素に主格を付与する. æt Gode 'by God'
は前置詞句のため, 主格付与の対象とはならない. さらに下方に探索し, 代
名詞 us 'us' に主格を付与する. しかしながら, 形態的には非構造格 (語彙

---

[19] Burzio の一般化 (Burzio (1986)) は, v の対格付与能力と動作主の θ 役割付与の 2 つ
が不活性になる現象だと捉えることができる. 本章では議論の本筋には大きく影響しない
ため, 本文のように仮定する.

第 5 章　非構造格の消失と格による名詞句の認可方法の変化　　　191

格）が優先されるため，与格の形態を保持したままである．さらに，T の
EPP 素性を満たすために，名詞要素である us が TP の指定部に繰り上がる.
最終的に，疑問詞 hu 'how' が併合した構造を（102）に示す.

(102)　[$_{CP}$ hu [$_{TP}$ us$_i$ biðᵦₑ [$_{vP}$ t_{be} [$_{vP}$ æt Gode
　　　　[$_{v'}$ gedemed$_v$ [$_{VP}$　t_v　t_i　]]]]]]

このようにして，古英語における与格動詞の非人称受動文が派生される.
　中英語に入り，格語尾が水平化すると，与格動詞の内項は形態的に与格と
して具現化されなくなる.

(103)　[$_{vP}$ 動作主 [$_{v'}$ vA [$_{VP}$ V　　主題　]]]

そのため，経験者動詞の場合と同じように前置詞 to が導入され，前置詞 to
から主題項に格が付与されるようになる.

(104)
　　　　[$_{TP}$ Þat$_i$ miȝte$_{mod}$ [$_{vP}$ t_{mod} [$_{vP}$ t_i
　　　　　　　[$_{v'}$　helpe$_v$ [$_{VP}$　t_v　to oþer þinge]]]]]

(105)　Þat　miȝte　helpe　to　oþer　þinge
　　　　that　might　help　　to　other　things
　　　　　　　　　　　　　　　(c1250 *Owl & N.* 664 / Gaaf (1929: 3))

(105) の前置詞 to をともなう事例と同じ時期や同じ作品で，前置詞 to を
ともなわない事例も観察されていることから，前置詞 to の導入は随意的で
あったと考えられる.

(106)　ich helpe monne　on eiþer halue,
　　　　I　help　mankind in　either half　　(c1250 *Owl & N.* 887 / ibid.)

ただし，随意的ではあるが，古英語において与格で具現化していた名詞に
は，構文の違いにかかわらず，前置詞が導入されるようになる．前節でみた
経験者動詞にも，本節で考察している与格動詞にも，次節で考察する二重目

192 第 III 部 英語名詞句の構造と分布

的語動詞にも当てはまることである.

　時代が進むにつれ，経験者動詞では前置詞句が定着する．これは，経験者動詞は内在的語彙特性として構造格を付与する能力がなかったため，経験者項に格を付与するには，前置詞を利用するしかなかったからである．一方，与格動詞は，(90) で仮定したように，内在的語彙特性として構造格を付与する能力を有していた．そのため，移行期の措置としては，経験者動詞と同様に前置詞 to が導入されたが，その後，前置詞の語彙挿入をともなわない，より経済的な格付与の方法として，va による構造格の付与に収斂することになる．その結果，与格動詞の主題項には構造格の対格が付与されるようになるため，受動化した場合には，それまでの非人称受動文ではなく，(107) のような人称受動文が用いられるようになる.

(107) Ne hadde he ben　holpen by the steede of bras
　　　not had　he been helped by the steed　of brass
　　　'had he not been helped by the steed of brass'

(c1395 Chaucer, *CT.Sq.* V.666／Denison (1993: 105))

　前節と本節では，同じ語彙格与格が付与される，経験者構文と与格動詞構文の歴史的発達を考察した．いずれの構文においても，格形態の水平化にともない，前置詞が導入されたが，経験者構文では前置詞の使用が定着したのに対し，与格動詞構文では前置詞の使用は定着しなかった．これは，それぞれの動詞の内在的語彙特性の違いによるものだと論じた．この 2 種類の構文と類似した発達が二重目的語構文の発達でも観察されている．次節では与格名詞をともなう二重目的語構文は，与格名詞（間接目的語）の生起位置の違いにより，2 種類の異なる構文へと分化したと論じる.

4.3. 二重目的語構文における与格名詞の認可
4.3.1. 古英語における語順の派生と受動化のメカニズム

　本節では，二重目的語構文における格付与方法の変遷と，二重目的語構文の受動化の変化について考察する．まず二重目的語動詞の動詞句構造を

(108) に示す.[20]

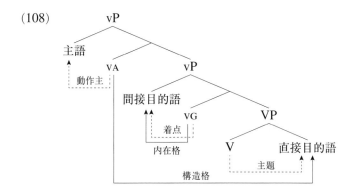

(108) の構造で，1つ目の内項（直接目的語）には語彙主要部 V から主題の θ 役割が付与される．古英語に関しては，Woolford (2006) の仮定とは異なり，語彙格は付与されないと仮定する．このままでは，1つ目の内項に格が付与されないため，(5) の格フィルターに抵触することになるが，動詞句構造が構築された段階で格が付与される．次に vG が2つ目の内項（間接目的語）に着点の θ 役割を付与し，合わせて内在格与格を付与する．[21] さらに，vA が併合し，外項に動作主の θ 役割を付与する．また，1つ目の内項に構造格の対格を付与する．これにより，1つ目の内項に格が付与されるため，格フィルターを満たすことになる．

それでは具体例を用いて，どのように派生が進むかを確認する．(109) の文に対応する動詞句構造を (110) に示す．

---

[20] 二重目的語構文の動詞句構造と2つの目的語への格付与方法については，天野 (1998), Aoun and Li (1989), Baker (1997), Collins and Thráinsson (1996), Fujita (1996), Green (1974), Jackendoff (1990), Larson (1988, 1990), Oba (1993), Pesetsky (1995) などを参照．また，古英語の二重目的語構文における直接目的語と間接目的語に対する談話にもとづく分析については Cuypere (2010) を参照．

[21] θ 役割の詳細な区分はここでは必要がないため，間接目的語に付与される θ 役割は着点とよぶことにする．受領者 (recipient) や受益者 (benefactive) を用いる研究者，これらの θ 役割と着点を区別する研究者もいるが，用語の使い分けは本節の分析では重要ではないため，これ以上は立ち入らない．

(109) þæt he andette **his scrifte** ealle his synna
that he confesses his confessor.DAT all his sins.ACC
'that he confesses all his sins to his confessor'
(HomS35 (Trist 4) 150 / Koopman (1990b: 226))

(110)

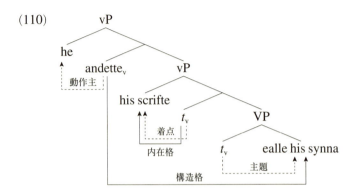

(110) の構造で，his scrifte 'his confessor' には内在格与格が付与され，ealle his synna 'all his sins' には構造格対格が付与される．さらに派生が進み，T が併合し，外項に主格を付与し，T における EPP 素性を満たすために，もっとも近い名詞要素である he を TP の指定部に繰り上げる．その後，補文標識が併合し，(109) の文が派生される．その統語構造を (111) に示す．この派生では，動詞句構造での基本語順「与格目的語-対格目的語」語順が保持されている．

(111) [CP þæt [TP he_i andette_v [vP t_i t_v
       [vP his scrifte t_v [vP t_v ealle his synna]]]]]

一方，古英語では (109) とは逆の「対格目的語-与格目的語」語順も同程度の割合で観察されている．(112) の派生の初期段階における動詞句構造を (113) に示す．

(112) forþan ðe Drihten behæt þone heofenlice beah
      because God promised the heavenly crown.ACC

第 5 章　非構造格の消失と格による名詞句の認可方法の変化　　195

þam wacigendum
to those who keep watch.DAT
'because God promised the heavenly crown to those who keep watch'　　(HomS11.1 (Belf 5) 84 / Koopman (1990b: 226))

(113)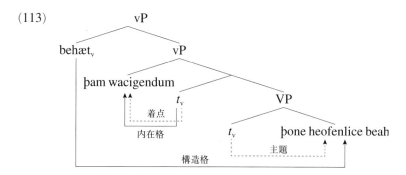

(113) における θ 役割付与と格付与のメカニズムは (110) と同じである．間接目的語 þam wacigendum 'those who keep watch' には着点の θ 役割と内在格与格が付与される．直接目的語 þone heofenlice beah 'the heavenly crown' には語彙主要部 V から主題の θ 役割が付与され，vA から構造格対格が付与される．(110) の構造との違いは，vA の EPP 素性を満たすために，対格が付与された直接目的語を vA の指定部に移動させる点である．

(114)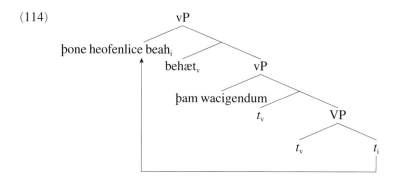

(114) の構造に外項 Drihten 'God' が併合し，さらに T, C が併合し，最終的に (115) の構造が派生される．これにより，「直接目的語-間接目的語」

語順が生じる.

(115) [CP forþan ðe [TP Drihten_j behæt_v [vP t_j [vP þone heofenlice beah_i [vP t_v [vP þam wacigendum [vP t_v [vP t_v t_i]]]]]]]]

　次に，古英語における二重目的語構文の受動化について考察する．一般的に，受動化は対格付与能力を不活性にする操作だと捉えることができる．二重目的語構文では直接目的語に対格が付与されている．受動化によりvAの対格付与能力が不活性になり，主格が付与されれば，その名詞句には構造格の主格が形態的に具現化される．以上のことを図示したものが(116)である.

(116)
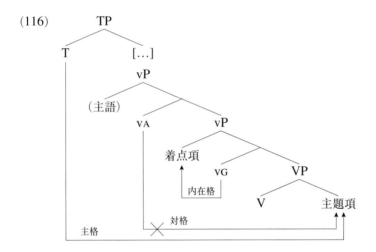

　(116)に示した格付与のあと，派生が進み，TのEPP素性を満たすために与格の着点項がTPの指定部に繰り上がり，主格の主題項が元位置にとどまった場合，(117)の文が得られる．(117)の構造は概略(118)となる.[22]

(117)　ne　bið　þisse cneorisse　　tacen　　geseald
　　　 NEG be　this　generation.DAT token.NOM given

---

[22] 古英語の語順は比較的自由であり，定形動詞・非定形動詞ともに主要部先行型と主要部後続型の語順を許すものとする (Pintzuk (1999))．本章では，紙幅の都合上どちらの語順かを決定する要因については論じない.

第 5 章　非構造格の消失と格による名詞句の認可方法の変化　　　197

'a token shall not be given to this generation'

(Mk (WSCp) 8.12)

(118)　[$_{CP}$ ne bið$_{be}$ [$_{TP}$ þisse cneorisse$_i$ t_{be} [$_{vP}$ t_{be}
　　　　[$_{vP}$ [$_{vP}$ t_i t_v [$_{VP}$ t_v tacen]] geseald$_v$]]]]

　次に主格の主題項が与格の着点項に先行する受動文の派生について考える．この場合，主題項が T の EPP 素性を満たすために繰り上がると分析することができる．(119) がその例であり，派生の最終段階では概略 (120) の構造となる．

(119)　Þa　　wearð *se halga heap*　　　　**þam hælende**　　　geoffrod
　　　　then was　the holy　company.NOM the　Saviour.DAT offered
　　　　'Then was the holy company offered up to the Saviour'

(ÆLS (Julian and Basilissa) 123)

(120)　[$_{CP}$ þa wearð$_{be}$ [$_{TP}$ se halga heap t_{be} [$_{vP}$ t_{be}
　　　　[$_{vP}$ [$_{vP}$ þam hælende t_v [$_{VP}$ t_v t_i]] geoffrod$_v$]]]]

(120) では，着点項である与格目的語が元位置にとどまっている．古英語における二重目的語構文の能動文では，与格目的語と対格目的語の間に語順の優位性はなく，2 とおりの語順の頻度はほぼ同じである（表 4 を参照）．一方，二重目的語構文の受動文では，主題項である主語が着点項である目的語に先行する語順の頻度が高くなっている（表 5 を参照）．この違いは古英語の語順に関する一般的な傾向が影響していると考えられる．比較のため，二項他動詞の能動文における主語と間接目的語の語順に関して，Ælfric's *Catholic Homilies* を調査した Kohonen (1978) の結果を表 7 に示す．

	主語-間接目的語	間接目的語-主語	合計
主節	32 (84.2%)	6 (15.8%)	38 (100.0%)
従属節	35 (77.8%)	10 (22.2%)	45 (100.0%)

表 7：主語と間接目的語の分布（Kohonen (1978: 136 注 9) にもとづき作成）

表 7 の分布は，二重目的語構文の受動文における主語と間接目的語の分布

とは異なるが，主語が間接目的語に先行する傾向は同じである．つまり，表5で示した分布の違いは，主語・間接目的語という文法機能の違いによるものだと捉えることができる．

4.3.2. 中英語における語順の派生と受動化のメカニズム

中英語で格語尾が水平化した結果，格による名詞句の認可方法が変化したことは前節で論じたとおりである．二重目的語構文においても，経験者構文や与格動詞構文と同様に，非構造格の与格は形態的に具現化されなくなり，その結果前置詞 to が導入されるようになる．

(121)

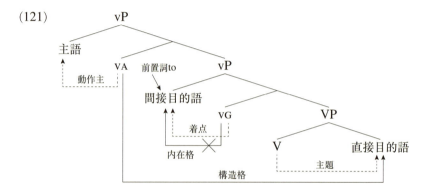

(121) で示すように，間接目的語には vG から内在格が付与されなくなったため，格フィルターを満たすために前置詞 to によって格が付与される．一方，直接目的語には，古英語の場合と同じように，vA から構造格が付与される．(121) の構造から派生がさらに進むと (122) の文が得られる．

(122)　The fadir　… schal ȝyue **to ȝou** *another counfortour*
　　　　the father … shall give to you another comforter
　　　　　　　　　(c1382 Wyclif, John XIV, 16 / Visser (1963–1973: 624))

これに対し，(121) の構造で vA の EPP 素性を満たすために直接目的語が vA の指定部に繰り上がると，(123) の文が派生される．

第5章　非構造格の消失と格による名詞句の認可方法の変化　　199

(123)　Mani man … ʒevith *his douhter* **to a wiked blode**.
　　　　many man … gives　his daughter　to a wicked blood
　　　　(a1325 Proverbs of Hending (Varnhagen) 31 / Visser (1963-1973:
　　　　624))

このように to 与格構文において 2 通りの語順が派生される．ただし，中英語において，直接目的語の vaP の指定部への移動（(114) 参照）は制限され，最終的に利用不可能となるため，(123) の語順は派生されなくなると予測される．しかしながら，to 与格構文では「to 間接目的語-直接目的語」語順に収束されることはなく，「直接目的語-to 間接目的語」語順に収束する．そこで，前置詞 to が用いられるようになってからの二重目的語動詞の格付与メカニズムの変化を詳細に考察する．

　古英語の二重目的語構文では，間接目的語に内在格が付与されていた．中英語では，間接目的語に内在格が付与されなくなり，新たな格付与の方策が導入される．その 1 つが前述の前置詞 to の導入である．また，別の格付与の方策として vA による構造格付与が利用されるようになったと仮定する．

(124)　[vP 主語 vA [vP 間接目的語 vG [vP V 直接目的語]]]
　　　　　　　　└─────構造格────┘

この格付与の方策により，vA は間接目的語に構造格を付与するようになるが，同時に直接目的語への格付与は利用できなくなる．その結果，軽動詞 vA による格付与の類推により，同じ軽動詞である vG が直接目的語に構造格を付与するようになったと提案する．

(125)　[vP 主語 vA [vP 間接目的語 vG [vP V 直接目的語]]]
　　　　　　　　└──構造格──┘　　　　└──構造格──┘

このように，中英語では，古英語とは異なる格付与のメカニズムが用いられるようになる．

　また，中英語の二重目的語構文においても 2 種類の語順（「間接目的語-直

接目的語」語順と「直接目的語-間接目的語」語順)が観察されている.ただし,表6で示したように,その割合は古英語の場合とは異なり,「間接目的語-直接目的語」語順が卓越しており,中英語を通して,この語順に収束する.これは前述のとおり,直接目的語の移動が制限され,最終的に利用不可能となった結果だと捉えることができる.

二重目的語構文において,2つの軽動詞がそれぞれ構造格を付与するようになった結果,受動化による格付与能力の不活性化の対象が2つとなる.vA の格付与能力が不活性になった場合,間接目的語に格が付与されず,T によって主格が付与され,TP の指定部に移動する.一方,主語(外項)は省略されるか by 句となる.この結果,着点項を主語とする人称受動文が派生される.

(126)　whan **he** was gyvyn　*the gre*
　　　　when he was awarded the prize

　　　　　　　　　　　　　　(c1470 Malory 699.20 / Allen (1995: 394))

これに対して,vG の格付与能力が不活性となった場合,直接目的語に格が付与されなくなる.vA の格付与能力が不活性となる場合と並行的に,vG の指定部に生起する着点項が to 句になり,直接目的語が vA から格を付与され,vA の指定部に移動すると仮定する.

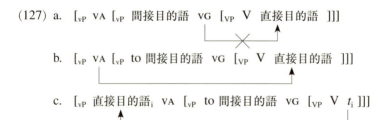

(127) a. [vP vA [vP 間接目的語　vG [vP V　直接目的語]]]

b. [vP vA [vP to 間接目的語　vG [vP V　直接目的語]]]

c. [vP 直接目的語ᵢ vA [vP to 間接目的語　vG [vP V　tᵢ]]]

この派生は,動詞句構造内での受動化と捉えることができる.(127c) の構造からさらに外項が併合し,派生が進み,to 与格構文が派生される.

(128)　[TP 主語 動詞 [vP 直接目的語ᵢ vA [vP to 間接目的語　vG
　　　　[vP V　tᵢ]]]]

第5章　非構造格の消失と格による名詞句の認可方法の変化　　　201

　(128) の構造からさらに受動化が適用されると，vA の格付与能力が不活
性化し，直接目的語は vA ではなく T から主格が付与される．その結果，
(129) のような直接受動文が派生される．

(129)　*Thi synnes* ben forȝouun **to thee**

　　　　thy sins　　are　forgiven　to thee

　　　　　　　　　　(c1380 Wyclif, Luke 5, 20 / Visser (1963–1973: 2154))

このように，古英語の二重目的語構文は，中英語における格語尾の水平化に
ともなう格付与メカニズムの変化により，二重目的語構文と to 与格構文へ
と分化した．また，二重目的語構文の受動文は非人称受動文から人称受動文
へと移行した．

5.　まとめ

　本章では，古英語において与格名詞を項にとる 3 種類の構文を取り上げ，
中英語における格語尾の水平化により，それぞれの構文での与格名詞に対す
る格付与メカニズムが変化したことについて論じた．具体的に論じた構文
は，経験者構文，与格動詞構文，二重目的語構文の 3 つである．

　古英語の経験者構文と与格動詞構文に生起する与格名詞には語彙格与格
が，二重目的語構文の与格名詞では内在格与格が付与されていた．中英語に
おける格語尾の水平化の結果，それぞれの構文における与格名詞は形態的に
与格として具現化されなくなり，非構造格の付与では認可されなくなる．格
が付与されないままであれば，名詞句は格が付与されることによって認可さ
れるという格フィルターに抵触するため，新しい格付与のメカニズムがそれ
ぞれの構文で導入される．最初の段階では，どの構文においてももっとも簡
便な方策として前置詞 to が導入されるが，のちに動詞の語彙特性によって
異なった格付与のメカニズムが利用されるようになる．そのため，古英語で
語彙格が付与されていた与格名詞であっても，経験者構文では，前置詞 to
が使い続けられるが，与格動詞構文では前置詞 to による認可は衰退し，軽
動詞によって構造格が付与されるようになったと論じた．

また，古英語で内在格が付与されていた二重目的語構文の着点項には，与格動詞構文の場合と同じように，軽動詞によって構造格が付与されるようになり，前置詞 to による認可は衰退し，二重目的語構文が存続する．その一方，二重目的語動詞の動詞句構造内で受動化が適用されることにより，直接目的語が繰り上がり，間接目的語が to 与格表現に移行することで，to 与格構文が派生されると論じた．

第 6 章

数量詞の分布と遊離可能性の通時的変遷[*]

1.　はじめに

　第 III 部では英語の名詞句とその領域に関する形態・統語現象を取り上げており，本章では，数量詞の遊離可能性と，数量詞と名詞句・代名詞の相対語順について分析する．これらの通時的変遷には，形態統語的制約だけでなく，音韻的制約もかかわっており，課せられる制約の違いにより数量詞の分布と語順に相違が生じたと論じる．

　一般に古英語の語順は比較的自由であり，徐々に固定化に向かい，現代英語では語順が固定化するといわれている．Fischer and Wurff （2006: 110-114） によれば，こうした傾向は数量詞の分布についてもあてはまる．数量詞の分布を含め，彼女らがあげる主な統語変化の一部を表 1 に掲載する．

---

[*]　本章は主に Yanagi （2015: Chapter 2），柳 （2023b） にもとづき加筆・修正を加えたものである．

変化の対象	古英語	中英語	近代英語
数量詞の位置	比較的自由	制限的	かなり固定的
主語位置	限定的代名詞脱落 虚辞主語随意的	代名詞脱落減少 虚辞主語一般化	代名詞脱落有標 虚辞主語義務的
非人称構文/ 主語の欠如	一般的	主語の義務化	衰退（語彙化した 表現のみ）
接語代名詞	統語的接語	接語の減少	接語の消失

表1：主な統語変化（Fischer and Wurff（2006: 111-113）より一部抜粋：
　　　筆者訳）

表1の記述とは対照的に，現代英語においても数量詞の分布は比較的自由
である．例えば，(1) と (2) に示すように，「数量詞-名詞」語順 (1a) も
「名詞-数量詞」語順 (2a) も可能であり，数量詞は動詞要素の間に生起する
ことができる ((1b) と (2b-d))．[1]

  (1) a. **All** *the students* have finished the assignment.

       b. *The students* have **all** finished the assignment.

(Bobaljik (2003: 107))

  (2) a. *The children* **all** would have been doing that.

       b. *The children* would **all** have been doing that.

       c. *The children* would have **all** been doing that.

       d. *The children* would have been **all** doing that.

(Baltin (1995: 211))

本章では，(1b) や (2b-d) のように数量詞とそれが修飾する名詞類が隣接
していない場合，その数量詞を遊離数量詞（floating quantifier）とよぶ．[2] 本

---

  [1] 本章で提示する例文中，数量詞は太字で，数量詞に関連づけられた名詞句・代名詞は
斜体字で示す．

  [2] Sportiche (1988) や Giusti (1991) などでは，(2a) の数量詞も遊離数量詞とよんでい
るが，本章では遊離数量詞には分類せず，数量詞句内での付加構造だと仮定する．具体的
な構造については 3 節を参照．

  また，遊離数量詞が現れる位置は主語移動の中間着地点であるという立場では，数量詞

第 6 章　数量詞の分布と遊離可能性の通時的変遷　　205

章の分析対象は（1）や（2）にあげた数量詞 all と初期英語の対応語（eall 'all', al 'all' など）である.[3]

現代英語では遊離数量詞は主語でのみ可能である.[4]（3b）が示すように語彙動詞 play に後続する位置には主語は生起しないので，この位置には遊離数量詞も生起しない.

が「遊離（floating）」しているのではなく「残置（stranding）」していることになる. しかしながら，ここでは一般的な名称として遊離数量詞を用いることとする.

[3] 現代英語において，全称数量詞（universal quantifier）の all, both は遊離可能だが，存在数量詞（existential quantifier）の some, many は遊離しない.

  (i) a. **Both** my parents are working.

      b. My parents are **both** working.　　　　　　　　(Quirk et al. (1985: 126))

一方古英語では，頻度はかなり低いが存在数量詞である some, many の数量詞遊離が観察されている.（ii）は some の例,（iii）は many の例である.

  (ii) *Hi* habbað **sume** synderlice gyfe fram heora scyppende

      they have some separate gift from their Lord

      'some of them have a separate gift from their Lord'

                            (ÆCHom I 376.169 / Bartnik (2011: 159))

  (iii) Him comon eac *mys* to, **manega** geond þat land

       them came also mice to many throughout the land

       'Many mice also came to them throughout the land'　　　　(ÆHom 22:240)

また many が名詞句に後続する例も観察されている.

  (iv) *Þa romaniscan mædenu* **manega** eac ðurh-wunodon on clænum mægðhade

      the Roman   maidens many also continued   in clean   virginity

      for cristes   lufe

      for Christ's love

      'Likewise many of the Roman maidens continued in pure virginity for the love of Christ'　　　　　　　　　　　　　　　　　(ÆLS [Agnes] 293)

Oxford English Dictionary（OED）によれば（iv）のような語順は「詩的・古風」とされており，初出例を 1220 年ころとしているが，（iv）の例から少なくとも 950 年から 1050 年にはすでに用いられていたことがわかる（Yanagi (2012b)）. OED の初期の例を（v）に示す.

  (v) a. In ðe se senden *selcuðes* **manie**.

       in the sea are   wonders many

                    (c1220 *Bestiary* 556 / OED s.v. *many* A.2.c)

      b. As there be *goddes* **many** and *lordes* **many**.

              (1526 Tindale *1 Cor.* viii. 5 / OED s.v. *many* A.2.c)

[4] 目的語であっても，述語が後続する場合には「名詞句-all」語順が可能なことがある. この語順を遊離数量詞と捉える分析もあるが，ここでは遊離数量詞ではなく付加構造として捉える（4 節参照）.

206 第 III 部　英語名詞句の構造と分布

(3) a. **All** *our team* played well.

　　b. **Our team* played **all** well.　　　　　　(Quirk et al. (1985: 126))

ただし主語が生起可能な位置であっても，文末では数量詞遊離（quantifier float）は観察されない．非対格動詞や受動動詞では主語が動詞に後続することがあるが，(4)，(5) の例が示すように，現代英語では文末遊離数量詞 (clause-final floating quantifier) は容認されない．

(4) a. **The students* arrived **all**.

　　b. **The students* were arrested **all**.

(5) **His misdeeds* were not written **all**.　　　(Gelderen (2022: 120))

(4a) は非対格動詞の，(4b) と (5) は受動動詞の例であり，文末における数量詞遊離は容認されないことがわかる．

　主語とは対照的に，目的語では数量詞は名詞句に先行することは可能だが，名詞句に後続することはできない．(6) は数量詞が名詞句に先行している例である．(7) は数量詞が名詞句に後続している例で，非文である．

(6) a. Mary hates **all** *the students*.

　　b. I like **all** *the men*.

　　c. I saw **all** *the men* yesterday.

(7) a. *Mary hates *the students* **all**.

　　b. *I like *the men* **all**.

　　c. *I saw *the men* **all** yesterday.

名詞句とは対照的に，目的語が代名詞の場合は数量詞が代名詞に後続することは可能だが，代名詞に先行することはできない．(8) は数量詞が代名詞に後続している例，(9a) は数量詞が代名詞に先行している例である．

(8) a. Mary hates *them* **all**.

　　b. I like *them* **all**.

　　c. I saw *them* **all** yesterday.

(9) a. *Jack saw **all** *them* / **all** *us* / **all** *you*.

第 6 章　数量詞の分布と遊離可能性の通時的変遷　　　207

    b.　Jack saw *them* **all** / *us* **all** / *you* **all**.　　　　(Brisson (1998: 228))

代名詞と数量詞の語順については，主語も目的語と同じふるまいを示す．
(10) の対比が示すように，主語に関しても，(10a) の「数量詞–代名詞」語
順は容認されないが，(10b) の「代名詞–数量詞」語順は容認される．

(10)　a.　*__All__ *they* / **all** *we* / **all** *you* left.
     b.　*They* / *you* / *we* **all** left.　　　　　　　　　　　(ibid.)

このように現代英語においても比較的自由な分布を示す数量詞について，次
節では初期英語での事実を概観する．遊離数量詞，とくに文末遊離数量詞を
含む数量詞の分布と，名詞句・代名詞と数量詞の相対語順に焦点を当てる．
　本章の構成は以下のとおりである．2 節では，数量詞に関する通時的な言
語事実を概観する．現代英語と同様に，古英語・中英語でも数量詞はそれが
修飾する名詞句・代名詞から遊離可能であることを示す．また数量詞と代名
詞の語順は，主語と目的語で傾向が異なり，目的語代名詞は数量詞に先行す
るのが規範だが，主語代名詞は数量詞に先行することも後続することも可能
であったことを示す．
　3 節では，4 節と 5 節の分析で必要となる理論的仮説を提示する．4 節で
は数量詞の遊離可能性について論じる．とくに，現代英語では容認されない
文末遊離数量詞が古英語では観察されることについて，ラベル付け理論 (la-
beling theory) の観点から説明を試みる．5 節では数量詞と名詞句・代名詞
との相対語順を取り上げ，数量詞先行語順と数量詞後続語順の割合の違い
は，形態統語的制約のほか，音韻的制約が関与していると考察する．6 節は
全体の議論のまとめで，数量詞遊離の機能的側面について言及する．

2.　初期英語における数量詞の分布

2.1.　古英語・中英語における遊離数量詞の分布
　本節では，古英語において名詞句・代名詞から遊離した数量詞が生起可能
な位置について概観する．YCOE を調査した結果，主語指向の遊離数量詞

(subject-oriented floating quantifier) は 248 例，目的語指向の遊離数量詞
(object-oriented floating quantifier) は 50 例それぞれ見つかった．その内
訳を表 2 に示す．[5]

	名詞句	代名詞	合計
主語	49 (19.8%)	199 (80.2%)	248 (100.0%)
目的語	23 (46.0%)	27 (54.0%)	50 (100.0%)

表 2：古英語における遊離数量詞の生起数

遊離数量詞の用例全体では主語（主格）の割合が 83.2%（298 例中 248 例）
と高いが，現代英語では容認されない目的語（対格）の遊離数量詞の例も，
ある程度観察されている．また，主語指向の遊離数量詞では，名詞句よりも
代名詞の割合が高く 80.2% を占めている．(11) と (12) に主語指向と目的
語指向の遊離数量詞の実例をそれぞれ示す．[6]

(11) 主語指向の遊離数量詞（古英語）

    a. *His æhta*   wæron **ealle** amyrrede.

       his possessions were   all   destroyed

       'His possessions were all destroyed.'   (ÆCHom II 267.212)

    b. and ðeah   *hi*   ne   magon beon **ealle** gegaderode;

       and though they NEG may   be   all   gathered

       'and though they may not all be gathered'   (ÆCHom II 14.77)

    c. þi   *we* sceolon **ealle** beon on gode gebroþru.

       therefore we should all   be   on God   brothers

       'therefore we should all be brothers in God'

       (ÆCHom I 327. 47)

---

  [5] YCOE では，PPCME2 のような SBJ「主語」，OB「目的語」ではなく，NOM「主格」，
ACC「対格」と標示されているが，本章ではほかの時代と表記を統一するため「主語」「目
的語」を用いることとする．

  [6] (11) と (12) は YCOE からの引用である．そのほか，本節における古英語・中英語の
用例は，とくに断りのない限り Yanagi (2015) から引用したものである．

第 6 章　数量詞の分布と遊離可能性の通時的変遷　　　209

　　d.　Gelyfst ðu　　þæt *we* sceolon **ealle** arisan mid urum
　　　　believe thou that we shall　　all　　arise　with our

　　　　lichaman on domes　dæge togeanes criste.
　　　　bodies　　on doom's day　　towards　Christ
　　　　'Believest thou that we shall all arise with our bodies on
　　　　doom's day before Christ?'　　　　　　　(ÆCHom II 27. 281)

　　e.　*Ða licmen*　　ða　**ealle** mid fyrhte fornumene flugon
　　　　the attendants then all　　with fright seized　　fled

　　　　aweg.
　　　　away
　　　　'Then the attendants all, seized with fright, fled away.'
　　　　　　　　　　　　　　　　　　　　　　　(ÆCHom II 199.8)

　　f.　and *hi*　　ða　　eodon **ealle** gewæpnode.
　　　　and they then went　all　　armed
　　　　'and they then went all armed'　　　　　(ÆCHom II 140.80)

(12)　目的語指向の遊離数量詞（古英語）

　　a.　god *hi*　　gesceop **ealle** gode.
　　　　God them created　all　　good
　　　　'God created them all good'　　　　　　(ÆCHom I 179.27)

　　b.　7　crist　*hi*　　gebrincð **ealle** to anre eowde, on ðam
　　　　and Christ them bring　　all　　to one fold　　in the
　　　　ecan　　life;
　　　　eternal life
　　　　'and Christ will bring them all to one fold in eternal life'
　　　　　　　　　　　　　　　　　　　　　　　(ÆCHom I 316.86)

　　c.　and *his æhta*　　　him **ealle** forgeald be twyfealdum
　　　　and his possessions him all　　repaid　by twofold
　　　　'and repaid him all his possessions by twofold'
　　　　　　　　　　　　　　　　　　　　　　　(ÆCHom II 266.198)

210　　第 III 部　英語名詞句の構造と分布

　現代英語では（2）で示したように，2つの動詞要素の間に主語指向の数量詞が生起可能である．古英語においても，（11）の例が示すように，2つの動詞要素の間に生起する主語指向の数量詞が観察されている．（11a）と（11b）は be 動詞 wæron 'were' / beon 'be' と過去分詞 amyrrede 'destroyed' / gegaderode 'gathered' の間に数量詞 ealle 'all' が生起している．（11c）と（11d）では助動詞と不定詞の間に数量詞 ealle 'all' が生起している．（11c）は be 動詞の不定詞を含む例，（11d）は一般動詞の不定詞 arisan 'arise' を含む例である．

　（11e）と（11f）は非対格動詞（unaccusative verb）を含む例である．（11e）では数量詞 ealle 'all' が flugon 'fled' に先行している．一方（11f）では，数量詞 eall 'all' は eodon 'went' に後続し，さらに二次述語（secondary predicate）gewæpnode 'armed' が数量詞に続いている．（12a）における目的語指向の遊離数量詞の例では，数量詞 ealle 'all' は目的語代名詞 hi 'them' から離れ，他動詞 gesceop 'created' に後続している．[7] この例では（11f）の例と同じように，二次述語 gode 'good' が数量詞 ealle 'all' に後続している．

　さらに古英語では，現代英語では容認されない文末遊離数量詞の例も観察されている．主語指向の文末遊離数量詞の例を（13）に示す．

（13）　主語指向の文末遊離数量詞（古英語）

　　a.　ac　*hys wundra*　　　næron　　awritene　**ealle**
　　　　but　his　horrible-deeds　were-not　written　　all
　　　　'but all his horrible deeds were not written'

（ÆHom 6.318 / Bartnik（2011: 143））

　　b.　þa　comon　*þa sacerdas*　to　þam　cynincge　**ealle**
　　　　then　came　the　priests　　to　the　king　　　all
　　　　'then all the priests came to the king'

（ÆLS（Book of Kings）374 / ibid.）

---

[7]（12a, b）は目的語代名詞の長距離接語化の例である（3.1 節参照）．

（13a）では受動動詞 awritene 'written' が用いられており，主語 hys wun-dra 'his horibble deeds' を修飾する数量詞 ealle 'all' が文末に生起している．（13b）では非対格動詞が用いられており，主語 þa sacerdas 'the priedts' が定形動詞 comon 'came' に後続し，場所句 to þam cynincge 'to the king' を挟んで，主語指向の数量詞 ealle 'all' が文末に生起している．このような主語指向の文末遊離数量詞に加えて，目的語指向の文末遊離数量詞も観察されている．その例を（14）に示す．

(14)　目的語指向の文末遊離数量詞（古英語）

Soðlice þæt ic *eow*　　secge **eallum**

truly　　that I　you.DAT say　　all.DAT

'Truly, I say that to you all'　　　　　(Mk (WSCp) 13:37/ibid.: 173)

（14）では定形動詞 secge 'say' の間接目的語 eow 'you' と同格の数量詞 eallum 'all' が文末に生起している．この例では，代名詞・数量詞とも与格で現れている．

　次いで中英語における遊離数量詞の分布を概観する．古英語とは異なり，今回使用した中英語の電子コーパス PPCME2 では，主語指向の遊離数量詞は観察されたが，目的語指向の遊離数量詞は見つからなかった．主語指向の遊離数量詞の名詞句と代名詞の割合は表3のとおりである．

	名詞句	代名詞	合計
主語	22 (14.9%)	126 (85.1%)	148 (100.0%)

表3：中英語における遊離数量詞の生起数

古英語の場合と同様，数量詞遊離の割合は，代名詞が用いられている場合のほうが，名詞句が用いられている場合よりも高い．古英語では80.2%であったのに対し中英語では85.1%になっており，その傾向は中英語においてやや上昇していることがわかる．中英語における主語指向の遊離数量詞の例を（15）に示す．

212　第 III 部　英語名詞句の構造と分布

(15)　主語指向の遊離数量詞（中英語）

a.　for by one knyght *ye*　shall **all** be overcom …

　　for by one knight　you shall all be overcome

(CMMALORY,649.4248)

b.　and *the schippis* ben **al**　to-broken

　　and the ships　　are　all broken-into-pieces

(CMPURVEY,I,23.1126)

c.　but in helle shul *they* been **al**　fortroden of develes.

　　but in hell　shall they be　　all trampled to death of devils

(CMCTPARS,291.C2.149)

d.　and the custom þere　is such þat *men and wommen* gon

　　and the custom there is such that men and women　　go

all naked.

all naked

(CMMANDEV,118.2895)

(15) の例が示すように，中英語においても現代英語・古英語と同様，数量詞は 2 つの動詞要素の間に生起することが可能である．(15a) では，数量詞は助動詞 shall 'shall' と be 動詞 be 'be' の間に生起している．(15b) では be 動詞 ben 'are' と過去分詞 to-broken 'broken-into-pieces' の間に，(15c) では be 動詞の不定詞 been 'be' と過去分詞 fortroden 'trampled' の間に，それぞれ数量詞が生起している．(15d) では (11f) の例と同じように，二次述語 naked 'naked' が数量詞 all 'all' に後続している．

　本節では遊離数量詞について，現代英語と古英語・中英語との類似点・相違点について概観した．現代英語も古英語・中英語も主語指向の遊離数量詞は可能だが，古英語では主語指向に加えて目的語指向の遊離数量詞も観察されている．また，現代英語では容認されない文末遊離数量詞も古英語では可能であることを示した．

2.2. 数量詞と名詞句・代名詞の相対語順

2.2.1. 古英語

　本節では，主語内・目的語内における数量詞の分布を概観する．まず古英語における数量詞の分布を表4に示す．

	all-名詞句	名詞句-all	合計
主語	1,390 (96.0%)	58 (4.0%)	1,448 (100.0%)
目的語	2,235 (96.4%)	84 (3.6%)	2,319 (100.0%)
	all-代名詞	代名詞-all	合計
主語	103 (22.3%)	359 (77.7%)	462 (100.0%)
目的語	3 (1.8%)	164 (98.2%)	167 (100.0%)

表4：古英語の主語内・目的語内における数量詞 all の分布（Yanagi (2012b: 309-310) に基づき作成）

　表4からわかるように，名詞句と数量詞が隣接している場合，主語・目的語にかかわらず，数量詞が名詞句に先行する語順が優勢である．一方，代名詞と数量詞が隣接している場合，目的語では名詞句の場合とは対照的に，数量詞が代名詞に後続する語順が優勢で，現代英語と同じ分布である．また，主語では数量詞が代名詞に後続する用例が多数を占める（77.7%）が，現代英語とは異なり，数量詞が代名詞に先行する場合もある程度の割合（22.3%）で観察されている．

　数量詞と名詞句を含む例を（16）から（19）に示す．（16）と（17）は主語の例，（18）と（19）は目的語の例である．

(16)　主語の「all-名詞句」語順（古英語）

a. Hit ne　mihte **eall** *mancyn* gedon gif he sylf nolde;

　　it　NEG might all　mankind do　　if　he self not-would

　　'all mankind could not have done it, if he himself had not willed it'　　　　　　　　　　　　　　　　　（ÆCHom I 343.238）

214　　　第 III 部　英語名詞句の構造と分布

b.　and **ealle** *ða godas* grundlunga suncon into þære eorðan.
　　and all　　the gods　utterly　　　sunk　　into the　　earth
　　'and all the gods sunk utterly into the earth'

(ÆLS (George) 143)

(17)　主語の「名詞句-all」語順（古英語）

a.　his neb bið gerifod.　7　*his leomu* **ealle** gewæhte;
　　his face is　wrinkled and his limbs　all　　afflicted
　　'his face is wrinkled, and his limbs all afflicted'

(ÆCHom I 528.113)

b.　Ða　forleton *his leorningcnihtas* **ealle** hine and flugon;
　　then forsook his disciples　　　　all　　Him and fled
　　'Then all his disciples forsook Him and fled.'

(Mk (WSCp) 14.50)

(18)　目的語の「all-名詞句」語順（古英語）

a.　we habbað **ealle** *ðing*　mid þam ælmihtigan drihtne.
　　we have　　all　　things with the　Almighty　　God
　　'we possess all things together with Almighty God'

(ÆLS (Eugenia) 177)

b.　ond mid hine genom **ealle** *þa Scottas*, þa　he on
　　and with him took　all　　the Scots　　that he on
　　Lindesfarena ea　　gesomnade, swelce eac þritig monna of
　　Lindisfarne　island assembled　such　　also thirty men　of
　　Ongolþeode.
　　English people
　　'and took with him all the Scots, whom he had assembled at
　　Lindisfarne, as well as thirty men of English race'

(Bede 4:4.272.20)

(19)　目的語の「名詞句-all」語順（古英語）

a.　*Ðas ðing* **ealle** þa farisei　gehyrdon þa ðe gifre
　　these things all　　the Pharisees heard　　who greedy

第 6 章　数量詞の分布と遊離可能性の通時的変遷　　　　215

wæron.

were

'The Pharisees, who were greedy, heard all these things'

(Lk (WSCp) 16.14)

b. Þa het hieu him to gebringan *þæra æðelinga heafdu*

then ordered Jehu them to bring the princes' heads

ealle þæs on mergen

all the on morrow

'Then Jehu ordered them to bring all the heads of the princes

on the morrow' (ÆLS (Book of Kings) 365)

次に，数量詞と代名詞を含む例を（20）から（23）に示す．（20）と（21）は主語代名詞を含む例，（22）と（23）は目的語代名詞を含む例である．

(20)　主語の「all-代名詞」語順（古英語）

a. **Ealle** *we* cumað to anre ylde. on þam gemænelicum

all we come to one age on the common

æriste;

resurrection

'we shall all come to one age at the common resurrection'

(ÆCHom I 220.114)

b. **Ealle** *hi* gehyrdon þæs hælendes word

all they heard the Savour's words

'They all heard the Savour's words' (ÆLS (Forty Soldiers) 49)

(21)　主語の「代名詞-all」語順（古英語）

a. 7 *hi* **ealle** anmodlice ræddon þæt ealle his

and they all unanimously resolved that all his

gesetnyssa aydlode wæron;

decrees annulled were

'and they all unanimously resolved that all his decrees should

be annulled' (ÆCHom I 207.32)

216 第 III 部 英語名詞句の構造と分布

b. and *hi* **ealle** herodon þonne hælend mid wuldre
and they all praised the Saviour with glory
'and they all praised the Saviour with glory'

(ÆLS (Eugenia) 256)

(22) 目的語の「all-代名詞」語順 (古英語)

a. ac wentst abuton þæt ðu **ealne** *hine* geseo;
but turnest about that thou all it see
'but turnest it about, that thou mayest see it all'

(ÆCHom I 341.172)

b. Ond **ealle** *hy* Scottas lustlice onfengon
and all them Scots gladly took
'And the Scots gave a welcome to them all' (Bede 3:19.242.5)

(23) 目的語の「代名詞-all」語順 (古英語)

a. and ic for cristes lufe forlæt *eow* **ealle**.
and I for Christ's love abandoned you all
'and I, for Christ's love, abandoned you all'

(ÆLS (Eugenia) 240)

b. and he *hi* **ealle** geworhte,
and he them all wrought
'and he wrought them all' (HomS 14 (BlHom 4) 51.22)

次節では中英語における名詞句・代名詞と数量詞との相対語順について，主語内・目的語内における分布を示す．

2.2.2. 中英語

中英語における数量詞と名詞句・代名詞との相対語順の分布についてまとめたものが表 5 である．

第6章　数量詞の分布と遊離可能性の通時的変遷　　　217

	all-名詞句	名詞句-all	合計
主語	1,125 (99.5%)	6 (0.5%)	1,131 (100.0%)
目的語	1,362 (99.3%)	10 (0.7%)	1,372 (100.0%)
	all-代名詞	代名詞-all	合計
主語	90 (52.9%)	80 (47.1%)	170 (100.0%)
目的語	1 (0.9%)	113 (99.1%)	114 (100.0%)

表5：中英語の主語内・目的語内における数量詞 all の分布（Yanagi（2012a: 143-146）に基づき作成）

表4で示した古英語の場合と同じように，中英語においても名詞句と数量詞が隣接する場合，主語・目的語にかかわらず，数量詞が名詞句に先行する場合が優勢であり，数量詞が名詞句に後続する例はほんのわずかである（全体の0.5%と0.7%）．また，目的語代名詞が数量詞と隣接する場合も，古英語と同じように，中英語でも数量詞が代名詞に後続する割合はほぼ100%である．一方，主語代名詞の場合は数量詞が代名詞に先行する語順と後続する語順はおおよそ半分の割合である．

　（24）と（25）に主語名詞句と数量詞を含む例を，（26）と（27）に目的語名詞句と数量詞を含む例を示す．

（24）　主語の「all-名詞句」語順（中英語）
　　a.　"This is opene and cler," quod sche, "that **alle** *othere*
　　　　this is open and clear said she　　that all other
　　　　thinges beon referrid and brought to good …"
　　　　things are　referred and brought to good
　　　　　　　　　　　　　　　　　　　　　（CMBOETH, 433.C2.212）

　　b.　and **alle** *these xij. smale prophetis* ben o　book, and in
　　　　and all　these 12 minor prophets　are on book and in
　　　　this ordre.
　　　　this order　　　　　　　　　　　　　　（CMPURVEY, I,1.45）

218 第 III 部　英語名詞句の構造と分布

(25)　主語の「名詞句-all」語順（中英語）

　　a.　and *his ofspring* **al**, þrowude on synne, and on unmihte
　　　　and his ofspring all suffered in sin　　and in weakness
　　　　and on wowe
　　　　and in woe　　　　　　　　　　　　　　　（CMTRINIT, 35.472）

　　b.　*Þa　kingess* **alle** forenn ham
　　　　those kings　all　went　house　　　（CMORM, I, 261.2118）

(26)　目的語の「all-名詞句」語順（中英語）

　　a.　And **alle** *thise thynges* sholde man suffre paciently
　　　　and all　these things　should man suffer patiently
　　　　　　　　　　　　　　　　　　　　（CMCTPARS, 303.C2.631）

　　b.　and schal turne **alle** *the cursis* on her enemyes;
　　　　and shall turn　all　the curses on her enemies
　　　　　　　　　　　　　　　　　　　　（CMPURVEY, I, 7.247）

(27)　目的語の「名詞句-all」語順（中英語）

　　a.　and so þai　des-comfited *his enemys* **alle**
　　　　and so they defeated　　his enemies all
　　　　　　　　　　　　　　　　　　　　（CMBRUT3, 64.1929）

　　b.　and binom　him *þese mihtes* **all**
　　　　and deprived him these powers all　　（CMTRINIT, 35.470）

　名詞句と数量詞の語順は，主語の場合も目的語の場合も，ほぼ「all-名詞句」語順に固定されている．これとは対照的に，目的語代名詞と数量詞の語順は「代名詞-all」語順にほぼ統一されている．しかしながら，主語代名詞では，「代名詞-all」語順と「all-代名詞」語順とがほぼ同じ割合で観察されている．代名詞と数量詞の例を (28) から (31) に示す．(28) と (29) は主語代名詞を含む例，(30) と (31) は目的語代名詞を含む例である．

(28)　主語の「all-代名詞」語順（中英語）

　　a.　and **alle** *þai*　comen at þe kynges commandement, as
　　　　and all　they came　at the king's　commandement　as

第 6 章　数量詞の分布と遊離可能性の通時的変遷　　　219

þai　were　commandede.

they　were　commanded　　　　　　　　(CMBRUT3, 66.1966)

 b. And　when　they　sawe　sir　Gaherys, **all** *they* thanked　hym

  and　when　they　saw　Sir　Gaheris　all　they　thanked　him

           (CMMALORY, 193.2872)

(29)　主語の「代名詞-all」語順（中英語）

 a. And *they* **all** seyde　nay, they　wolde　nat　fyght　with　hym

  and　they　all　said　　nay　they　would　not　fight　with　him

           (CMMALORY, 61.2058)

 b. and　of　the　plente　of　hym *we* **alle** han　takun, and

  and　of　the　plenty　of　him　we　all　have　taken　and

  grace　for　grace.

  grace　for　grace　　　　　　　　　　(CMNTEST, I, 1.32)

(30)　目的語の「all-代名詞」語順（中英語）

  And　oure　soule, bi　vertewe　of　þis　reformyng　grace, is　mad

  and　our　soul　by　virtue　of　this　reforming　grace　is　mde

  sufficient　at　þe　fulle　to　comprehende **al** *him* by　loue,

  sufficient　at　the　full　to　comprehend　all　him　by　love

  þe　whiche　is　incomprehensible　to　alle　create　knowable

  the　which　is　incomprehensible　to　all　created　knowable

  miȝt, as　is　aungel　and　mans　soule.

  might　as　is　angel　and　man's　soul　　(CMCLOUD, 18.96)[8]

(31)　目的語の「代名詞-all」語順（中英語）

 a. and　he　gretys *you* **all** well

  and　he　greetes　you　all　well　　(CMMALORY, 193.2876)

 b. and　giue *us* **alle** on　heuene　eche　erdingstouwe.

  and　give　us　all　in　heaven　eternal　dwelling-place

          (CMTRINIT, 173.2361)

---

[8]　この例における数量詞 al 'all' は, *Middle English Dictionary* によれば「全体性（total-ity）」を意味する (MED s.v. *al* 2b(b)).

2.3. まとめ

2節で概観した数量詞に関する言語事実は以下のとおりである.

(A) 遊離数量詞は，現代英語と同じく，古英語・中英語でも動詞要素の間に生起可能である.

(B) 現代英語では容認されない文末遊離数量詞が古英語で観察されている.

(C) 古英語・中英語の数量詞は，ほとんどの場合，主語・目的語名詞句に先行し，名詞句に後続する割合は低い.

(D) 古英語・中英語の数量詞は，目的語代名詞には後続することが規範だが，主語代名詞には後続することも先行することもある程度の割合で可能である.

ここにあげた言語事実は，4節と5節で分析する．その分析に必要な理論的仮定については3節で提示する.

3. 理論的仮定

3.1. 統語構造

本節では，4節以降の分析に必要となる理論的仮定を提示する.[9] まず，古英語の統語構造として (32) の構造を仮定する.[9] ここでは，Pintzuk (1999) が提案する二重基底部仮説 (double base hypothesis) にもとづき，目的語は語彙動詞に先行する語順も後続する語順も可能であったと仮定する．また，語彙動詞と助動詞はそれぞれ固有の動詞句を投射するものとする.

(32) $[_{CP}$ 話題要素 定形動詞 $[_{TP}$ 主語 （定形動詞） $[_{vP}$ 助動詞$_1$ $[_{vP}$ 助動詞$_2$ $[_{vP}$ （主語） $[_{vP}$ （目的語） 語彙動詞 （目的語） $]]]]]]$

---

[9] 議論には大きく影響しないため，本章では統語地図作成 (cartography) に基づく細分化された構造は仮定しない．統語地図作成を用いた分析については Haeberli and Ihsane (2006), Haeberli et al. (2020), Kemenade and Westergaard (2012) などを参照.

第 6 章　数量詞の分布と遊離可能性の通時的変遷　　　221

古英語は動詞第二位言語なので，CP の指定部に話題要素が生起し，定形動
詞は CP の主要部まで移動する．動詞第二位の例を (33) に示す．

(33) a.　On ðam dæge worhte God leoht, and merigen, and æfen
　　　　　 on that day　made　 God light　and morning and evening
　　　　　 'On that day God made light, morning, and evening'

$\qquad$ (ÆCHom I, 6.100.5 / Fischer et al. (2000: 50))

　　　b.　Ðas　ðreo ðing　forgifð God his gecorenum
　　　　　 these three things gives　 God his chosen
　　　　　 'These three things God gives to his chosen'

$\qquad$ (ÆCHom I, 18.250.12 / ibid.)

(33a) の例では，話題要素 on ðam dæge 'on that day' が CP の指定部に生
起し，定形動詞 worhte 'made' が CP の主要部を占めている．(33b) では
直接目的語 ðas ðreo ðing 'these three things' が話題要素として CP の指定
部に生起し，定形動詞 forgifð 'gives' が CP の主要部に位置している．
　(33) のような定形節の動詞第二位構造では，主語名詞句は定形動詞に後
続するが，主語代名詞は (34) のように定形動詞に先行する．

(34) a.　Be ðæm **we** magon suiðe swutule oncnawan ðæt
　　　　　 by that we may　 very clearly perceive　that
　　　　　 'by that we can perceive very clearly that ...'

$\qquad$ (CP, 181, 16 / Kemenade (1987: 111))

　　　b.　Forðon　**we** sceolan mid ealle mod and mægene to Gode
　　　　　 therefore we must　 with all　 mind and power　to God
　　　　　 gecyrran
　　　　　 turn
　　　　　 'therefore, we must turn to God with all our mind and power'

$\qquad$ (HomU 19 (BlHom 8) 26 / Fischer et al. (2000: 118))

(34) のように話題要素と定形動詞の間に生起する代名詞を接語（clitic）と

よび，CP の主要部に接語化 (cliticization) していると仮定する (Kayne (1991: 649)，Kemenade (1987)，Pintzuk (1999) を参照）．このような CP の主要部への接語化を長距離接語化 (long-distance cliticization) とよぶことにする．長距離接語化は目的語代名詞にも適用されることがある．(35) では目的語代名詞 him 'him' あるいは hine 'him' が定形動詞 sticode 'stuck' あるいは geseah 'saw' の右側から接語化している．これらの例では，目的語代名詞は不定代名詞主語の mon 'someone' あるいは nan man 'no man' を超えて接語化している (Bergen (2000, 2003) 参照).[10]

(35) a. þa   sticode **him** mon   þa eagan ut
       then stuck   him someone the eyes   out
       'then his eyes were gouged out'

$$\text{(Oros, 90, 14 / Kemenade (1987: 114))}$$

   b. Ne   geseah **hine** nan man nates-hwon yrre
      NEG saw   him no man so little   angry
      'no one ever saw him so little angry'

$$\text{(ALS, XXXI, 306 / ibid.)}$$

ただし，演算子 (operator) 要素とよばれる副詞 þa 'then' や否定辞 ne 'not'，疑問詞の wh 要素が CP の指定部を占める場合は，主語名詞句と主語代名詞との間に差異はなく，いずれの場合も定形動詞に後続する．

(36) a. þa   foron **hie** mid þrim scipum ut
       then sailed they with three ships   out
       'Then they sailed out with three ships'

$$\textit{(ChronA} \text{ (Plummer) 897.30 / Fischer et al. (2000:118))}$$

---

[10] Kayne (1991) によれば，接語は T や C などの機能範疇に付加しなければならない．本章では古英語の接語は C に付加すると仮定する．接語化の方向性については，二重基底部仮説を拡張し，接語がホストに先行する左付加とホストに後続する右付加の両方が可能であったと仮定する (cf. Pintzuk (1996)，Yanagi (1999b, 2007)).

b. Ne   sceal **he** naht   unaliefedes don
    NEG shall he nothing unlawful   do
    'He shall not do anything unlawful'   (*CP* 10.61.14 / ibid.)

c. hwi wolde **God** swa lytles þinges him forwyrnan?
    why would God so   small thing   him deny
    'why should God deny him such a small thing?'

(*ÆCHom* I, 1.14.2 / ibid.: 114)

(36) のいずれの例も 2 番目の要素が定形動詞 foron 'sailed', sceal 'shall', wolde 'would' であり，それに後続する要素が主語である．(36a) と (36b) では代名詞 hie 'they' あるいは he 'he' が定形動詞に後続している．一方，(36c) では名詞 God が定形動詞に後続している．

　(33) と (34) に示したような主語名詞句と主語代名詞の非対称性は中英語期に消失する (Kemenade (1987), Pintzuk (1999), Kroch et al. (2000) など参照)．また動詞第二位現象も 1400 年頃に消失し，(37) の構造へと移行する (Fischer et al. (2000) など参照)．

(37)　[$_{TP}$ 主語 定形動詞 [$_{VP}$ 助動詞$_1$ [$_{VP}$ 助動詞$_2$
　　　[$_{vP}$ （主語）[$_{VP}$ 語彙動詞 （目的語）]]]]]

(37) では，古英語の構造 (32) とは異なり，定形動詞の前には話題要素ではなく主語が生起している．古英語と（後期）中英語の違いは，古英語が談話階層型言語 (discourse-configurational language) であるのに対し，(後期) 中英語は主語卓立型言語 (subject-prominent language) である点である．

　また，古英語の目的語は動詞句内に留まり副詞に後続するほか，動詞句から移動し副詞に先行することも可能であった．この移動は目的語移動 (object movement) とよばれる．[11] (38), (39) では，語彙動詞を枠で囲み，目的語を太字で，副詞を斜体字で，それぞれ示す．

---

[11] アイスランド語を始めとするスカンジナビア諸語で見られる目的語移動やドイツ語で見られる目的語のかき混ぜ (scrambling) については Holmberg (1986, 1999), Thráinsson (2001), Vikner (2006) などを参照.

224 第 III 部　英語名詞句の構造と分布

(38)　「副詞-目的語-動詞」語順

    a.　Þa　axode hine. seo eadige　fæmne. hwi he *swa hrædlice.*
       then asked him　the blessed female　why he so　quickly

       his gereord forlete .
       his meal　　　left

       'The blessed female then asked him why he so quickly left his
       meal.'　　　　　　　　　　　　　　　　(ÆCHom II 10.89.294)

    b.　Wæs þy　feorðan geare Osredes rices　þæt Cenred, se
       was　the fourth　year Osred　reign that Cenred who

       Myrcna rice　æþelice sume tide fore wæs, 7　*micle*
       Mercia realm nobly　some time for　was　and much

       æþelicor　**þæt anweald þæs rices**　　forlet .
       more nobly the　authority the　kingdom let

       'In the fourth year of the reign of Osred, Cenred, who for
       some time nobly ruled over the realm of Mercia, much more
       nobly resigned the authority over his kingdom.'

                                            (Bede 5.17.448.21)

(39)　「目的語-副詞-動詞」語順

    a.　and wæron for ði　　þa gebytlu on ðam dæge swiðost
       and were　therefore the building on the　day　chiefly

       geworhte. ðe　he **ða ælmessan** *gewunelice* dælde ;
       made　　that he the alms　　usually　　distributed

       'and therefore the building was chiefly made on the day on
       which he usually distributed alms.'　(ÆCHom II 23.203.128)

    b.　Wæs his gewuna þæt he **ða stowe** *gelomlice* sohte for
       was　his habit　that he the place　frequently visit　for

       intingan stilnesse 7　his deagolra gebeda,
       matter　stillness and his secret　prayer

       'He was wont often to visit the place for the sake of retirement
       and prayer in secret'　　　　　　　　(Bede 3.14.202.11)

（38）は基底語順を反映した「副詞‐目的語‐動詞」語順の例である.[12] （38a）
では，副詞句 swa hrædlice 'so quickly' に目的語 his gereord 'his meal' と
定形動詞 forlete 'left' が後続している. 一方（39）は目的語が移動した「目
的語‐副詞‐動詞」語順の例である. 例えば，（39a）では副詞 gewunelice
'usually' を越えて目的語 ða ælmessan 'the alms' が生起しており，定形動
詞 dælde 'distributed' は目的語とは隣接しておらず，副詞に後続している.
このような目的語移動は，目的語の定性（definiteness）が関係しており，定
表現は副詞を越えて左方移動する傾向にある（Yanagi (2008) など参照）.

3.2. 遊離数量詞の残置分析

遊離数量詞の分析には残置分析（stranding analysis）と副詞分析（adverbi-
al analysis）があるが，本章では残置分析を採用する.[13] 現代英語では屈折
語尾が消失しているため，分離した数量詞と主語・目的語との関係性は形態
的に標示されないが，古英語では数量詞も活用し，主語・目的語との関係性
が明示的に示されている. 数量詞 eall 'all' の活用表を表6に示す.

	男性		中性		女性	
	単数	複数	単数	複数	単数	複数
主格	eall	ealle	eall	eallu	eallu	ealla
対格	eallne	ealle	eall	eallu	ealle	ealla
属格	ealles	eallra	ealles	eallra	ealre	eallra
与格	eallum	eallum	eallum	eallum	ealre	eallum

表6：古英語の数量詞 eall 'all' の活用

---

[12] 本章では二重基底部仮説（Pintzuk (1999)）を採用しているため（(32)），（38）におけ
る「目的語‐動詞」語順も基底語順（主要部後続型）を反映したものである.

[13] 残置分析については Sportiche (1988), Giusti (1990), McCloskey (2000),
Bošković (2004) などを，副詞分析については Williams (1982), Baltin (1995), Torrego
(1996) などを，それぞれ参照. また Bobaljik (2003) では多言語における数量詞の包括的
な議論がまとめられている.

226 第 III 部　英語名詞句の構造と分布

いずれの文法的性でも，複数形の主格と対格は同じ形態をしており，区別することはできないが，複数形の与格は複数形の主格・対格とは異なる屈折語尾をともなっている．与格名詞句が遊離数量詞とともに用いられる場合は，形態上どちらも与格語尾をともなうため，主格・対格よりも，名詞句・代名詞と遊離数量詞との形態的つながりが明白である．[14]（40）から（43）に示すように，与格名詞を選択する語彙動詞の種類にかかわらず，与格目的語の数量詞遊離が観察されている．[15]

(40)　他動詞の目的語

    a.　and þæt *us* dereð **eallum**;

      and that us injures all

      'and that injures us all'　　　　　　　　　　　(WHom 5: 47)

    b.　mid his micclan cyste　　he forgeaf *us* gemænelice

      with his great　　goodness he gave　us generally

      eallum, ricum and heanum, þe　heora hentan magon.

      all　　　rich　and poor　　who their　catch　can

      'with his great goodness, he generally gave it to us all, the rich

      and the poor, who can catch them'　　　(ÆHom 204.120)

(41)　他動形容詞の目的語

    a.　and behet　　þæt he wolde *him*　hold　　beon **eallum**;

      and promised that he would them friendly be　all

      'and promised that he would be friendly to them all'

      　　　　　　　　　　　　　　　　(ÆLS [Maur]: 230)

    b.　and *him*　beon heora æhta　　**eallum** gemæne:

      and them are　their　possessions all　　　common

---

[14]　属格の代名詞と遊離数量詞の組み合わせも存在する．

  (i)　and cwæð: *þisses*　ic eom **ealles**　geþafa

    and said　this.GEN I am　all.GEN supporter

    'and said, all of this I approve'　　　(Bo 33.76.10 / Bartnik (2011: 163))

[15]　(40) から (43) における代名詞は長距離接語化の例である．

'and their possession are common to them all'

(ÆCHom I 358.105)

(42) be to 構文

Þeo deaþ-berende uncyst *us* is **eallum** to onscunienne,

this deadly vice us is all to shun

þe læs hit us besencean on helle grund.

lest it us sin in hell's abyss

'This deadly vice is to be shunned by us all, lest it sink us into hell's abyss.' (HomS 17 (BlHom 5) 65.13)

(43) 心理動詞の経験者目的語

and hie ða cwædon, þæt *him* þæt licode **eallum**

and they then said that them that pleased all

to healdanne.

to hold

'ant they then said that it pleased them all to hold it'

(LawAfEl: 49.10.146)

また，他言語においても数量詞と名詞句とで形態的一致が現れることが知られている．(44) はドイツ語の例，(45) はフランス語の例である．

(44) 名詞句と数量詞の一致の例 (ドイツ語)

 a. der Lehrer hat *die Schüler* wahrscheinlich **alle** gelobt

   the teacher has the students probably all praised

 b. der Lehrer hat *den Schülern* wahrscheilich **allen** ein Buch

   the teacher has the students probably all a book

   gegeben

   given (Giusti (1990: 141))

(45) 名詞句と数量詞の一致の例 (フランス語)

Elles sont **toutres**/*****tous** allées

they.FEM are all.FEM.PL/*all.MASC.PL gone.FEM.PL

à la plage.

to the beach

'They [the women] all went to the beach.'

(Doetjes (1997: 205) / Bobalijk (2003: 109))

(44a) では，数量詞 alle 'all' は直接目的語 die Schüler 'the students' と形態的に一致している．一方 (44b) では，数量詞 allen 'all' は形態的に間接目的語 den Schülern 'the students' と一致している．(45) も同様で，三人称複数代名詞 elles 'they' は性・数において数量詞と一致するため，女性複数形 toutres は容認されるが，男性複数形 tous は容認されない．

さらに，古英語の数量詞 eall 'all' は単独で副詞的に用いられることがある．形態的には，非屈折形の eall のほか，屈折形の ealle, ealles, eallunga が用いられることがある (Buchstaller and Traugott (2006: 351))．(46) は属格形 ealles が副詞的に用いられている例，(47) は eallunga が用いられている例である．

(46) On þisum geare wæs þ   gafol gelæst ofer eall

    in this   year was that tax   paid   over all

    Angel cynn   þ   wæs **ealles** lxxii þusend   punda

    English people that was all   72   thousand pounds

    'In this year the tax was rendered over all England: that was in

    all 72 thousand pounds'   (ChronE 1018.1)

(47) a. and þæs ecan   lifes **eallunga** gewilnodon

      and the eternal life altogether wished

      'and [the saints] wished altogether the eternal life'

(ÆLS (Maurice) 160 / Bartnik (2011: 145))

   b. þonne ic hine lufige, ic beo **eallunga**   clæne

      since I him love   I am completely clean

      'since I love him, I am completely clean'

(ÆLS (Agnes) 58 / ibid.)

第 6 章 数量詞の分布と遊離可能性の通時的変遷　　　229

(46) では属格名詞が文中に用いられていないこと，(47) では eallunga が
副詞形であることから，副詞的 eall 'all' と遊離数量詞とは統語的に区別可
能である。[16] ただし，非屈折形が用いられている場合，解釈が曖昧になるこ
とが指摘されている (Buchstaller and Traugott (2006))．現代英語の例 (48)
を用いて all の解釈について説明する．

(48)　The water was **all** dried up.

　　a.　All the water was dried up.

　　b.　The water was completely dried up.

(Buchstaller and Traugott (2006: 349))

(48) では，主語名詞句 the water が質量名詞であることから，all は遊離数
量詞の解釈 (48a) と completely を意味する副詞の解釈 (48b) の両方が可
能である．同様のことは古英語の eall 'all' にも当てはまる．ただし，(49)
の例では，主語が単数加算名詞であることから，遊離数量詞の解釈は妥当で
はなく，副詞として解釈するのが適切である (Buchstaller and Traugott
(2006: 352))．

(49)　Heo is swaðeah **eall** full geleaflic

　　'She is however all [= completely] fully faithful'

(ÆCHom II: 298.16 / ibid.: 352)

同様に，解釈は曖昧になるが，遊離数量詞の解釈が優先される古英語の例に
ついては，4 節で議論する．ここまでの議論から，本章では古英語の数量詞
eall 'all' には副詞的な用法があり，形態的特性から副詞的な数量詞は遊離
数量詞とは別の範疇であるという立場をとる．また，独立した副詞的な用法
が存在することと，数量詞と名詞句・代名詞との間に形態的一致が現れるこ
とから，名詞句・代名詞から離れて用いられる数量詞 eall 'all' は，名詞句・
代名詞が繰り上がる際の中間着地点に残置されたものだと仮定する．

---

[16] 副詞形 eallunga 'entirely' は，eall 'all' に副詞語尾 -unga が付加されて派生した語で
ある (Wright and Wright (1925: 301))．

次に数量詞を含む構造について論じる．数量詞の分布について表 4 と表 5 で示したように，「all-名詞句」語順が優勢であることから，「all-名詞句」を基本語順と捉え，数量詞を主要部とする (50a) の構造を仮定する．

(50) 名詞句を含む数量詞句の構造

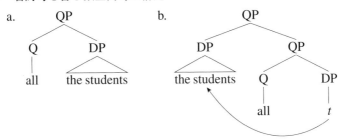

(50a) の構造から，名詞句 (DP) が QP に付加することにより，(50b) の構造となり「名詞句-all」語順が派生される．[17]

一方代名詞の場合は数量詞と代名詞が併合し，「all-代名詞」語順が得られる．その構造を (51a) に示す．代名詞の数量詞への接語化により (51b) に示す「代名詞-all」語順が派生される．[18]

(51) 代名詞を含む数量詞句の構造

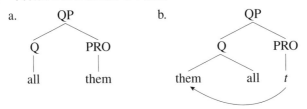

---

[17] 単一投射内での移動（付加）を認めない立場もあるが，本章では数量詞に関する従来の分析 (Bošković (2004), Giusti (1990, 1991) など) と同様に，数量詞遊離に関しては容認されるものと仮定する．

[18] 本章では (51) における接語化を統語操作と仮定しているが，このような付加操作を認めない研究者もいる．代名詞の数量詞への接語化は，統語操作ではなく音韻操作として捉えることも可能である (Bošković (2001))．音韻操作（あるいは外在化 (externalization)）の可能性については 5 節を参照．

(51) において，代名詞 PRO の範疇は Chomsky (2013: 46) の提案を援用し，DP であると仮定する．[19] ただし本章では表記の簡潔性のため便宜上 PRO を使用する．(50) における名詞句の場合も (51) における代名詞の場合も，名詞句・代名詞と数量詞が隣接している場合は，その語順に関係なく，名詞句・代名詞と数量詞は 1 つの構成素に含まれることになる．

3.3. 古英語における弱主要部 K

本節では Saito (2018) や Travis and Lamontagne (1992) の分析を援用し，古英語の数量詞構造は弱主要部 (weak head) K を含む構造であると提案する．Travis and Lamontagne (1992: 161) は，格を機能範疇 KP の主要部であると捉え，名詞類の階層構造では最も外側に投射すると仮定している．(52) がその構造である．(52) の構造を用いて，(53) の文法性の対比がどのように説明されるかを示す．

(52)

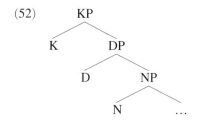

(Travis and Lamontagne (1992: 161))

(53) a. 誰 *(を) ジョンが殴ったの？
 b. ジョンが誰 (を) 殴ったの？ (ibid.: 162)

彼女らによれば，日本語の対格「を」は K 主要部に生成される．(53) のように，対格が脱落した場合，(54) の空範疇原理 (Empty Category Principle) にしたがい，その脱落した要素（空範疇）は，(55) のいずれかの方法で同定されなければならない．例えば (53b) で，対格「を」が脱落する場

---

[19] Chomsky (2013: 46) では，語彙動詞と目的語代名詞が併合した際に生じうるラベル付けの問題を回避する提案として，代名詞の統語範疇を主要部ではなく D-pro のような複雑な構造である可能性を示唆している．

合，動詞と隣接していれば，空範疇である K が同定され，その対格は復元される．したがって，空範疇である K は (54) の空範疇原理に違反しないと分析できる．その際の構造が (56) である．一方，(53a) の例では，空範疇である K（対格「を」）は動詞と隣接していないなめ，同定されず，(54) の空範疇原理に違反し，その文は非文となる．

(54) 空範疇原理
すべての空範疇 (X あるいは XP) は同定されなければならない．
(ibid.：筆者訳)

(55) 同定：
(i) 空所の位置が同定されるのは，以下の場合かつ以下の場合のみである．
　a　その空所が局所的な先行詞をもっている．もしくは，
　b．その空所（あるいはその最大投射）が適切な統率子によって c 統御されている．
(ii) 空所の内容は素性復元可能性によって同定される．
(ibid.：筆者訳)

(56)

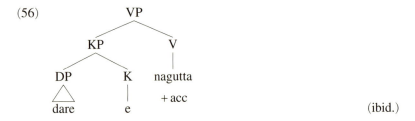

(ibid.)

Saito (2018) はこのような KP 分析をラベル付け理論に応用し，素性共有 (feature sharing) のない日本語においても定形節は時制 T によってラベルがつけられると論じている．

Chomsky (2013) のラベル付けアルゴリズム (labeling algorithm) では，併合 (Merge) によって創出された範疇は最も近い主要部のラベルを受け取る，とされている．主要部と句の併合 (X-YP Merge) では主要部 X が併合によって創出された範疇のラベルとなる．一方，(57) に示す句と句の併合

（XP-YP Merge）の場合，主要部 H_1 と主要部 H_2 は新しい節点 α から等距離にあるため，どちらの主要部のラベルも節点 α に与えられず，節点 α はラベルなしの状態に陥る．

(57)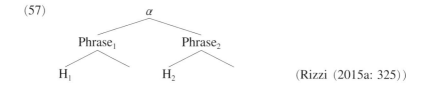

(Rizzi (2015a: 325))

ここでラベル付けの方策として 2 つの可能性が考えられる．移動と素性共有である．(57) の構造において，2 つのうちどちらか一方の句が移動すれば，α は移動しない句のラベルを受け取ることになる．また，両方の句（あるいはその主要部）が同じ素性を共有していれば，節点 α はその素性によってラベル付けされることになる．

句と句の併合は，現代英語において主語名詞句（DP）と時制句（TP）とを併合し，定形節を派生する際の操作である．併合後の構造を (58) に示す．

(58)

(Saito (2018: 387))

現代英語では，主語名詞句と時制句は素性 ϕ を共有しているため，上位節点は $\langle \phi, \phi \rangle$ とラベル付けされる．

一方，英語とは異なり日本語では主語名詞句と時制句の間に素性共有が成立しない．そのため日本語では (58) のような構造が派生されないことになる．そこで Saito (2018) は，Travis and Lamontagne (1992) にしたがい，日本語の格標識は K 主要部であり，この主要部 K は弱いと仮定する．さらに (59) を提案している．

(59) ラベルを求めて $\{\alpha, \beta\}$ を探査せよ．もし α が弱主要部もしくは α への探査が弱主要部へとつながるなら，α 側の探査を中断し β 側

のみ続けなさい． (ibid.：筆者訳)

Saito (2018) は (60) を用いて (59) がどのように作用するかを説明している．

(60) a. {DP, K}
　　 b. {{DP, K}, {vP, T}} (ibid.)

(60a) は格表示された項である．この構造で探査が行われると，主要部 K にたどり着く．しかし，日本語の K は弱主要部なので，探査は DP 側に移行し，主要部 D にたどり着き，(60a) の構造にラベルが与えられる．(60b) の構造は，主語位置にある格表示された名詞句が，時制句と併合した状態のものである．その樹形図を (61) に示す．

(61)

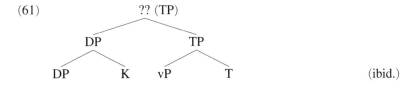

(ibid.)

DP 側の探査では弱主要部 K に行き着くため，探査は TP 側に移行する．日本語の T は強主要部という仮定により，T が構造 (61) のラベルとなる．

　以上の分析を踏まえて，古英語のラベル付けについて考察する．古英語は屈折が豊かな言語であり，主語と動詞が形態的に一致することはよく知られている．そのため，一見すると古英語は現代英語と同じように素性共有によって時制句のラベルが決定されると考えられる．主語と定形動詞が形態的に一致している例を (62) に示す．

(62) a.　We　habbað　hwæðere　þa　bysne　　on halgum bocum
　　　　 we   have   nevertheless the examples in holy   books
　　　　 'We have, nevertheless, the examples in holy books'
　　　　　　　　　　　(ÆCHom I, 31.474.33/Fischer et al. (2000: 49))
　　 b.　He　ne　 andwyrde　ðam　wife　　æt　fruman
　　　　 he NEG answered   the   woman at first

'He didn't answer the woman at first'

(*ÆCHom* II, 8.68.45 / ibid.: 55)

(62a) では一人称複数の主語代名詞 we に対して形態的一致を示す定形動詞 habbað 'have' が用いられている．一人称単数の主語代名詞が用いられていれば，定形動詞は hæbbe 'have' と活用する．同様に否定文の例 (62b) においても，三人称単数男性の主語代名詞 he 'he' に合わせて，語彙動詞 andwyrdan 'answer' が andwyrde 'answered' と活用している．三人称複数の主語代名詞 hi 'they' が用いられれば，定形動詞は andwyrdon 'answered' と変化する．

　しかしながら，現代英語とは異なり古英語には与格名詞句が主語位置に生起する非人称構文が存在する．その例を (63) に示す．

(63)　… on urum agenum dihte　hu　　us　　　bið　　　æt
　　　　in our own　　power how us.DAT.PL will-be.3SG by
　　Gode gedemed
　　God　judged
　　'… in our own power as to how we shall be judged by God'

(*ÆCHom* I 3.52.31 / Denison (1993: 104))

(63) の例で意味上の主語は与格複数形 us 'us' だが，動詞は三人称単数現在形 bið 'will-be' であり，2 つの要素間で数が一致しない．そのため，名詞句と時制句で素性共有が成立せず，上位節点のラベルが決定されないことになる．そこで本章では，Saito (2018) にしたがい，与格要素が典型的な主語位置に生起する場合，古英語は日本語と同じように弱主要部 K を含む構造を許すと提案する．

(64)

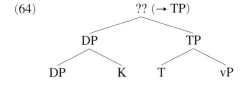

また，古英語における数量詞の構造も弱主要部 K を含む構造 (65) である
と仮定する．

(65) 数量詞の構造

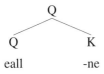

ここで K には数量詞の屈折語尾が生起する．(65) では男性対格単数の語尾
-ne が K 主要部に生起している（数量詞の屈折語尾については表 6 を参照）．

4. 遊離数量詞の分布に関する通時的変化

　3 節での仮定にもとづき，本節では遊離数量詞の分布について通時的に分
析する．現代英語では主語指向の数量詞が主語名詞に隣接する語順だけでな
く，主語名詞から遊離し 2 つの動詞要素の間に生起することが知られてい
る．同様の分布は古英語・中英語でも観察されていることは 2.1 節で示した
とおりである．関連する古英語の例を (66) に，中英語の例を (67) に再掲
する．

(66) a. and ðeah *hi*   ne   magon beon **ealle** gegaderode;
        and though they NEG may   be   all   gathered
        'and though they may not all be gathered' (ÆCHom II 14.77)
    b. þi   *we* sceolon **ealle** beon on gode gebroþru.
        therefore we should   all   be   on God brothers
        'therefore we should all be brothers in God'

        (ÆCHom I 327.47)
    c. Gelyfst ðu   þæt *we* sceolon **ealle** arisan mid urum
        believe thou that we shall   all   arise with our
        lichaman on domes dæge togeanes criste.
        bodies   on doom's day towards Christ

第 6 章　数量詞の分布と遊離可能性の通時的変遷　　　　237

　　　　'Believest thou that we shall all arise with our bodies on
　　　　doom's day before Christ?'　　　　　　　　(ÆCHom II 27.281)

(67) a.　for by one knyght *ye*　shall **all** be overcom …
　　　　for by one knight　you shall all be overcome
　　　　　　　　　　　　　　　　　　　　(CMMALORY, 649.4248)

　　　b.　and *the schippis* ben **al** to-broken
　　　　and the ships　　are　all broken-into-pieces
　　　　　　　　　　　　　　　　　　　　(CMPURVEY, I, 23.1126)

　　　c.　but in helle shul *they* been **al** fortroden of develes.
　　　　but in hell　shall they be　　all trampled to death of devils
　　　　　　　　　　　　　　　　　　　　(CMCTPARS, 291.C2.149)

(66) と (67) からわかるように，古英語の場合も中英語の場合も，遊離数
量詞は法助動詞と不定詞の間，be 動詞と過去分詞の間に生起可能である．
数量詞が主語名詞句と隣接する場合と合わせて，数量詞の生起位置を現代英
語の文を用いて統語的に示したものが (68) である．[20]

---

[20] 種々の拡充形 (expanded form) は古英語ではまだ観察されていないため，(71) に示
すような網羅的な遊離数量詞の組み合わせを提示することはできない．完了時制の拡充形
は 14 世紀初頭に，受動文の拡充形は 18 世紀末に，未来受動文と完了受動文の拡充形は 20
世紀初頭に，それぞれ使われ始める（寺澤・川崎 (1993: 66, 332, 472) を参照))．
　(i)　完了形の拡充形
　　a.　Oft　haue i bene ouer mistrauand
　　　often have I been over mistrusting
　　　'often I have been greatly mistrusting'
　　　　　　　　　　　　　　　(a1325 Cursor Mundi / 寺澤・川崎 (1993: 66))
　　b.　Þof　he thre　dais had fastand bene
　　　though he three days had fasting been
　　　'though he had been fasting three days'　　(a1325 Cursor Mundi / ibid.)
　(ii)　受動文の拡充形
　　a fellow whose uppermost upper grinder is being torn out by the roots by a
　　mutton-fisted barber　　　　　　　(1795 R. Southey の書簡 / ibid.: 332)
　(iii)　未来受動文の拡充形
　　I shall always be being pushed away
　　(1915 Galsworthy Freelands / 寺澤・川崎 (1993: 472); Jespersen (1909–1949,
　　IV: 213))

238　　　第 III 部　英語名詞句の構造と分布

(68) a. **All** *the patients* may be examined.　[cf. (16), (20)]

　　 b. *The patients* **all** may be examined.　[cf. (17), (21)]

　　 c. *The patients* may **all** be examined.　[cf. (66b, c), (67a)]

　　 d. *The patients* may be **all** examined.　[cf. (66a), (67b, c)]

(68) の統語構造を示したものが (69) である. (69a) は古英語の構造,
(69b) は中英語の構造である.

(69) a. [CP 話題要素 定形動詞 [TP 主語（定形動詞）

　　　　[VP **all** 助動詞$_1$ [VP **all** 助動詞$_2$

　　　　[vP **all** [vP（主語）[VP 語彙動詞（目的語）]]]]]]]

　　 b. [TP 主語 定形動詞 [VP **all** 助動詞$_1$ [VP **all** 助動詞$_2$

　　　　[vP **all** [vP（主語）[VP 語彙動詞（目的語）]]]]]]

現代英語においても, 古英語・中英語においても, 主語は動詞類の指定部を
経由して繰り上がるとすれば, 2 つの動詞要素の間に生起している数量詞は,
主語繰り上げの中間着地点と考えられる (Sportiche (1988)).

　(68a) は 3 節で仮定したとおり, 数量詞と名詞句との基本語順が反映され
たものである. (68b) については本章では名詞句が数量詞句に付加したもの
だと提案する. Sportiche (1988: 443) では, (68b) の語順は数量詞 all が
TP の指定部に生起し, 名詞句は話題化された要素だと分析している. しか
しながら, この提案は少なくとも古英語では成立しない. 古英語では主語名
詞句が話題化を受けていない場合でも, 「名詞句-all」語順が可能である. ま
た, 古英語では生起数は少ないが, 主語名詞句だけでなく, 目的語名詞句に
おいても「名詞句-all」語順が可能である. 以上のことから, Sportiche
(1988) の提案とは異なり, (68b) の語順は数量詞句の付加構造を反映した
ものだと提案する.

　(69) のような数量詞の分布について, Gelderen (2022) は現代英語では
(70) における all$_1$ と all$_2$ の位置が好まれ, all$_3$ と all$_4$ の位置は好まれない

─────────────

　(iv)　完了受動文の拡充形
　　　I remember what has been being done to me.　　　（寺澤・川崎 (1993: 472)）

第 6 章　数量詞の分布と遊離可能性の通時的変遷　　　239

ことを示している．(68) の分布では (68d) の位置が好まれないことになる．

(70) a.　The elephants may **all**₁ have **all**₂ been *all*₃ painting flowers.

(Gelderen (2022: 114))

b.　The flowers may **all**₁ have **all**₂ been *all*₃ being *all*₄ planted.

(ibid.)

実際，現代英語で数量詞が過去分詞の直前に生起する場合，その文の文法性
が低下することは Cirillo (2009) などにおいても指摘されている．また，
過去分詞に数量詞が後続する場合は非文となる ((4), (5) 参照)．

(71) a.　**All** *the patients* may have been being examined.

b.　*The patients* **all** may have been being examined.

c.　*The patients* may **all** have been being examined.

d.　*The patients* may have **all** been being examined.

e.　*The patients* may have been **all** being examined.

f. */?*The patients* may have been being **all** examined.

g.　*The patients may have been being examined **all**.

(Cirillo (2009: 26))

さらに Gelderen (2022) は，*Dictionary of Old English* (DOE) による
調査をとおして，古英語において be 動詞と過去分詞の間に遊離数量詞が生
起する (66a) のような例は稀だと指摘している．実際，YCOE を調査した
結果，主語指向の遊離数量詞の総数 248 例に対し（表 2 参照），(66a) のよ
うな例は 18 例であった．ただし，用例は少ないが，be 動詞と過去分詞の間
に遊離数量詞が生起できることは事実である．また，Buchstaller and Trau-
gott (2006: 351) は遊離数量詞の解釈が好まれる例として (72) をあげてい
る．この例では，数量詞 ealle 'all' が be 動詞と過去分詞の間に生じてい
る．[21]

---

[21] Buchstaller and Traugott (2006) は，古英語において be 動詞と過去分詞の間に生起
する eall 'all' がすべて遊離数量詞であると論じているわけではない．過去分詞の前の位置
は completely, entirely の解釈となる副詞的 eall 'all' が生起しやすい位置だとも指摘して

240 第 III 部　英語名詞句の構造と分布

(72) a.　þa　　wæron ealle þa　　　apostolas wunigende on anum
　　　　　then　were　all　　those apostles　living　　in　one
　　　　　stowe ... and *hie*　wæron **ealle** gefylled þurh　　þa
　　　　　place　　and they were　all　　filled　　through that
　　　　　gife þæs　　Halgan Gastes, þær　　hie　ætgædere wæron
　　　　　gift of-that Holy　　Ghost,　where they together　were
　　　　　on heora gebedstowe
　　　　　in　their　place-of-prayer
　　　　　(HomS14.43　(BlHom　12)／Buchstaller and Traugott (2006:
　　　　　351))

　　　b.　*His*　　　*æhta*　　　　wæron **ealle** amyrrede and his tyn
　　　　　his [Job's] possessions were　all　　scattered and his ten
　　　　　bearn acwealde
　　　　　sons　killed
　　　　　'his possessions were all scattered, and his ten sons killed'
　　　　　　　　　　　　　　　　(ÆCHom II. 267.212／ibid.)

さらに（67b, c）で示したように，中英語においても同じ位置に数量詞が生
起可能なことから，古英語の例（66a）は遊離数量詞の例だと捉えることが

いる．副詞的 eall が用いられる場合，過去分詞の多くは，接頭辞 ge-, a-, for-, to-, be-,
of-, ofer-, ymb- をともない，完結相（telic）の意味をもつとしている．副詞的 eall 'all'
の例を（i）にあげる．
　　(i) a.　and þæs muntes　　cnol　mid þeosterlicum gehnipum **eall**
　　　　　　and that mountain's summit with dark　　　clouds　　entirely
　　　　　　oferhangen wæs
　　　　　　overhung　was
　　　　　　'and that mountain's summit was entirely overhung with dark clouds'
　　　　　　　　　　　　　(ÆCHom I. 467.55／Buchstaller and Traugott (2006: 352))
　　　　b.　þeah　he　　　wære mid irne **eall**　　ymbfangen
　　　　　　although it [the tomb] were　with iron entirely surrounded
　　　　　　'although it should be entirely surrounded with iron'
　　　　　　　　　　　　　(Christ and Satan 1.515／Buchstaller and Traugott (2006: 352))
(ia) では接頭辞 ofer- をともなう過去分詞 oferhangen 'overhung' が，(ib) では接頭辞
ymb- をともなう過去分詞 ymbfangen 'surrounded' が，それぞれ用いられている．

第6章　数量詞の分布と遊離可能性の通時的変遷　　　241

できる．

　こうした遊離数量詞は動詞句との叙述関係（predication）によって認可されると仮定する（Baltin（1995），神尾・高見（1998），高見（2001））．ただし，どの動詞句が遊離数量詞と叙述関係を形成するかは時代あるいは個人によって異なり，この違いから遊離数量詞の分布に関する文法性判断に差異が生じると考えられる．また，叙述関係は素性共有によって成立すると仮定する．この場合，主語と過去分詞の間に形態的一致が見られることがある．

　Cirillo（2009）の文法性判断にしたがえば，現代英語では be 動詞と過去分詞の間には遊離数量詞は生起しない，もしくはそのような例の文法性は低いことになる．一方，古英語や中英語では（72）が示すように，同じ位置に生起する数量詞は遊離数量詞としての解釈が可能である．この違いは古英語・初期中英語の受動文では主語と過去分詞が形態的に一致していたことに起因すると提案する．

　古英語では叙述的に用いられる形容詞は主語に合わせて語尾が変化する．過去分詞も形容詞的であったことから，受動文では過去分詞も同じように主語に合わせて屈折していた．形容詞の活用を表7に，形態的一致を示す受動文の具体例を（73）に示す．

	男性		中性		女性	
	単数	複数	単数	複数	単数	複数
主格	trum	trume	trum	trumu	trumu	truma
対格	trumne	trume	trum	trumu	trume	truma
属格	trumes	trumra	trumes	trumra	trumre	trumra
与格	trumum	trumum	trumum	trumum	trumre	trumum

表7：古英語の形容詞 trum 'firm' の活用（Quirk and Wrenn（1994: 31））

(73) a. 　… þonne wæron *ealle þa dura*　　　**betyneda**

　　　　　 then　 were　 all　　 the doors.NOM.PL.FEM closed

　　　 'then all the doors were closed'

　　　　　　　　　　　　　　　　　　　　（*Or* 59.10 / Denison（1993: 416））

b. Þær wæron **gehælede** þurh ða halgan femnan fela
   there were healed through the blessed woman many
   adige menn
   sick men.NOM.PL.MASC
   'there were many sick men healed by the blessed woman'

(ÆLS I 20.113 / ibid.)

(73a) では女性名詞 duru 'door' の複数形 dura 'doors' が主語として用いられており，それに合わせて過去分詞 betyned 'closed' が屈折し，betyneda となっている．同様に (73b) では男性名詞 mann 'man' の複数形 menn 'men' が主語として用いられており，過去分詞 gehæled 'healed' は屈折語尾 -e をともない gehælede となっている．[22]

(73) に示したような主語と過去分詞の一致がどのように認可されるかを考察する．ここでは受動文の主語が過去分詞の投射に併合し，素性共有によるラベル付けをとおして認可されると提案する．(73a) では，受動文の主語 ealle þa dura 'all the doors' が過去分詞 betyneda 'closed' の補部から移動し上位節点に併合する．その構造を (74) に示す．

(74)

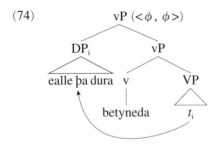

---

[22] ただし，屈折語尾が現れてこないこともあるため，形態的一致については判断できないことがある．

(i) Ða him ða ðæt sæd broht wæs, ...
    when him then the seed.NOM.SG.NEUT brought was
    'when the seed had been brought to him, ...'

(Bede 4 29.366.30 / Denison (1993: 417))

(i) の主語は中性名詞 sæd 'seed' の単数形であり，過去分詞 broht 'brought' には一致語尾が現れていない（表 7 を参照）．

3節で仮定したように，古英語では形態的一致がある場合には素性共有によってラベルが決定されるため，(74) の構造の上位節点は問題なくラベル付けがなされる．[23]

(74) の構造を考慮して，古英語の遊離数量詞がどのように認可されるかを (72b) の例を用いて考察する．過去分詞 amyrrede 'scattered' が vP を投射したあと，数量詞句 ealle his æhta 'all his possessions' が併合し，名詞句 his æhta 'his possessions' が数量詞句から抜き出され主語位置へと移動する派生の段階を (75) に示す．

(75)
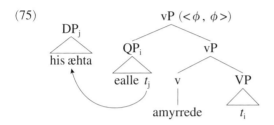

残置された数量詞句と vP は同じ素性を共有しており，(75) の構造で数量詞句 QP と vP との間に叙述関係が成立し，遊離数量詞が認可される．同様のことが，動詞要素 be, have と遊離数量詞とに適用されることで，2つの動詞要素間に生起する遊離数量詞が認可される．ただし，古英語においても不定詞 beon 'be' や habban 'have' が形態的に主語（あるいは数量詞）と一致することはないため，不定詞と主語（あるいは数量詞）との間には意味的に叙述関係が成立するものとする．

古英語における動詞の連続は最大3つ ((66a)) だが，時代とともに拡張し，現代英語では (76) のように最大5つの動詞の組み合わせが可能である．

(76) [$_{TP}$ 主語 法助動詞 [$_{V_1P}$ have [$_{V_2P}$ been
[$_{V_3P}$ being [$_{vP}$ [$_{V_4P}$ 過去分詞（主語）]]]]]]

---

[23] 過去分詞とは異なり，主語は非定形助動詞と形態的に一致しないが，ここでは主語と非定形助動詞との併合をとおしてラベルが決定するものと仮定する．これは語彙動詞と助動詞との違いと考えられる (cf. Fukui (1995)) が，詳細は今後の課題としたい．

244　第 III 部　英語名詞句の構造と分布

理論上はそれぞれの動詞要素と遊離数量詞との間に叙述関係が成立し，そのように捉える英語話者がいる．その一方で，個々の動詞としてではなく，複数の動詞のまとまり（動詞群）として捉える英語話者もいる．そのような話者にとっては，(76) における have（V_1P）もしくは been（V_2P）と遊離数量詞との間にのみ叙述関係が成立すると考えられる．その結果，(70) や (71) のように遊離数量詞の生起位置に関して文法性の差が生じる（神尾・高見 (1998: 181-182)）．

　次に文末に数量詞が生起する場合について議論する．関連する例を (77)-(79) に再掲する．

　(77)　a.　Mary hates **all** *the students*.

　　　　b.　I like **all** *the men*.

　　　　c.　I saw **all** *the men* yesterday.

　(78)　a.　*Mary hates *the students* **all**.

　　　　b.　*I like *the men* **all**.

　　　　c.　*I saw *the men* **all** yesterday.

　(79)　a.　*The students arrived **all**.

　　　　b.　*The students were arrested **all**.

(77) と (78) が示すように目的語名詞句が目的語位置で数量詞をともなう場合，「数量詞-名詞句」語順は容認されるが，「名詞句-数量詞」語順は容認されない．この事実に対して，Bošković (2004) は (80) にあげる付加に関する条件（condition of adjunction）を仮定して説明している（Chomsky (1986)，Bošković (1997)，Stepanov (2001) なども参照）．

　(80)　付加に関する条件

　　　　a.　項への付加は θ 役割の付与を妨げる．

　　　　b.　付加は反循環的に構造に適用される．　　　　（Bošković (2004)）

3 節で仮定したように数量詞をともなう名詞句の構造は (81a) であり，名詞句が数量詞句に付加することで (81b) の「名詞句-数量詞」語順が得ら

れる.[24]

(81b)のような数量詞句が目的語位置（θ位置）に生起すると，(80a)の条件によりθ役割が付与されず，その文は非文となる．このようにして，現代英語における(78)の非文法性と(77)と(78)の対比を説明することができる.[25]

古英語・中英語の目的語も「数量詞-名詞句」語順が大半を占めており，現代英語と同様の説明が可能である．ただし，古英語では目的語移動によって，目的語名詞句が目的語位置（θ位置）から移動することがある（3.1節参照）．その場合，数量詞を含む名詞句はθ位置にないため，「名詞句-数量詞」の付加構造をしていてもθ役割の付与は妨げられないと予測される．実際，古英語には目的語移動を受けた目的語名詞句が「名詞句-数量詞」語順を示している例が存在する（目的語移動については3.1節を参照）．

(82) Hwæt ða siððan se sigefæsta cempa. þone eard **ealne**.
thereupon   the victorious champion the country all
<u>emlice</u> dælde. betwux twelf mægðum. þæs æðelan
equally divided between twelf tribes   of-the noble
mancynnes.
race
'Thereupon the victorious champion equally divided all the coun-

---

[24] Bošković (2004) では，本章の分析とは異なり，名詞句（DP）に数量詞（Q）が付加する構造を仮定している.
[25] 代名詞の場合は，名詞句の場合とは対照的に付加構造である「代名詞-数量詞」語順が容認され，基本構造である「数量詞-代名詞」語順は容認されない．代名詞と数量詞に関する語順の対比については5節で分析する．

try among the twelve tribes of the noble race'

(ÆCHom II 122.409)

(82) における「名詞句-all」語順 (þone eard ealne 'all the country') は，次のように派生される．語彙動詞 dælde 'divided' と目的語名詞句 ealne þone eard 'all the country' が併合する．この段階では，目的語名詞句は「all-名詞句」語順であり，θ 位置にあるため名詞句 (DP) が数量詞句 (QP) に付加することはできない ((81b) 参照)．そのような操作は (80a) に違反するからである．派生が進み，目的語名詞句は語彙動詞の補部位置から副詞 emlice 'equally' を越えて移動する．この移動の着地点は θ 位置ではないため，(81b) のように DP が QP に反循環的に付加しても理論的に問題にならない ((80b) 参照)．このようにして，「名詞句-all」語順 þone eard ealne 'all the country' が派生される．

次に文末遊離数量詞の生起可能性について論じる．現代英語では (79) が示すように非文だが，古英語では文末遊離数量詞を許すことがある．古英語の例を (83) に再掲する．

(83) a. ac *hys wundra*　　　næron　　awritene　**ealle**
　　　　but his horrible-deeds were-not written　 all
　　　　'but all his horrible deeds were not written'

(ÆHom 6.318/Bartnik (2011: 143))

　　 b. þa　 comon *þa sacerdas* to þam cynincge **ealle**
　　　　then came　the priests　 to the king　　 all
　　　　'then all the priests came to the king'

(ÆLS (Book of Kings) 374/ibid.)

Sportiche (1988) などの分析によれば，主語の中間着地点には遊離数量詞が生起可能である．しかしながら，現代英語では基底生成位置には遊離数量詞は生起できない．この事実は，現代英語における数量詞遊離が (81b) の付加構造をとおして派生されるとすれば，次のように説明される．つまり，(78) の例では主語名詞句が θ 位置で数量詞句に付加することになり，その結果，(80a) の条件から θ 役割が主語名詞句に付与されず，非文となる．

第 6 章 数量詞の分布と遊離可能性の通時的変遷　　247

　しかしながら，同じ分析で古英語の事例を説明することはできない．そこで本章では，Saito (2018) の分析を援用し，現代英語の数量詞は弱主要部 K を含まないが，古英語の数量詞は弱主要部 K を含む構造をしていると仮定し（3.3 節参照），ラベル付けの観点から説明を試みる．まず，3.2 節で提案した現代英語における数量詞を含む構造を (84) に示す．

(84)

語彙動詞 V と数量詞句 QP が併合する．この段階では主要部と句の併合のため，語彙動詞 V が創出された範疇のラベルとなる．数量詞遊離が適用されなければ，派生はこのまま進むが，名詞句が数量詞句から抜き出された場合，残置された数量詞句 QP はその補部を失うため範疇が QP から主要部 Q に移行する．語彙動詞 V と数量詞 Q との併合は主要部同士の併合となるため，また両主要部に共有する素性がないため，上位節点のラベルが決定されず派生が破綻する．[26]

(85)
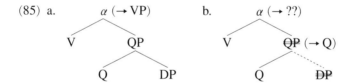

代名詞を含む場合も，数量詞句から代名詞が抜き出されることで，数量詞句 QP の範疇は Q となり，(85b) のように上位節点 α のラベルが決定されず，派生は破綻する．[27]

　これに対し，古英語の数量詞句の構造には弱主要部 K を含んでいる

---

[26] 遊離数量詞に関するラベル付け理論にもとづいた同様の分析については Kawamitsu (2021) を参照．
[27] 主語指向の遊離数量詞に対しても同じラベル付けの問題が想定されうる．しかしながら，目的語の数量詞句と語彙動詞との併合の場合とは異なり，主語の場合は素性共有により上位節点のラベルが決定されるため，(85) に示すようなラベル付けの問題は生じないと考える．

((65)).その構造を (86) に示す.

(86)
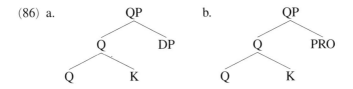

語彙動詞 V と数量詞句が併合した構造が (87a) である.新たに創出された節点 α のラベルは VP と決定される ((87a)).この段階で,名詞句が数量詞句から抜き出されると,残置された数量詞句は QP から Q に移行する (87b).つまり,数量詞遊離により,主要部同士の併合となり,ラベル付けの問題が生じる可能性があるが,現代英語の場合 (85) とは異なり,古英語の数量詞は弱主要部 K をともなっているため,ラベルの探査は数量詞側では中断され,語彙動詞側で行われる.[28] その結果,新たに創出された構造のラベルは語彙動詞によって正しく決定される.その結果,数量詞が基底生成位置に残置しても,派生は破綻しない.

(87)
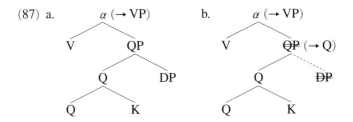

古英語において,代名詞を含む数量詞句 (86b) が語彙動詞と併合する場合も,(87) と同じラベル付けアルゴリズムによって,新たに創出される上位節点 α のラベルは正しく決定される.つまり,(86b) の構造で代名詞 PRO が数量詞遊離により抜き出されると,(87b) と同じく上位節点 QP は Q となる.しかしながら,現代英語における (85b) の構造とは異なり,(87b) では数量詞側に弱主要部 K が含まれているため,α のラベル探査は

---

[28] K を含む構造におけるラベル付けについては 3.3 節を参照.

語彙動詞側で行われる．その結果，代名詞を含む数量詞の場合も，(87b) と同様に α は適切に VP とラベル付けがなされる．

5. 代名詞と数量詞の語順

　現代英語では代名詞と数量詞の語順は，主語・目的語ともに「代名詞–数量詞」語順が規範であり，「数量詞–代名詞」語順は容認されない．一方，古英語・中英語ではどちらの語順も観察されている．しかしながら，主語と目的語とではその割合に差がある．本節ではこうした時代による違いと文法機能による違いについて，形態統語的観点だけでなく音韻的観点も含めて複合的な説明を試みる．代名詞と数量詞との語順の変遷には，英語の各時代における語順に課せられる制約が変化したためだと提案する．

　現代英語の数量詞と代名詞の語順について，Maling (1976) は数量詞・代名詞交替規則（Q-Pro Flip）を提案し，この規則が義務的に適用されることで「代名詞–数量詞」語順が派生されると論じている．Maling (1976: 712) では「数量詞–名詞句」語順は (88) のように of の削除により派生されると分析している．代名詞に対しても (89) のように同じ規則が適用されるが，適用後の語順は現代英語では容認されない．

(88) a. all of the men 　⇒　all the men
    b. both of the men 　⇒　both the men
    c. each of the men 　⇒ *each the men 　　(Maling (1976: 712))

(89) a. all of them 　⇒ *all them
    b. both of them 　⇒ *both them
    c. each of them 　⇒ *each them 　　　　　　　　(ibid.)

そこで Maling は (90) の規則を提案し，この規則により適切な語順が得られると論じている．この規則は強勢曲線（stress contour）に基づくもので，規則を適用することで (91) のように語順が変換される．規則が適用される際に重要なのは強勢度（degree of stress）である．数量詞の強勢度を 1 とした場合，その値よりも小さい強勢度が代名詞に与えられる場合に数量詞と代

名詞の語順が交替する．

(90) 数量詞・代名詞交替規則
X -[Q - Pro]$_{NP}$ - Y
1   2   3   4
1   3   2   4   (ibid.: 713)

(91) $\left\{\begin{array}{cc} 1 & n \\ Q & Pro \end{array}\right\}$ into $\left\{\begin{array}{cc} n & 1 \\ Pro & Q \end{array}\right\}$

（n が強勢度 1 未満の場合）   (ibid.: 713 注 7：筆者訳)

　Maling の分析を用いれば，現代英語の「代名詞-数量詞」語順を一見正しく説明することができるように思われる．しかしながら，(89) による of の削除は，一度使用した語彙項目を削除するという点で，現在の生成文法の枠組みでは好ましい操作ではない．また，この操作では主語代名詞と数量詞の組み合わせを生成することができず，主語と目的語に対して異なる規則を仮定する必要があり，余剰的だといえる．そこで本節では，英語の歴史をとおして代名詞と数量詞は併合により新しい構成素を形成すると仮定し，最終的な語順は形態統語的条件もしくは音韻的条件により決定すると提案する．

　3.2 節で仮定したように，代名詞と数量詞が併合した場合，(92) の構造が派生される．この派生は英語のどの時代においても同じであり，上位節点のラベル付けは適切に行われるため，この構造自体を理論的に排除することはできない．

(92)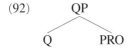

　(92) の構造を出発点として，各時代における数量詞と代名詞との語順の派生について議論する．古英語では，数量詞と代名詞の語順は，表 4 で示したように，主語と目的語でその割合が異なっている．目的語代名詞は数量詞に先行する語順がほぼ規範である (98.2%)．一方，主語代名詞は数量詞

に先行する語順が優勢だが (77.7%)，数量詞に後続する語順も 22.3% の割合でされている．

　古英語における代名詞は接語的であり (Kemenade (1987)，Pintzuk (1999) など)，(92) の構造内で代名詞は数量詞に接語化すると提案する．この接語化を，3.1 節で示した長距離接語化に対して，短距離接語化 (short-distance cliticization) とよぶ．代名詞が数量詞に接語化した構造が (93) であり，この操作により「代名詞-数量詞」語順が得られる．

(93)

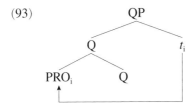

　中英語では，目的語代名詞と数量詞の語順は古英語と同じく，「代名詞-数量詞」語順が規範である (99.1%)．一方，主語代名詞と数量詞の語順は，ほぼ半分の割合で「代名詞-数量詞」語順 (47.1%) と「数量詞-代名詞」語順 (52.9%) が観察されている．古英語で適用可能であった長距離接語化は中英語では利用できなくなるが，短距離接語化は利用可能であった．そのため，数量詞句内で代名詞が数量詞に接語化すると「代名詞-数量詞」語順が得られる．古英語・中英語どちらの場合も，何らかの要因により短距離接語化が適用されなければ，「数量詞-代名詞」語順が派生される．

　ここで古英語・中英語において，現代英語では容認されない「数量詞-代名詞」語順が容認される理由について考察する．「数量詞-代名詞」の容認性には数量詞の音節構造 (syllable structure) が関係していると提案する．一般的な音節構造を (94) に示す．

(94) strands の音節構造

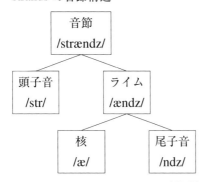

(Collins et al. (2019: 116)：筆者訳)

Rochman (2005) によれば，他の多くの言語と同じように，英語においても頭子音 (onset) をもつ音節構造は安定するため，頭子音をもつ音節構造が好まれる．しかしながら，古英語の数量詞 eall 'all' や中英語の数量詞 al 'all' は頭子音が欠如した単音節語である．そのため，eall 'all' や al 'all' は韻律的に弱要素と結びつき，頭子音を得ることができる位置に生起する．ここで，古英語と中英語の複数形代名詞を表 8 に示す．[29]

人称	一人称		二人称		三人称	
時代	古英語	中英語	古英語	中英語	古英語	中英語
主語	we	we	ge	ye	hie	they
目的語	us	us	eow	you	hie（対格） him（与格）	heom them

表 8：古英語・中英語の複数形代名詞

表 8 からわかるように，古英語と中英語の目的語代名詞は，you, hie を除き，子音で終わる．そのため，代名詞を数量詞に接語化させることにより，

---

[29] 表中，三人称目的語代名詞の hie は対格形，him は与格形である．今回の調査は対格目的語を対象としたため，関係する代名詞は hie 'them' である．また，中英語の三人称目的語代名詞は，heom が英語本来の語，them は古ノルド語からの借用語である (Baugh and Cable (2013), Townend (2012), Milroy (1992))．本来語 heom も借用語 them も尾子音はともに両唇鼻音 /m/ である．

第 6 章　数量詞の分布と遊離可能性の通時的変遷　　　253

数量詞 eall/al 'all' は頭子音を得ることができる．その結果，「代名詞-数量
詞」語順が派生する．
　一方，古英語と中英語の主語代名詞はすべて母音で終わる（表 8）．その
ため代名詞を数量詞に接語化させても，数量詞は頭子音を得ることはできな
い．統語的操作や音韻的操作は，その操作の結果，統語構造や音節構造に変
化をもたらす場合にのみ適用されると仮定すると，主語代名詞が接語化して
も数量詞の音節構造に影響しないため，そのような操作は適用されなかった
と推測される．ただし，古英語では音韻的操作よりも短距離接語化が優先さ
れていたため，「代名詞-数量詞」語順が統語的に派生されていた．その結果，
「数量詞-代名詞」語順の割合が低かった．しかしながら，中英語になると音
韻的効果をともなわない短距離接語化が適用されなくなったため，「数量詞-
代名詞」語順の割合が高くなったと考えられる．そのような傾向は初期近代
英語期においても観察される．[30] 初期近代英語の例と分布の割合を以下に示
す．

年代	all-代名詞	代名詞-all	合計
1500-1570	39 (63.9%)	22 (36.1%)	61 (100.0%)
1570-1640	44 (60.3%)	29 (39.7%)	73 (100.0%)
1640-1710	20 (47.6%)	22 (52.4%)	42 (100.0%)
合計	103 (58.5%)	73 (41.5%)	176 (100.0%)

表 9：初期近代英語の主語内における数量詞 all の分布（Yanagi (2017: 129)
　　　に基づき作成）

(95)　主語の「all-代名詞」語順（初期近代英語）
　　　a.　for *all* **they** were conteyned in hym. bycause he was theyr
　　　　　mayster　　　　　　　　　　　　　（FISHER-E1-H, 1, 318.87)
　　　b.　And of his fulnesse haue *all* **wee** receiued, and grace for
　　　　　grace.　　　　　　　　　　　　（AUTHNEW-E2-H, 1, 1J.47)

---

[30] 古英語から初期近代英語における数量詞 all, both と代名詞の語順の変化については
Yanagi (2017) を参照．古ノルド語との言語接触の観点から分布の違いを論じている．

254 第 III 部　英語名詞句の構造と分布

(96)　主語の「代名詞-all」語順 (初期近代英語)

　　a. **They** *all* laught to see Jack's colour come and goe, like a wise
　　　man ready to make a good end.　　　(ARMIN-E2-H, 11.104)

　　b.　and **we** *all* lodged there, because that was the appointed
　　　Place to meet at　　　　　　　　(OATES-E3-P1, 4, 79.478)

1640年までは「all-代名詞」語順が半数以上を占めているが，次の時代区分
である 1640年から 1710年では「代名詞-all」語順が「all-代名詞」語順を上
回っている.[31]

　さらに現代英語になると，再び短距離接語化が優先されるようになり，主
語・目的語に関係なく義務化される．短距離接語化を義務的に適用すること
によって，Maling (1976) の分析にあるように，英語の強勢構造を満たす
という音韻的効果をもたらすことになる．その結果，古英語や中英語での分
布とは異なり，現代英語では，代名詞は常に数量詞に先行する「代名詞-数
量詞」語順が規範となったと考えられる.[32]

6.　まとめ

　本章では，数量詞の遊離可能性と分布に関する通時的分析を提示した．遊
離数量詞は古英語・中英語から観察されており，現代英語にいたるまで主語
移動の中間着地点に生起することを示した．また，遊離数量詞の分布につい
て，文末遊離数量詞と過去分詞直前の遊離数量詞は現代英語では容認されな
いが，古英語ではどちらの遊離数量詞も可能であったことを示した．こうし
た違いについてラベル付け理論にもとづいて統語的分析を行った．具体的に

---

[31] 後期近代英語以降，現代英語にいたるまでの数量詞と代名詞の語順の変遷については
今後の課題としたい.

[32] 短距離接語化により，数量詞は弱要素である代名詞と融合する．アメリカの南部方言
などで用いられる y'all はその融合が語彙化したものだといえる (Wolfram and Schilling
(2016))．また，動詞は強要素であるため数量詞とは融合されない．ただし，代名詞と数量
詞の融合形がさらに動詞と融合することがある.

　(i)　She [sawṃal] [= She saw them all]　　　　　　　(Rochman (2005))
この例では，them all の融合形がさらに語彙動詞 saw と融合している.

は，遊離数量詞は動詞要素との叙述関係によって認可されると提案した．た
だし，遊離数量詞は単体の動詞要素だけでなく動詞群と叙述関係を構築する
ことがあり，その違いにより文法性に差異が生じると主張した．

　古英語において文末遊離数量詞が可能だったのは，古英語の数量詞が弱主
要部 K をもつ構造をしていたからだと論じた．文末に生起する数量詞句で
数量詞が残置した場合，現代英語では語彙動詞との間にラベル付けの問題が
生じるため，文末遊離数量詞は容認されない．一方，古英語の数量詞は弱主
要部 K を含み，語彙動詞との間で適切にラベル付けが行われるため，文末
遊離数量詞が可能であったと論じた．また，古英語では過去分詞と主語が形
態的に一致することから，両者の素性共有をとおしてラベルが決定されるた
め過去分詞直前の遊離数量詞が可能であると論じた．

　数量詞と代名詞の語順について，古英語・中英語では主語と目的語とで分
布に違いがあった．英語の歴史をとおして，目的語代名詞は数量詞に先行す
る語順が規範であったが，古英語から初期近代英語の主語代名詞は数量詞に
先行する語順も後続する語順もある程度の割合で観察されていた．数量詞が
代名詞に後続する語順は短距離接語化によって派生される．これに対し，数
量詞が代名詞に先行する語順は，短距離接語化による音韻的効果が得られな
い場合に派生されると提案した．[33]

---

[33] 本章で論じたように，音韻的要因が数量詞と代名詞の語順決定だけでなく，古英語・
中英語における遊離数量詞の派生にも関与する可能性が考えられる．例えば Taylor (2008)
では，韻律的散文 (rhythmical prose) において，頭韻 (alliteration) や韻律 (prosody) が
動詞の生起位置や動詞と目的語の語順決定に与える影響について論じている．Yanagi
(2023a) では韻文と散文における遊離数量詞の分布の違いについて頭韻・韻律の点から論
じている．

　また，古典ギリシア語の転置法 (hyperbaton) では，統語的制約に違反する非構成素の移
動が音韻的には容認される (Agbayani and Golston (2010))．(i) では，名詞 poiḗmata
'poems' を修飾する統語的非構成素の形容詞群 pánta táùta tà kalà 'all these beautiful' が動
詞 légousi 'compose' の前に移動している．この形容詞群は音韻的構成素と捉えられる．

(i)　pánta táùta tà　kalà　　　　légousi　　　poiḗmata
　　　all　these the beautiful compose.3PL poems.NEUT.ACC.PL
　　　'they compose all these beautiful poems'

(Plato, *Ion* 533e / Agbayani and Golston (2010: 151))

英語史における遊離数量詞の分布にかかわる音韻的特性については今後の課題としたい．

256 第 III 部　英語名詞句の構造と分布

　Fischer and Wurff（2006）によれば，数量詞が生起する位置は，現代英語に向かうにつれ比較的自由だったものがかなり固定的になる（表1）. しかしながら，本章で示したように，数量詞の生起位置は通時的に大きな変化はない. むしろ，多様な動詞類を含む構文が利用できるようになったため，遊離数量詞の生起可能な位置は拡大したといえる.

　さて，本章を閉じるにあたり，名詞句・代名詞と数量詞を分離させる数量詞遊離という現象の機能的側面について述べておく. 高見（2001: 138-139）によれば数量詞遊離の主な役割は「焦点化」である. 日本語では動詞の直前に現れる要素が焦点要素として解釈される.[34]（97a）では2つの不定名詞句「学生が」と「本を」があるが，この場合動詞の直前にある目的語「本を」が焦点要素となる.（97b）の場合は，目的語「それを／その本を」は定名詞句のため，不定名詞句「学生が」のほうが重要な情報として解釈される.

(97) a.　学生が本を買った.
　　　b.　学生がそれを／その本を買った.　　　　　（高見（2001: 138））
(98) a.　?*学生が本を4人買った.
　　　b.　学生がそれを／その本を4人買った.　　　　　（ibid.: 139）

　数量詞を含む例を考えてみよう.（98a）の例で，動詞「買った」の直前要素である「4人」が焦点となるほか，不定名詞句の目的語「本を」も焦点となるため，（98a）は多くの人にとって不自然な文となる（高見（2001: 139））. 一方（98b）では目的語「それを／その本を」が定名詞句であるため，焦点要素とはならず，数量詞「4人」が最も重要な情報として適切に解釈される.

　こうした日本語における遊離数量詞の分析を用いて，龍（2004）は古英語の遊離数量詞について論じている.（99）の遊離数量詞 ealle 'all' は，定形動詞によって代名詞 þiss 'this' から分断され，焦点要素として解釈される.

---

[34] 高見（2001）が依拠している，日本語における文の情報構造（焦点化）については久野（1978: 60-63）を参照.

第 6 章　数量詞の分布と遊離可能性の通時的変遷　　　257

(99)　*þiss*　wæron　**ealle** Creca　　　　leode
　　　these were　all　of-the-Greeks countries
　　　'these were all countries of the Greeks'

（Or 55.31-32／龍 (2004: 69)）

Yanagi (2015) では，龍 (2004) の分析と Kemenade and Los (2006) の分析を融合させて，古英語の遊離数量詞について論じている．Kemenade and Los (2006) によれば，談話標識 (discourse particle) には話題領域と焦点領域を分断する働きがある．[35] そのため代名詞主語は談話標識の左側（話題領域）に，名詞句主語は談話標識の右側（焦点領域）に現れると考察している．

　高見-龍の分析と Kemenade and Los の分析を合わせると，古英語において焦点要素である数量詞は談話標識の右側に生起すると予測される．実際，そのような例が観察されている．

(100)　Ac he gebohte　*us* þa　**ealle** mid　his deorwurðan blode of
　　　but he redeemed us then all　with his precious　　blood of
　　　helle wite
　　　punishment
　　　'but he redeemed us then all with his precious blood of punishment'　　　　　　　　　　　　　　　　　（WHom 13:45)

(100) では，談話標識 þa 'then' が用いられており，その左側（話題領域）に代名詞 us 'us' が生起し，右側（焦点領域）に遊離数量詞 ealle 'all' が生起している．この例では遊離数量詞 ealle 'all' が焦点化を受け，重要な情報として解釈される．

---

[35] 古英語の談話標識には þa/þonne 'then'，nu 'now'，eac 'also' がある．

参考文献

Abney, Steven (1987) *The English Noun Phrase in Its Sentential Aspects*, Doctoral dissertation, MIT.

Åfarli, Tor A. and Fldfrid H. Fjøsne (2012) "Weak Dative Case in Norwegian Dialect Syntax," *Studia Linguistica* 66, 75-93.

Agbayani, Brian and Chris Golston (2010) "Phonological Movement in Classical Greek," *Language* 86, 133-137.

Alexiadou, Artemis and Elena Anagnostopoulou (2007) "The Subject-In-Situ Generalization Revisited," *Interface + Recursion = Language?: Chomsky's Minimalism and the View from Syntax-Semantics*, ed. by Uli Sauerland and Hans-Martin Gärtner, 31-59, Mouton de Gruyter, Berlin.

Allen, Cynthia L. (1980) *Topics in Diachronic English Syntax*, Garland, New York.

Allen, Cynthia L. (1995) *Case Marking and Reanalysis: Grammatical Relations from Old to Early Modern English*, Oxford University Press, Oxford.

天野政千代 (1998)『英語二重目的語構文の統語構造に関する生成理論的研究』英潮社，東京.

Andersen, Henning (1973) "Abductive and Deductive Change," *Language* 49, 765-793.

Aoun, Joseph and Yen-hui A. Li (1989) "Scope and Constituency," *Linguistic Inquiry* 20, 141-172.

Baker, Mark C. (1988) *Incorporation: A Theory of Grammatical Function Changing*, University of Chicago Press, Chicago.

Baker, Mark C. (1996) *The Polysynthesis Parameter*, Oxford University Press, Oxford.

Baker, Mark C. (1997) "Thematic Roles and Syntactic Structure," *Elements of Grammar: Handbook of Generative Syntax*, ed. by Liliane Haegeman, 73-138, Kluwer, Dordrecht.

Baker, Mark C. (2015) *Case: Its Principles and Its Parameters*. Cambridge University Press, Cambridge.

Baker, Mark C., Kyle Johnson and Ian Roberts (1989) "Passive Arguments Raised," *Linguistic Inquiry* 20, 219-251.

Baltin, Mark (1995) "Floating Quantifiers, PRO, and Predication," *Linguistic Inqui-*

ry 26, 199–248.

Bartnik, Artur (2011) *Noun Phrase Structure in Old English: Quantifiers and Other Functional Categories*, Wydawnictwo KUL, Lublin.

Baugh, Albert C. and Thomas Cable (2013) *A History of the English Language*, 6th ed., Routledge, New York.

Belletti, Adriana (2001) ""Inversion" as Focalization," *Subject Inversion in Romance and the Theory of Universal Grammar*, ed. by Aafke C. Hulk and Jean-Yves Pollock, 60–90, Oxford University Press, Oxford.

Belletti, Adriana (2004) "Aspects of the Low IP Area," *The Structure of CP and IP: The Cartography of Syntactic Structures*, Vol. 2, ed. by Luigi Rizzi, 16–51, Oxford University Press, Oxford.

Benson, Larry D., ed. (1987) *The Riverside Chaucer*, 3rd ed., Oxford University Press, Oxford.

Bergen, Linda van (2000) "The Indefinite Pronoun *Man*: 'Nominal' or 'Pronominal'?" *Generative Theory and Corpus Studies: A Dialogue from 10 ICEHL*, ed. by Ricardo Bermúdez-Otero, David Denison, Richard M. Hogg and C. B. McCully, 103–122, Mouton de Gruyter, Berlin.

Bergen, Linda van (2003) *Pronouns and Word Order in Old English: With Particular Reference to the Indefinite Pronoun* Man, Routledge, New York.

Bergh, Gunnar and Aimo Seppänen (1994) "Subject Extraction in English: The Use of the *That*-Complementizer," *English Historical Linguistics 1992*, ed. by Francisco M. Fernández, Miguel Fuster and Juan J. Calvo, 131–143, John Benjamins, Amsterdam.

Besten, Hans den (1986) "Double Negation and the Genesis of Afrikaans," *Substrata Versus Universals in Creole Genesis*, ed. by Pieter Muysken and Norval Smith, 185–230, John Benjamins, Amsterdam.

Biberauer, Theresa, Anders Holmberg and Ian Roberts (2014) "A Syntactic Universal and Its Consequences," *Linguistic Inquiry* 45, 169–225.

Biberauer, Theresa, Anders Holmberg, Ian Roberts and Michelle Sheehan (2017) "Empirical Evidence for the Final-over-Final Condition," *The Final-over-Final Condition: A Syntactic Universal*, ed. by Michelle Sheehan, Theresa Biberauer, Ian Roberts and Anders Holmberg, 11–25, MIT Press, Cambridge, MA.

Biberauer, Theresa and Ian Roberts (2005) "Changing EPP Parameters in the History of English: Accounting for Variation and Change," *English Language and Linguistics* 9, 5–46.

Biberauer, Theresa and Ian Roberts (2010) "Subjects, Tense and Verb Movement," *Parametric Variation: Null Subjects in Minimalist Theory*, ed. by Theresa Biberauer, Anders Holmberg, Ian Roberts and Michelle Sheehan, 263–302, Cambridge University Press, Cambridge.

Biberauer, Theresa and Ian Roberts (2017) "Parameter Setting," *The Cambridge Handbook of Historical Syntax*, ed. by Adam Ledgeway and Ian Roberts, 134–162, Cambridge University Press, Cambridge.

Bobaljik, Jonathan D. (1995) *Morphosyntax: The Syntax of Verbal Inflection*, Doctoral dissertation, MIT.

Bobaljik, Jonathan D. (2002) "Realizing Germanic Inflection: Why Morphology Does Not Drive Syntax," *The Journal of Comparative Germanic Linguistics* 6, 129–167.

Bobaljik, Jonathan D. (2003) "Floating Quantifiers: Handle with Care," *The Second Glot International State-of-the-Article Book: The Latest in Linguistics*, ed. by Lisa L.-S. Cheng and Rint Sybesma, 107–148, Mouton de Gruyter, Berlin.

Bobaljik, Jonathan D. and Dianne Jonas (1996) "Subject Positions and the Roles of TP," *Linguistic Inquiry* 27, 195–236.

Boeckx, Cedric (2000) "Quirky Agreement," *Studia Linguistica* 54, 354–380.

Boeckx, Cedric (2008) *Aspects of the Syntax of Agreement*, Routledge, New York.

Boeckx, Cedric (2011) "Approaching Parameters from Below," *The Biolinguistic Enterprise: New Perspectives on the Evolution and Nature of the Human Language Faculty*, ed. by Anna M. Di Sciullo and Cedric Boeckx, 205–221, Oxford University Press, Oxford.

Bošković, Željko (1997) *The Syntax of Nonfinite Complementation: An Economy Approach*, MIT Press, Cambridge, MA.

Bošković, Željko (2001) *On the Nature of the Syntax-Phonology Interface: Cliticization and Related Phenomena*, Elsevier, Amsterdam.

Bošković, Željko (2004) "Be Careful Where You Float Your Quantifiers," *Natural Language and Linguistic Theory* 22, 671–742.

Breivik, Leiv E. (1983) *Existential There: A Synchronic and Diachronic Study*, University of Bergen, Bergen.

Bresnan, Joan (1994) "Locative Inversion and the Architecture of Universal Grammar," *Language* 70, 72–131.

Brisson, Christine M. (1998) *Distributivity, Maximality, and Floating Quantifiers*, Doctoral dissertation, Rutgers University.

Buchstaller, Isabelle and Elizabeth C. Traugott (2006) "*The Lady Was Al Demonyak*: Historical Aspects of Adverb *All*," *English Language and Linguistics* 10, 345–370.

Burzio, Luigi (1986) *Italian Syntax: A Government-Binding Approach*, Reidel, Dordrecht.

Bybee, Joan (2003) "Mechanisms of Change in Grammaticization: The Role of

Frequency," *The Handbook of Historical Linguistics*, ed. by Brian D. Joseph and Richard D. Janda, 602-623, Blackwell, Malden.

Bybee, Joan (2015) *Language Change*, Cambridge University Press, Cambridge.

Cartlidge, Neil, ed. (2003) *The Owl and the Nightingale: Text and Translation*, University of Exeter Press, Exeter.

Chomsky, Noam (1965) *Aspects of the Theory of Syntax*, MIT Press, Cambridge, MA.

Chomsky, Noam (1981) *Lectures on Government and Binding: The Pisa Lectures*, Foris, Dordrecht. [Reissued by Mouton de Gruyter, Berlin, 1993.]

Chomsky, Noam (1986) *Knowledge of Language*, Praeger, New York.

Chomsky, Noam (1993) "A Minimalist Program for Linguistic Theory," *The View from Building 20*, ed. by Kenneth Hale and Samuel J. Keyser, 1-52, MIT Press, Cambridge, MA.

Chomsky, Noam (1995) *The Minimalist Program*, MIT Press, Cambridge, MA.

Chomsky, Noam (2000) "Minimalist Inquiries: The Framework," *Step by Step: Essays on Minimalist Syntax in Honor of Howard Lasnik*, ed. by Roger Martin, David Michaels and Juan Uriagereka, 89-155, MIT Press, Cambridge, MA.

Chomsky, Noam (2001) "Derivation by Phase," *Ken Hale: A Life in Language*, ed. by Michael Kenstowicz, 1-52, MIT Press, Cambridge, MA.

Chomsky, Noam (2004) "Beyond Explanatory Adequacy," *Structures and Beyond: The Cartography of Syntactic Structures*, Vol. 3, ed. by Adriana Belletti, 104-131, Oxford University Press, Oxford.

Chomsky, Noam (2008) "On Phases," *Foundational Issues in Linguistic Theory: Essays in Honor of Jean-Roger Vergnaud*, ed. by Robert Freidin, Carlos P. Otero and Maria L. Zubizarreta, 133-166, MIT Press, Cambridge, MA.

Chomsky, Noam (2013) "Problems of Projection," *Lingua* 130, 33-49.

Chomsky, Noam (2015) "Problems of Projection: Extensions," *Structures, Strategies and Beyond: Studies in Honour of Adriana Belletti*, ed. by Elisa Di Domenico, Cornelia Hamann and Simona Matteini, 3-16, John Benjamins, Amsterdam.

Chomsky, Noam and Howard Lasnik (1977) "Filters and Control," *Linguistic Inquiry* 8, 425-504.

Chomsky, Noam and Howard Lasnik (1993) "The Theory of Principles and Parameters," *Syntax: An International Handbook of Contemporary Research*, ed. by Joachim Jakobs, Arnim von Stechow, Wolfgang Sternefeld and Theo Venneman, 506-569, Walter de Gruyter, Berlin.

Cirillo, Robert (2009) *The Syntax of Floating Quantifiers: Stranding Revisited*, LOT, Utrecht.

Clark, Robin and Ian Roberts (1993) "A Computational Approach to Language Learnability and Language Change," *Linguistic Inquiry* 24, 299-345.

Collins, Beverley, Inger M. Mees and Paul Carley (2019) *Practical English Phonetics and Phonology*, 4th ed., Routledge, New York.

Collins, Chris (1997) *Local Economy*, MIT Press, Cambridge, MA.

Collins, Chris and Höskuldur Thráinsson (1996) "VP-Internal Structure and Object Shift in Icelandic," *Linguistic Inquiry* 27, 391-444.

Crotch, Walter J. B., ed. (1928) *The Prologues and Epilogues of William Caxton*, Early English Text Society, Oxford. [Reprinted by Kraus, New York, 1978.]

Culicover, Peter W. and Robert D. Levine (2001) "Stylistic Inversion in English: A Reconsideration," *Natural Language and Linguistic Theory* 19, 283-310.

De Cuypere, Ludovic (2010) "The Old English Double Object Alternation: A Discourse-based Approach," *Sprachwissenschaft* 35, 337-368.

Denison, David (1993) *English Historical Syntax*, Longman, London.

Dobbie, Elliott van K., ed. (2023) *Beowulf and Judith*, Routledge, New York.

Doetjes, Jenny S. (1997) *Quantifiers and Selection: On the Distribution of Quantifying Expressions in French, Dutch and English*, Holland Academic Graphics, The Hague.

Ellegård, Alvar (1953) *The Auxiliary* Do: *The Establishment and Regulation of Its Use in English*, Almqvist & Wiksell, Stockholm.

Elmer, Willy (1981) *Diachronic Grammar: The History of Old and Middle English Subjectless Constructions*, Niemeyer, Tübingen.

Embick, David and Rolf Noyer (2001) "Movement Operations after Syntax," *Linguistic Inquiry* 32, 555-595.

Emonds, Joseph (1978) "The Verbal Complex V′-V in French," *Linguistic Inquiry* 9, 151-175.

Fischer, Olga (1992) "Syntax," *The Cambridge History of the English Language: Vol. II (1066-1476)*, ed. by Norman F. Blake, 207-408, Cambridge University Press, Cambridge.

Fischer, Olga, Ans van Kemenade, Willem Koopman and Wim van der Wurff (2000) *The Syntax of Early English*, Cambridge University Press, Cambridge.

Fischer, Olga and Frederike van der Leek (1983) "The Demise of the Old English Impersonal Construction," *Journal of Linguistics* 19, 337-368.

Fischer, Olga and Wim van der Wurff (2006) "Syntax," *A History of the English Language*, ed. by Richard Hogg and David Denison, 109-198, Cambridge University Press, Cambridge.

Frascarelli, Mara (2007) "Subjects, Topics and the Interpretation of Referential *Pro*: An Interface Approach to the Linking of (Null) Pronouns," *Natural Lan-*

guage and Linguistic Theory 25, 691–734.

Frascarelli, Mara (2018) "The Interpretation of *Pro* in Consistent and Partial Null-Subject Languages: A Comparative Interface Analysis," *Null Subjects in Generative Grammar: A Synchronic and Diachronic Perspective*, ed. by Federica Cognola and Jan Casalicchio, 211–239, Oxford University Press, Oxford.

Frascarelli, Mara and Ángel L. Jiménez-Fernández (2019) "Understanding Partiality in *Pro*-Drop Languages: An Information-Structure Approach," *Syntax* 22, 162–198.

Fujita, Koji (1996) "Double Objects, Causatives, and Derivational Economy," *Linguistic Inquiry* 27, 146–173.

Fukui, Naoki (1995) "The Principle-and-Parameters Approach: A Comparative Syntax of English and Japanese," *Approaches to Language Typology*, ed. by Masayoshi Shibatani and Theodora Bynon, 327–372, Clarendon Press, Oxford.

Gaaf, Willem van der (1929) "The Conversion of the Indirect Personal Object into the Subject of a Passive Construction," *English Studies* 11, 1–11, 58–67.

Gairdner, James, ed. (1876) *William Gregory's Chronicle of London*, in *The Historical Collections of a Citizen of London in the Fifteenth Century*, Camden Society, Westminster. [Reprinted by Johnson Reprint Corporation, New York, 1965.]

Gairdner, James, ed. (1904) *The Paston Letters: A.D. 1422-1509*, Vol. 2, Chatto and Windus, London.

Gelderen, Elly van (1993) *The Rise of Functional Categories*, John Benjamins, Amsterdam.

Gelderen, Elly van (2000) *A History of English Reflexive Pronouns: Person, Self, and Interpretability*, John Benjamins, Amsterdam.

Gelderen, Elly van (2004) *Grammaticalization as Economy*, John Benjamins, Amsterdam.

Gelderen, Elly van (2018) *The Diachrony of Verb Meaning: Aspect and Argument Structure*, Routledge, New York.

Gelderen, Elly van (2022) *Third Factors in Language Variation and Change*, Cambridge University Press, Cambridge.

Giusti, Giuliana (1990) "Floating Quantifiers in German," *Grammar in Progress: Glow Essays for Henk van Riemsdijk*, ed. by Joan Mascaró and Marina Nespor, 137–146, Foris, Dordrecht.

Giusti, Giuliana (1991) "The Categorial Status of Quantified Nominals," *Linguistische Berichte* 136, 438–454.

Gollancz, Israel, Sir, ed. (1940) *Sir Gawain and the Green Knight*, Early English Text Society, Oxford.

Gradon, Pamela, ed. (1866) *Dan Michel's Ayenbite of Inwyt or Remorse of Con-*

science, Early English Text Society, Oxford.

Green, Georgia (1974) *Semantics and Syntactic Regularity*, Indiana University Press, Indiana.

Grewendorf, Gunther (1989) *Ergativity in German*, Foris, Dordrecht.

Haeberli, Eric and Tabea Ihsane (2016) "Revisiting the Loss of Verb Movement in the History of English," *Natural Language and Linguistic Theory* 34, 497-542.

Haeberli, Eric, Susan Pintzuk and Ann Taylor (2020) "Object Pronoun Fronting and the Nature of Verb Second in Early English," *Rethinking Verb Second*, ed. by Rebecca Woods and Sam Wolfe, 396-425, Oxford University Press, Oxford.

Haegeman, Liliane (2012) *Adverbial Clause, Main Clause Phenomena and Composition of the Left Periphery: The Cartography of Syntactic Structures*, Vol. 8, Oxford University Press, Oxford.

Haegeman, Liliane and Jacqueline Guéron (1999) *English Grammar: A Generative Perspective*, Blackwell, Malden.

Haegeman, Liliane and Raffaella Zanuttini (1991) "Negative Heads and the Neg Criterion," *The Lingusitic Review* 8, 233-251.

Halle, Morris (1997) "Distributed Morphology: Impoverishment and Fission," *PF: Papers at the Interface* (MIT Working Papers in Linguistics 30), ed. by Benjamin Bruening, Yoonjung Kang and Martha McGinnis, 425-449, MITWPL, Cambridge, MA.

Halle, Morris and Alec Marantz (1993) "Distributed Morphology and the Pieces of Inflection," *The View from Building 20: Essays in Linguistics in Honor of Sylvain Bromberger*, ed. by Kenneth Hale and Samuel J. Keyser, 111-176, MIT Press, Cambridge, MA.

Hamelius, Paul, ed. (1919) *Mandeville's Travels, Translated from the French of Jean d'Outremeuse*, Early English Text Society, Oxford.

Harley, Heidi and Rolf Noyer (1999) "Distributed Morphology," *Glot International* 4(4), 3-9.

Harris, Alice and Lyle Campbell (1995) *Historical Syntax in Cross-linguistic Perspective*, Cambridge University Press, Cambridge.

Haspelmath, Martin (1989) "From Purposive to Infinitive: A Universal Path of Grammaticalization," *Folia Linguistica Historica* 10, 287-310.

Hiraiwa, Ken (2005) *Dimensions of Symmetry in Syntax: Agreement and Clausal Architecture*, Doctoral dissertation, MIT.

Holmberg, Anders (1986) *Word Order and Syntactic Features in Scandinavian Languages and English*, Doctoral dissertation, University of Stockholm.

Holmberg, Anders (1999) "Remarks on Holmberg's Generalization," *Studia Linguistica* 53, 1-39.

Holmberg, Anders (2005) "Is There a Little Pro?: Evidence from Finnish," *Linguistic Inquiry* 36, 533-564.

Holmberg, Anders (2010) "Null Subject Parameters," *Parametric Variation: Null Subjects in Minimalist Theory*, ed. by Theresa Biberauer, Anders Holmberg, Ian Roberts and Michelle Sheehan, 88-124, Cambridge University Press, Cambridge.

Holmberg, Anders (2015) "Verb-Second," *Syntax—Theory and Analysis: An International Handbook*, Vol. 1, ed. by Tibor Kiss and Artemis Alexiadou, 342-383, Monton de Gruyter, Berlin.

Hooper, Joan B. and Sandra A. Thompson (1973) "On the Applicability of Root Transformations," *Linguistic Inquiry* 4, 465-497.

Hopper, Paul J. and Elizabeth C. Traugott (2003) *Grammalicalization*, 2nd ed., Cambridge University Press, Cambridge.

Hosaka, Michio (1999) "On the Development of Expletive *There* in *There + Be* Construction," 『近代英語研究』 15, 1-28.

Huang, C.-T. James (1982) *Logical Relations in Chinese and the Theory of Grammar*, Doctoral dissertation, MIT.

Hulk, Aafke and Ans van Kemenade (1993) "Subjects, Nominative Case, Agreement and Functional Heads," *Lingua* 89, 181-215.

Hulk, Aafke and Ans van Kemenade (1995) "Verb Second, Pro-Drop, Functional Projections and Language Change," *Clause Structure and Language Change*, ed. by Adrian Battye and Ian Roberts, 227-256, Oxford University Press, Oxford.

Ingham, Richard (2000) "Negation and OV Order in Late Middle English," *Journal of Linguistics* 36, 13-38.

Jacobsson, Bengt (1951) *Inversion in English: With Special Reference to the Early Modern English Period*, Almqvist & Wiksell, Uppsala.

Jackendoff, Ray (1990) "On Larson's Treatment of the Double Object Construction," *Linguistic Inquiry* 21, 427-456.

Jarad, Najib (1997) *The Origin and Development of* For-*Infinitives*, Doctoral dissertation, University of Wales, Bangor.

Jespersen, Otto (1917) *Negation in English and Other Languages*, Andr. Fred. Høst & Søn, Copenhagen.

Jespersen, Otto (1909-49) *A Modern English Grammar on Historical Principles*, 7 Vols., Allen & Unwin, London.

Jonas, Dianne (1996) *Clause Structure and Verb Syntax in Scandinavian and English*, Doctoral dissertation, Harvard University.

Kageyama, Taro (1992) "AGR in Old English *To*-infinitives," *Lingua* 88, 91-128.

神尾昭雄・高見健一（1998）『談話と情報構造』研究社，東京.

Kato, Mary A. and Francisco Ordóñez (2019) "Topic Subjects in Brazilian Portuguese and Clitic Left Dislocation in Dominican Spanish: The Role of Clitics and Null Subjects," *Syntax* 22, 229-247.

Kawamitsu, Jun (2021) "A Labeling Analysis of Quantifier Float in English," 『九大英文学』63, 107-128.

Kayne, Richard S. (1991) "Romance Clitics, Verb Movement, and PRO," *Linguistic Inquiry* 22, 647-696.

Kayne, Richard S. (1994) *The Antisymmetry of Syntax*, MIT Press, Cambridge, MA.

Kayne, Richard S. (2000) *Parameters and Universals*, Oxford University Press, Oxford.

Kemenade, Ans van (1987) *Syntactic Case and Morphological Case in the History of English*, Foris, Dordrecht.

Kemenade, Ans van and Bettelou Los (2006) "Discourse Adverbs and Clausal Syntax in Old and Middle English," *The Handbook of the History of English*, ed. by Ans van Kemenade and Bettelou Los, 224-248, Blackwell, Malden.

Kemenade, Ans van and Marit Westergaard (2012) "Syntax and Information Structure: Verb-Second Variation in Middle English," *Information Structure and Syntactic Change in the History of English*, ed. by Anneli Meurman-Solin, María J. López-Couso and Bettelou Los, 87-118, Oxford University Press, Oxford.

Koeneman, Olaf and Hedde Zeijlstra (2014) "The Rich Agreement Hypothesis Rehabilitated," *Linguistic Inquiry* 45, 571-615.

Kohonen, Viljo (1978) *On the Development of English Word Order in Religious Prose around 1000 and 1200 A.D.: A Quantitative Study of Word Order in Context*, Publications of the Research Institute of the Åbo Akademi Foundation, Åbo.

近藤健二（1984）『英語前置詞構文の起源』松柏社，東京.

Koopman, Willem F. (1990a) *Word Order in Old English: With Special Reference to the Verb Phrase*, Doctoral dissertation, University of Amsterdam.

Koopman, Willem F. (1990b) "The Double Object Construction in Old English," *Papers from the 5th International Conference on English Historical Linguistics*, ed. by Sylvia Adamson, Vivien Law, Nigel Vincent and Susan Wright, 225-243, John Benjamins, Amsterdam.

Krapp, George P., ed. (2023) *The Paris Psalter and the Meters of* Boethius, Routledge, New York.

Krapp, George P. and Elliott van K. Dobbie, eds. (2023) *The Exeter Book*, Routledge, New York.

Kroch, Anthony (1989) "Reflexes of Grammar in Patterns of Language Change," *Language Variation and Change* 1, 199-244.

Kroch, Anthony (2001) "Syntactic Change," *The Handbook of Contemporary Syntactic Theory*, ed. by Mark Baltin and Chris Collins, 699-729, Blackwell, Malden.

Kroch, Anthony and Ann Taylor (1997) "Verb Movement in Old and Middle English: Dialect Variation and Language Contact," *Parameters of Morphosyntactic Change*, ed. by Ans van Kemenade and Nigel Vincent, 297-325, Cambridge University Press, Cambridge.

Kroch, Anthony and Ann Taylor (2000) "Verb-Object Order in Early Middle English," *Diachronic Syntax*, ed. by Susan Pintzuk, George Tsoulas and Anthony Warner, 132-163, Oxford University Press, Oxford.

Kroch, Anthony, Ann Taylor and Donald Ringe (2000) "The Middle English Verb-Second Constraint: A Case Study in Language Contact and Language Change," *Textual Parameters in Older Languages*, ed. by Susan C. Herring, Pieter van Reenen and Lene Schøsler, 353-391, John Benjamins, Amsterdam.

Kume, Yusuke (2009) "On Double Verb Constructions in English: With Special Reference to Grammaticalization," *English Linguistics* 26, 132-149.

Kume, Yusuke (2011) "On the Complement Structures and Grammaticalization of *See* as a Light Verb," *English Linguistics* 28, 206-221.

久野暲 (1978)『談話の文法』大修館書店，東京.

Lambrecht, Knud (1994) *Information Structure and Sentence Form: Topic, Focus, and the Mental Representations of Discourse Referents*, Cambridge University Press, Cambridge.

Landau, Idan (2007) "EPP Extensions," *Linguistic Inquiry* 38, 485-523.

Landau, Idan (2010) *The Locative Syntax of Experiencers*, MIT Press, Cambridge, MA.

Larson, Richard K. (1988) "On the Double Object Construction," *Linguistic Inquiry* 19, 335-391.

Larson, Richard K. (1990) "Double Objects Revisited: Reply to Jackendoff," *Linguistic Inquiry* 21, 589-632.

Lass, Roger (2006) "Phonology and Morphology," *A History of the English Language*, ed. by Richard Hogg and David Denison, 43-108, Cambridge University Press, Cambridge.

ローレンツ, エドワード N. (著)，杉山勝・杉山智子 (訳) (1997)『ローレンツ カオスのエッセンス』(原題：The Essence of Chaos)，共立出版，東京.

Lehmann, Christian (1995) *Thoughts on Grammaticalization*, 2nd ed., Lincom Europa, München.

Levin, Lori and Jane Simpson (1981) "Quirky Case and Lexical Representations of Icelandic Verbs," *CLS* 17, 185–196.

Levine, Robert D. (1989) "On Focus Inversion: Syntactic Valence and the Role of a SUBCAT List," *Linguistics* 27, 1013–1055.

Lightfoot, David W. (1979) *Principles of Diachronic Syntax*, Cambridge University Press, Cambridge.

Lightfoot, David W. (1999) *The Development of Language: Acquisition, Change, and Evolution*, Blackwell, Malden.

Lobeck, Anne (1995) *Ellipsis*, Oxford University Press, Oxford.

Los, Bettelou (2005) *The Rise of the* To-*Infinitive*, Oxford University Press, Oxford.

Maling, Joan (1976) "Notes on Quantifier Postposing," *Linguistic Inquiry* 7, 708–718.

Maling, Joan (2002) "Verbs with Dative Objects in Icelandic," *Íslenskt mál* 24, 31–105.

Marantz, Alec (2000) "Case and Licensing," *Arguments and Case: Explaining Burzio's Generalization*, ed. by Eric J. Reuland, 11–30, John Benjamins, Amsterdam.

Markman, Vita (2010) "Case Theory: A Historical Overview," *Language and Linguistics Compass* 4, 846–862.

McCloskey, James (2000) "Quantifier Float and *Wh*-movement in an Irish English," *Linguistic Inquiry* 31, 57–84.

McFadden, Thomas (2002) "The Rise of the *To*-Dative in Middle English," *Syntactic Effects of Morphological Change*, ed. by David W. Lightfoot, 107–123, Oxford University Press, Oxford.

McFadden, Thomas (2014) "Deducing the Structural / Inherent / Quirky Case Distinction from Competing Theories of Case," paper presented at the 29th Comparative Germanic Syntax Workshop.

Meillet, Antoine (1951) "L'évolution des Forms Grammaticales," *Linguistique Historique et Linguistique Générale*, Tome I, ed. by Antoine Meillet, 130–148, Klincksieck, Paris.

Mikami, Suguru (2010) "The Locative Inversion Construction in English: Topicalization and the Pronunciation of the Lower Copy," *English Linguistics* 27, 297–328.

Milroy, James (1992) "Middle English Dialectology," *The Cambridge History of the English Language: Vol. II (1066–1476)*, ed. by Norman F. Blake, 156–206, Cambridge University Press, Cambridge.

Mitchell, Bruce (1985) *Old English Syntax*, 2 Vols., Clarendon Press, Oxford.

Miura, Ayumi (2015) *Middle English Verbs of Emotion and Impersonal Constructions: Verb Meaning and Syntax in Diachrony*, Oxford University Press, Oxford.

Moerenhout, Mike and Wim van der Wurff (2005) "Object-Verb Order in Early Sixteenth-Century Prose," *English Language and Linguistics* 9, 83-114.

Möhlig-Falke, Ruth (2012) *The Early English Impersonal Construction: An Analysis of Verbal and Constructional Meaning*, Oxford University Press, Oxford.

Nakamura, Masaru (1994) "Topicalization, Neg-Preposing, and Locative Preposing," *Current Topics in English and Japanese*, ed. by Masaru Nakamura, 151-177, Hituzi Syobo, Tokyo.

中尾俊夫 (1972)『英語史 II』大修館書店，東京.

縄田裕幸 (2005)「分散形態論による文法化の分析──法助動詞の発達を中心に──」『文法化──新たな展開──』，秋元実治・保坂道雄（編），75-108，英潮社，東京.

Nawata, Hiroyuki (2009) "Clausal Architecture and Inflectional Paradigm: The Case of V2 in the History of English," *English Linguistics* 26, 247-283.

Nawata, Hiroyuki (2011a) "Gradual Parametric Change? Revisiting the Loss of Non-nominative Experiencers of *Like*,"『近代英語研究』27, 75-99.

Nawata, Hiroyuki (2011b) "Feature Inheritance as a Reflex of Diachronic Change: Evidence from Transitive Expletive Constructions in the History of English," paper presented at the 13th International Diachronic Generative Syntax Conference.

縄田裕幸 (2013)「CP カートグラフィーによる that 痕跡効果の通時的考察」『言語変化──動機とメカニズム──』，中野弘三・田中智之（編），120-135，開拓社，東京.

Nawata, Hiroyuki (2014a) "Temporal Adverbs and the Downward Shift of Subjects in Middle English: A Pilot Study," *Studies in Modern English: The Thirtieth Anniversary Publication of the Modern English Association*, ed. by Ken Nakagawa, 203-218, Eihosha, Tokyo.

Nawata, Hiroyuki (2014b) "Verbal Inflection, Feature Inheritance, and the Loss of Null Subjects in Middle English," *Interdisciplinary Information Sciences* 20, 103-120.

縄田裕幸 (2016a)「I know not why──後期近代英語における残留動詞移動──」『文法変化と言語理論』，田中智之・中川直志・久米祐介・山村崇斗（編），192-206，開拓社，東京.

縄田裕幸 (2016b)「英語主語位置の通時的下方推移分析」『コーパスからわかる言語変化・変異と言語理論』，小川芳樹・長野明子・菊地朗（編），107-123，開拓社，東京.

Nawata, Hiroyuki (2019a) "Quirky Experiencer Subject Constructions as Locative

Inversion," 『近代英語研究』35, 111-139.

縄田裕幸 (2019b)「言語変化におけるパラメター変化と文法化の競合 —— 英語の動詞移動消失と助動詞化を例に ——」『コーパスからわかる言語変化・変異と言語理論 2』, 小川芳樹 (編), 73-90, 開拓社, 東京.

縄田裕幸 (2020)「局所的空主語言語としての初期英語とパラメター階層」『島根大学教育学部紀要』54, 51-62.

Nishihara, Toshiaki (1999) "On Locative Inversion and *There*-Construction," *English Linguistics* 16, 381-404.

Nunes, Jairo (2004) *Linearization of Chains and Sideward Movement*, MIT Press, Cambridge, MA.

Oba, Yukio (1993) "On the Double Object Construction," *English Linguistics* 10, 95-118.

Ohkado, Masayuki (1996) "Neg1 Constructions in Old English," *English Linguistics* 13, 277-298.

Ohkado, Masayuki (2001) *Old English Constructions with Multiple Predicates*, Hituzi Syobo, Tokyo.

小野茂 (1969)『英語法助動詞の発達』研究社, 東京.

小野茂・中尾俊夫 (1980)『英語史 I』大修館書店, 東京.

Perlmutter, David M. (1971) *Deep and Surface Constraints in Syntax*, Holt, Rinehart & Winston, New York.

Perry, George G., ed. (1866) *English Prose Treatises of Richard Rolle de Hampole*, Early English Text Society, Oxford. [Reprinted by Kraus, New York, 1987.]

Pesetsky, David (1995) *Zero Syntax: Experiencers and Cascades*, MIT Press, Cambridge, MA.

Pesetsky, David and Esther Torrego (2001) "T-to-C Movement: Causes and Consequences," *Ken Hale: A Life in Language*, ed. by Michael Kenstowicz, 355-426, MIT Press, Cambridge, MA.

Pintzuk, Susan (1996) "Cliticization in Old English," *Approaching Second: Second Position Clitics and Related Phenomena*, ed. by Aaron L. Halpern and Arnold M. Zwicky, 375-409, CSLI Publications, Stanford.

Pintzuk, Susan (1999) *Phrase Structures in Competition: Variation and Change in Old English Word Order*, Garland, New York.

Pintzuk, Susan (2002) "Verb-Object Order in Old English: Variation as Grammatical Competition," *Syntactic Effects of Morphological Change*, ed. by David W. Lightfoot, 276-299, Oxford University Press, Oxford.

Pintzuk, Susan and Ann Taylor (2006) "The Loss of OV Order in the History of English," *The Handbook of the History of English*, ed. by Ans van Kemenade and Bettelou Los, 249-278, Blackwell, Malden.

Pollock, Jean-Yves (1989) "Verb Movement, Universal Grammar, and the Structure of IP," *Linguistic Inquiry* 20, 365–424.

Pyles, Thomas (1964) *The Origins and Development of the English Language*, Harcourt, Brace & World, New York.

Quirk, Randolph, Sidney Greenbaum, Geoffrey Leech and Jan Svartvik (1985) *A Comprehensive Grammar of the English Language*, Longman, London.

Quirk, Randolph and Charles L. Wrenn (1994) *An Old English Grammar: With a Forward and Supplemental Bibliography*, Northern Illinois University Press, DeKalb.

Radford, Andrew (2009) *Analysing English Sentences: A Minimalist Approach*, Cambridge University Press, Cambridge.

Radford, Andrew (2016) *Analising English Sentences,* 2nd ed., Cambridge University Press, Cambridge.

Rissanen, Matti (1991) "On the History of *That*/Zero as Object Clause Links in English," *English Corpus Linguistics: Studies in Honour of Jan Svartvic*, ed. by Karin Aijmer and Bengt Alternberg, 272–289, Longman, London.

Rizzi, Luigi (1982) *Issues in Italian Syntax*, Foris, Dordrecht.

Rizzi, Luigi (1986) "Null Objects in Italian and the Theory of *Pro*," *Linguistic Inquiry* 17, 501–557.

Rizzi, Luigi (1990) *Relativized Minimality*, MIT Press, Cambridge, MA.

Rizzi, Luigi (1991) "Residual Verb Second and the *Wh*-Criterion," *Technical Reports in Formal and Computational Linguistics* 2, University of Geneva. [Reprinted in *Parameters and Functional Heads: Essays in Comparative Syntax*, ed. by Adriana Belletti and Luigi Rizzi, 1996, 63–90, Oxford University Press, Oxford.]

Rizzi, Luigi (1997) "The Fine Structure of the Left Periphery," *Elements of Grammar: Handbook of Generative Syntax*, ed. by Liliane Haegeman, 281–337, Kluwer, Dordrecht.

Rizzi, Luigi (2006) "On the Form of Chains: Criterial Positions and ECP Effects," *Wh-Movement: Moving On*, ed. by Lisa L.-S. Cheng and Norbert Corver, 97–133, MIT Press, Cambridge, MA.

Rizzi, Luigi (2015a) "Cartography, Criteria, and Labeling," *Beyond Functional Sequence: The Cartography of Syntactic Structures,* Vol. 10, ed. by Ur Shlonsky, 314–338, Oxford University Press, Oxford.

Rizzi, Luigi (2015b) "Notes on Labeling and Subject Positions," *Structures, Strategies and Beyond: Studies in Honour of Adriana Belletti*, ed. by Elisa Di Domenico, Cornelia Hamann and Simona Matteini, 17–46, John Benjamins, Amsterdam.

Rizzi, Luigi (2017) "On the Format and Locus of Parameters: The Role of Morphosyntactic Features," *Linguistic Analysis* 41, 158-190.

Rizzi, Luigi and Ur Shlonsky (2007) "Strategies of Subject Extraction," *Interfaces + Recursion = Language?: Chomsky's Minimalism and the View from Syntax-Semantics*, ed. by Uli Sauerland and Hans-Martin Gärtner, 115-160, Mouton de Gruyter, Berlin.

Roberts, Ian (1993) *Verbs and Diachronic Syntax: A Comparative History of English and French*, Kluwer, Dordrecht.

Roberts, Ian (1996) "Remarks on the Old English C-system and the Diachrony of V2," *Language Change and Generative Grammar*, ed. by Ellen Brandner and Gisella Ferraresi, 154-167, Foris, Dordrecht.

Roberts, Ian (2007) *Diachronic Syntax*, Oxford University Press, Oxford.

Roberts, Ian (2012) "Macroparameters and Minimalism: A Programme for Comparative Research," *Parameter Theory and Linguistic Change*, ed. by Charlotte Galves, Sonia Cyrino, Ruth Lopes, Filomena Sandalo and Juanito Avelar, 320-335, Oxford University Press, Oxford.

Roberts, Ian (2019) *Parameter Hierarchies and Universal Grammar*, Oxford University Press, Oxford.

Roberts, Ian and Anders Holmberg (2010) "Introduction: Parameters in Minimalist Theory," *Parametric Variation: Null Subjects in Minimalist Theory*, ed. by Theresa Biberauer, Anders Holmberg, Ian Roberts and Michelle Sheehan, 1-57, Cambridge University Press, Cambridge.

Roberts, Ian and Anna Roussou (2003) *Syntactic Change: A Minimalist Approach to Grammaticalization*, Cambridge University Press, Cambridge.

Rochemont, Michael and Peter Culicover (1990) *English Focus Constructions and the Theory of Grammar*, Cambridge University Press, Cambridge.

Rochman, Lisa (2005) "The Phonology of Floating Quantifier Placement," *Proceedings of IATL* 21. available at https://www.iatl.org. il/?page_id=139

Rohrbacher, Bernhard W. (1999) *Morphology-Driven Syntax: A Theory of V to I Raising and Pro-Drop*, John Benjamins, Amsterdam.

Rusten, Kristian A. (2019) *Referential Null Subjects in Early English*, Oxford University Press, Oxford.

龍美也子 (2004)「数量詞連結（遊離）構文の日英比較 —— 英語史研究がもたらす視点」『日本認知言語学会論文集』4, 263-273.

Saito, Mamoru (2018) "Kase as a Weak Head," *McGill Working Papers in Linguistics* 25, 382-390.

Sato, Kiriko (2009) *The Development from Case-Forms to Prepositional Constructions in Old English Prose*, Peter Lang, Bern.

Sigurðsson, H. Ármann and Anders Holmberg (2008) "Icelandic Dative Intervention: Person and Number are Separate Probes," *Agreement Restrictions*, ed. by Roberta D'Alessandro, Susann Fischer and Gunnar H. Hrafnbjargarson, 251–279, Mouton de Gruyter, Berlin.

Skeat, Walter W., ed. (1867) *The Vision of William Concerning Piers Plowman, Together with Vita de Dowel, Dobet, et Dobest, Secundum Wit et Resoun*, Early English Text Society, Oxford.

Smith, Henry (1996) *Restrictiveness in Case Theory*, Cambridge University Press, Cambridge.

Sportiche, Dominique (1988) "A Theory of Floating Quantifiers and Its Corollaries for Constituent Structure," *Linguistic Inquiry* 19, 425–449.

Stepanov, Arthur (2001) "Late Adjunction and Minimalist Phrase Structure," *Syntax* 4, 94–125.

Strang, Barbara M. H. (1970) *A History of English*, Methuen, London.

Surtz, Edward and J. H. Hexter, eds. (1965) *The Complete Works of St. Thomas More*, Vol. 4, *Utopia*, Yale University Press, New Haven.

高見健一 (2001)『日英語の機能的構文分析』鳳書房，東京．

寺澤芳雄・川崎潔（編）(1993)『英語史総合年表：英語史・英語学史・英米文学史・外面史』研究社，東京．

Tanaka, Tomoyuki (2000) "On the Development of Transitive Expletive Constructions in the History of English," *Lingua* 110, 473–495.

Tanaka, Tomoyuki (2007) "The Rise of Lexical Subjects in English Infinitives," *The Journal of Comparative Germanic Linguistics* 10, 25–67.

田中智之 (2013)「不定詞標識 to の（脱）文法化について」『言語変化——動機とメカニズム——』，中野弘三・田中智之（編），159–174，開拓社，東京．

Tanaka, Tomoyuki (2014) "The Distribution of Verb-Object Order in the History of English: A Cyclic Linearization Approach," *Studies in Modern English: The Thirtieth Anniversary Publication of the Modern English Association*, ed. by Ken Nakagawa, 251–266, Eihosha, Tokyo.

Tanaka, Tomoyuki (2017) "Object Movement and Left Periphery in the History of English," *JELS* 34, 193–199.

Taylor, Ann (2008) "A Note on the Position of the Verb in Old English Rhythmic Prose," *York Papers in Linguistics* (Series 2) 9, 124–141.

Thráinsson, Höskuldur (2001) "Object Shift and Scrambling," *The Handbook of Contemporary Syntactic Theory*, ed. by Mark Baltin and Chris Collins, 148–202, Blackwell, Malden.

Torrego, Esther (1996) "On Quantifier Float in Control Clauses," *Linguistic Inquiry* 27, 111–126.

Townend, Matthew (2012) "Contacts and Conflicts: Latin, Norse, and French," *The Oxford History of English*, updated ed., ed. by Lynda Mugglestone, 75-105, Oxford University Press, Oxford.

Travis, Lisa (1984) *Parameters and Effects of Word Order Variation*, Doctoral dissertation, MIT.

Travis, Lisa and Greg Lamontagne (1992) "The Case Filter and Licensing of Empty K," *Canadian Journal of Linguistics* 37, 157-174.

Ukaji, Masatomo (1992) ""I not say": Bridge Phenomenon in Syntactic Change," *History of Englishes: New Methods and Interpretations in Historical Linguistics*, ed. by Matti Rissanen, Ossi Ihalainen, Turttu Nevalainen and Irman Taavitsainen, 453-462, Mouton de Gruyter, Berlin.

宇賀治正朋 (2000)『英語史』開拓社，東京.

Vikner, Sten (1995) *Verb Movement and Expletive Subjects in the Germanic Languages*, Oxford University Press, Oxford.

Vikner, Sten (1997) "V^0-to-I^0 Movement and Inflection for Person in All Tenses," *The New Comparative Syntax*, ed. by Liliane Haegeman, 189-213, Longman, London.

Vikner, Sten (2006) "Object Shift," *The Blackwell Companion to Syntax*, Vol. III, ed. by Martin Everaert and Henk van Riemsdijk, 392-436, Blackwell, Malden.

Visser, Frederik Th. (1963-1973) *An Historical Syntax of the English Language*, 4 Vols., E. J. Brill, Leiden.

Walkden, George (2013) "Null Subjects in Old English," *Language Variation and Change* 25, 155-178.

Walkden, George and Kristian A. Rusten (2017) "Null Subjects in Middle English," *English Language and Linguistics* 21, 439-473.

Warner, Anthony (1993) *English Auxiliaries: Structure and History*, Cambridge University Press, Cambridge.

Warner, Anthony (1997) "The Structure of Parametric Change, and V-movement in the History of English," *Parameters of Morphosyntactic Change*, ed. by Ans van Kemenade and Nigel Vincent, 380-393, Cambridge University Press, Cambridge.

Williams, Edwin S. (1982) "The NP Cycle," *Linguistic Inquiry* 13, 277-295.

Wolfram, Walt and Natalie Schilling (2016) *American English: Dialects and Variation*, 3rd ed., Wiley-Blackwell, Hoboken.

Woolford, Ellen (2006) "Lexical Case, Inherent Case, and Argument Structure," *Linguistic Inquiry* 37, 111-130.

Wright, Joseph and Elizabeth M. Wright (1925) *Old English Grammar*, 3rd ed., Oxford University Press, Oxford.

Wurff, Wim van der (1997) "Deriving Object-Verb Order in Late Middle English," *Journal of Linguistics* 33, 485-509.

Wurff, Wim van der (1999) "Objects and Verbs in Modern Icelandic and Fifteenth Century English," *Lingua* 109, 237-265.

Yanagi, Tomohiro (1999a) "Verb Movement and the Historical Development of Perfect Constructions in English," *English Linguistics* 16, 436-464.

Yanagi, Tomohiro (1999b) "Some Notes on Cliticization: Attract or Greed," *IVY* 33, 31-59.

柳朋宏 (2007)「古英語における接語についての一考察」『貿易風』2, 116-124.

Yanagi, Tomohiro (2008) "Object Movement in Old English Subordinate Clauses," *Historical Englishes in Varieties of Texts and Contexts: The Global COE Program, International Conference 2007*, ed. by Masachiyo Amano, Michiko Ogura and Masayuki Ohkado, 169-183, Peter Lang, Frankfurt am Main.

Yanagi, Tomohiro (2012a) "Some Notes on the Distribution of the Quantifier *All* in Middle English," *Middle and Modern English Corpus Linguistics: A Multi-dimensional Approach*, ed. by Manfred Markus, Yoko Iyeiri, Reinhard Heuberger and Emil Chamson, 141-155, John Benjamins, Amsterdam.

Yanagi, Tomohiro (2012b) "An Overview of the Distribution of Quantifiers in Old English," 『貿易風』7, 305-318.

Yanagi, Tomohiro (2012c) "Ditransitive Alternation and Theme Passivization in Old English," *Outposts of Historical Corpus Linguistics: From the Helsinki Corpus to a Proliferation of Resources*, ed. by Jukka Tyrkkö, Matti Kilpiö, Terttu Nevalainen and Matti Rissanen, VARIENG, Helsinki.

柳朋宏 (2013)「後期中英語における semen の統語特性について ─ Caxton からの用例を中心に ─ 」『15 世紀の英語 ─ 文法からテキストへ ─ 』,谷明信・尾崎久男 (編),1-20,大阪洋書,吹田.

Yanagi, Tomohiro (2015) *An Internal and External Syntax of Noun Phrases in the History of English*, Doctoral dissertation, Nagoya University.

Yanagi, Tomohiro (2017) "Intermittence of Short-Distance Cliticization in QPs: A Case Study of Language Change from the North," *Language Contact and Variation in the History of English*, ed. by Mitsumi Uchida, Yoko Iyeiri and Lawrence Schourup, 109-138, Kaitakusha, Tokyo.

Yanagi, Tomohiro (2023a) "On the Distribution of the Quantifier *All* in Verse and Prose," paper presented at the 13th Workshop on Phonological Externalization of Morphosyntactic Structure: Theory, Typology and History.

柳朋宏 (2023b)「英語史における数量詞の遊離可能性と語順について」『日本英文学会第 95 回大会 Proceedings』https://www.elsj.org/meeting/Proceedings/95.html

辞書類

Bosworth, Joseph and T. Northcote Toller, eds. (1898) *An Anglo-Saxon Dictionary,* Oxford University Press, Oxford.

Kay, Christian, Jane Roberts, Michael Samuels and Irené Wotherspoon, eds. (2009) *Historical Thesaurus of the Oxford English Dictionary: With Additional Materials from A Thesaurus of Old English* (HTOED), 2 Vols., Oxford University Press, Oxford.

Kurath, Hans and Sherman M. Kuhn, eds. (1952-2001) *Middle English Dictionary* (MED) [from 1984, Robert E. Lewis (editor-in-chief)], University of Michigan Press, Ann Arbor. [McSparran, Frances, Paul Schaffner and John Latta (2001) *The Electronic Middle English Dictionary* http://quod.lib.umich.edu/m/med/]

The Oxford English Dictionary (OED), 2nd Edition. (1989) Oxford University Press, Oxford.

コーパス

Healey, Antonette diPaolo (2000) *The Dictionary of Old English Corpus*, University of Toronto, Toronto.

Kroch, Anthony, Beatrice Santorini and Lauren Delfs (2004) *The Penn-Helsinki Parsed Corpus of Early Modern English* (PPCEME), University of Pennsylvania, Philadelphia.

Kroch, Anthony, Beatrice Santorini and Ariel Diertani (2016) *The Penn Parsed Corpus of Modern British English*, 2nd ed. (PPCMBE2), University of Pennsylvania, Philadelphia.

Kroch, Anthony and Ann Taylor (2000) *The Penn-Helsinki Parsed Corpus of Middle English,* 2nd ed. (PPCME2), University of Pennsylvania, Philadelphia.

Markus, Manfred (2003) *The Innsbruck Middle English Prose Corpus of the ICAMET*, University of Innsbruck, Innsbruck.

Pintzuk, Susan and Leendert Plug (2001) *The York-Helsinki Parsed Corpus of Old English Poetry* (YCOEP), University of York, York.

Taylor, Ann, Anthony Warner, Susan Pintzuk and Frank Beths (2003) *The York-Toronto-Helsinki Parsed Corpus of Old English Prose* (YCOE), University of York, York.

索　引

1. 日本語は五十音順に並べてある．英語（などで始まるもの）は
   アルファベット順で，最後に一括してある．
2. 数字はページ数を示し，n は脚注を表す．太字は重点箇所を表
   す．

[あ行]

アイスランド語（Icelandic）　61n, 107,
  124, 127, 156, 223n
アブダクション（abduction）　10
アフリカーンス語（Afrikaans）　79n
イタリア語（Italian）　v, 98, 99, 103,
  105, 137, 139
一次言語資料（primary linguistic data）
  10, 11
一致（agreement）　57-60, 61n, 63-69,
  72, 73, 79-81, 92-98, 106, 107, 109,
  120n, 121, 122n, 126, 129, 138-144,
  172, 173, 181, 227-229, 234, 235, 241-
  243, 245（→ 超豊かな一致，乏しい一
  致，豊かな一致，豊かな一致の仮説）
一致関係・一致操作（Agree）　5, 7, 8,
  18, 32-34, 60, 92, 94n, 95-97, 105-107,
  109, 120, 142, 154, 157, 181
イディッシュ語（Yiddish）　124, 127
意味の漂白化（semantic bleaching）
  16, 17, 89
引用句倒置（quotative inversion）　90n
韻律的散文（rhythmical prose）　255n
埋め込み話題化（embedded
  topicalization）　56
演算子（operator）　43, 48-50, 52, 61n,
  70, 71, 78n, 90, 222

オランダ語（Dutch）　26, 41, 45, 61n,
  124, 127
音節構造（syllable structure）　251-253

[か行]

外在化（externalization）　230n
下位集合原理（Subset Principle）　66,
  73
概念・意図インターフェイス（Concep-
  tual-Intentional Interface）　4, 5, 104,
  106, 108
概念的必然性（conceptual necessities）
  153
拡充形（expanded form）　237n
格照合（Case checking）　150, 153, 154
格素性（Case feature）　16-21
拡大投射原理（Extended Projection
  Principle）　7, 98, 119, 120, 123, 144
格フィルター（Case Filter）　148-150,
  152, 183, 185, 186, 193, 198, 201
格付値（Case valuation）　150
格付与（Case assignment）　5, 16-18,
  20, 21, 35, 60, 94, 96-98, 121, 122n,
  150, 153, 184, 192, 193n, 195, 196, 199,
  201
感覚運動インターフェイス（Sensorimo-
  tor Interface）　4, 5, 104, 106, 123

279

間接受動文（indirect passive）171, 177

完了不定詞（perfect infinitive）19, 21

記述的妥当性（descriptive adequacy）82, 98

基準凍結（Criterial Freezing）49n, 136-144

奇態格経験者（主語構文）（Quirky Experiencer(Subject Construction)）**109-123**, 143, 144

逆多重一致（Inverse Multiple Agree）96, 142

極小主義プログラム（Minimalist Program）vii, 4, 18, 83, 91, 94, 150, 153

局所的空主語言語（local null subject language）99, 103

局所的パラメター（micro parameter）v, 83n, 99（→ 大域的パラメター）

虚辞（expletive）98, 107, 124, 128-132, 137, 143, 160, 161, 164-167, 184（→ 他動詞虚辞構文）

ギリシア語（Greek）3

均質的空主語言語（consistent null subject language）99, 103

空主語（null subject）83, 95, **98-109**, 137, 143, 144（→ 局所的空主語言語，均質的空主語言語，談話的空主語言語，部分的空主語言語）

空範疇原理（Empty Category Principle）231, 232

繰り上げ操作（raising）115

経験者（項）（Experiencer(argument)）30-36, 87, 110-112, 116-123, 158-167, 178, 180-186, 192（→ 奇態格経験者，前置詞付き経験者項，与格経験者項）

経験者構文（Experiencer Construction）116n, 149, 157-160, 162, 163, 174, 178, 180, 181, 192, 198, 201

経済性（economy）13, 14, 80, 139

軽動詞（light verb）5-7, 87-91, 155, 157, 187, 189, 190, 199-202

ゲルマン祖語（Proto-Germanic）99, 103

原因（項）（Cause）30, 31, 35, 36, 112-114, 118-121

言語獲得（language acquisition）9-11, 13, 30, 56, 82

言語接触（language contact）3, 11, 40, 71, 253n

言語変化の論理的問題（logical problem of language change）10

原理とパラメターのアプローチ（Principles and Parameters Approach）v, 82, 83, 152n

語彙格（lexical Case）149n, 155-157, 178, 180-183, 185, 187-190, 192, 193, 201

語彙項目（vocabulary item）61, 62, 66-68, 73, 83, 84, 87

項構造（argument structure）6, 30-32, 34-36

構造格（structural Case）8, 18, 32, 36, 148, 155-157, 183, 185, 187-189, 192-196, 198-202

後段併合の原理（Late Merge Principle）13

肯定証拠（positive evidence）29, 30

肯定目的語（positive object）24-28, 29n

語根（root）104

語順変化（word order change）22, 23, 75

古典ギリシア語（Classical Greek）255n

古ノルド語（Old Norse）3, 40, 71, 144, 174, 177, 252n, 253n

[さ行]

再構造化 (restructuring) 85

最終手段 (last resort) 106, 107

再分析 (reanalysis) 12-15, 19, 23, 34, 36, 37, 87, 89, 90

残余移動 (remnant movement) 54, 55

残留動詞移動 (residual verb movement) 76, 82, 85, 88, 90n

使役者 (Causer) 30n

指定部・主要部関係 (Spec-Head relation) 49, 153-155

弱交差 (weak crossover) 116

弱主要部 (weak head) 231, 233-236, 247, 248, 255

自由併合 (Free Merge) 94n

受益者 (benefactive) 193n

主観化 (subjectification) 88, 89, 90n

主語基準 (Subject Criterion) 136-141

主語指向の遊離数量詞 (subject-oriented floating quantifier) 207, 208, 211, 212, 239, 247n

主語卓立型言語 (subject-prominent language) vi, 42, 68, 91, 144, 223

主語元位置一般化 (subject-in-situ generalization) 97n, 132

主節現象 (root phenomenon) 53

主題 (項) (Theme (argument)) 6, 7, 30-36, 87, 112, 118-122, 157, 169, 180, 186-198

主題階層 (thematic hierarchy) 31

主要部後続 (head-final) 11, 26, 52, 53, 55n, 196n, 225n

主要部後続語順制約 (Final-over-Final Constraint) 55n

主要部先行 (head-initial) 11, 26, 30n, 33, 52, 53, 55n, 196n

主要部パラメーター (head parameter) 11, 23, 83

受領者 (recipient) 193n

消去規則 (impoverishment) 62, 63, 67n

状態 (state) 116, 117

焦点 (化) (focus, focalization) 9, 43, 48-50, 53, 56, 137, 256, 257

焦点基準 (Focus Criterion) **49,** 50, 56, 61n, 65n, 70, 71, 81, 91

所格倒置 (Locative Inversion) 114-116

叙述関係 (predication) 241, 243, 244, 255

助動詞選択 (auxiliary selection) 32, 178

心的場所 (mental location) 116

心理動詞 (psychological verb) 30, 110, 112, 114, 116-121, 123, 227 (→ 奇態格経験者 (主語構文))

水平化された屈折の時代 (period of leveled inflection) 63

スウェーデン語 (Swedish) 61n, 71, 124, 127

数量詞・代名詞交替規則 (Q-Pro Flip) 249, 250

数量詞遊離 (quantifier float) vi, 205n, 206, 207, 211, 226, 230n, 246-248, 256

数量目的語 (quantified object) 24, 27-30

接語 (clitic) 15, 23, 204, 221

接語化 (cliticization) 33, 222, 230, 251-253

接辞下降 (affix hopping) 56-59, 77

説明的妥当性 (explanatory adequacy) 82

前置詞付き経験者項 (prepositional Experiencer argument) 160, 163, 166, 167, 184, 185

前法助動詞（premodal）　12, 13, 85

相対的最小性（Relativized Minimality）
121, 122

素性共有（feature sharing）　97, 232-
235, 241-243, 247n, 255

素性継承（feature inheritance）　81, 91,
95, 141

素性継承パラメター（feature inheri-
tance parameter）　**80-82**, 91, 93-95,
99, 110, 119, 123, 126-128, 131-133,
144, 145

［た行］

大域的パラメター（macro parameter）
v, 83n（→ 局所的パラメター）

対象・関心事制約（Target/Subject
Matter Restriction）　119

代不定詞（pro-infinitive）　20, 21

多重一致（Multiple Agree）　96（→ 逆
多重一致）

他動詞虚辞構文（Transitive Expletive
Construction）　29, 30, 95, 124-132,
143, 144

短距離接語化（short-distance
cliticization）　251, 253-255

探査子（probe）　94n, 96, 106, 109, 142,
143, 154

談話階層型言語（discourse-configura-
tional language）　vi, 42, 53, 68, 91,
144, 223

談話的空主語言語（discourse null
subject language）　vi, 99

遅延挿入（late insertion）　61

着点（項）（Goal（argument））　7, 32,
157, 180, 186, 193-198, 200, 202

長距離接語化（long-distance
cliticization）　210n, 222, 226n, 251

超豊かな一致（super-rich agreement）
60, 61, 63, 68-70, 77n

直接受動文（direct passive）　171, 176,
177, 201

通時的妥当性（diachronic adequacy）
v, vi

定形性（finiteness）　6, 8, 9, 48

出来事（event）　116, 117

デフォルト（一致）（default（agreement））
106-109

転置法（hyperbaton）　255n

デンマーク語（Danish）　61n, 71, 124,
127

ドイツ語（German）　26, 41, 45, 61n,
124, 127, 223n, 227

統語地図作成（cartography）　9, 47,
220n

動作主（項）（Agent（argument））　6, 7,
117, 186, 187, 189-191, 193, 194, 198

動詞移動（verb movement）　vi, 56-59
（→ V-to-Fin 移動，V-to-Foc 移動，
V-to-Neg 移動，V-to-T 移動）

頭子音（onset）　252, 253

動詞第三位（verb third）　43-45, 51, 70

動詞第二位（verb second）　40-46, 51,
54, 61n, 63-72, 74n, 78n, 80-82, 90, 93,
101, 114, 127, 144, 182, 184, 221, 223

動詞中位（verb-medial）　45, 52, 55, 103

動詞末尾（verb-final）　45, 52-54, 97n,
103, 108

統率・束縛理論（Government and
Binding Theory）　148, 149, 152, 153

等位主語削除（Coordinate Subject
Deletion）　33, 101n, 111

乏しい一致（poor agreement）　73, 74,
80

[な行]

内在格 (inherent Case) 18n, 32, 34-36, 148n, 155-157, 178, 180, 187, 193-196, 198, 199, 201, 202

南部ティワ語 (Southern Tiwa) 185

二次述語 (secondary predicate) 210, 212

二重基底部仮説 (double base hypothesis) 25, 27, 30n, 220, 222n, 225n

二重詰め COMP フィルター (Doubly-Filled COMP Filter) 79

二重詰め NegP フィルター (Doubly-Filled NegP Filter) 79, 80, 90n

二重目的語構文 (Double Object Construction) 27, 149, 156-158, 169-176, 192, 193n, 196-202

日本語 (Japanese) v, vi, 11, 53, 99, 231-235, 256

人称受動文 (personal passive) 169, 192, 200, 201

ノルウェー語 (Norwegian) 61n, 71, 124, 127, 188n

[は行]

バタフライ効果 (butterfly effect) 144

発話力 (force) 6, 8, 9, 48

パラメター変異 (parametric variation) 11, 71, 82

パラメター変化 (parametric change) 11, 12, 14, 34, 37, 40, 82-85, 87, 89, 92, 93n, 105, 127n, 144

反対称性仮説 (anti-symmetry hypothesis) 53, 91

非該当形 (elsewhere form) 62, 67, 68, 73

非構造格 (non-structural Case) vi, 148, 149, 155-157, 182, 187, 190, 198, 201

非対格動詞 (unaccusative verb) 6, 32, 124, 178-180, 206, 210, 211

否定基準 (Neg-Criterion) 49n

否定目的語 (nagative object) 24, 27

非人称受動文 (impersonal passive) 167, 169, 186, 191, 192, 201

非人称動詞 (impersonal verb) 178

標準理論 (Standard Theory) v, 82

標的 (goal) 94n, 96, 120, 142, 154

フィンランド語 (Finnish) 99, 103n

フェイズ (phase) 8, 81, 91, 92, 96, 141

付加に関する条件 (condition of adjunction) 244

不定詞形態素 (inifinitive morpheme) 17-21

不定詞標識 (infinitive marker) 5, 15, 18, 21

部分的空主語言語 (partial null subject language) 99, 103n

普遍文法 (Universal Grammar) v, 9-11, 40, 56, 82

プラトンの問題 (Plato's problem) 82

フランス語 (French) 3, 40, 41, 56, 57, 227

分散形態論 (Distributed Morphology) 61

文法化 (grammaticalization) v, 14-16, 21, 23, 40, 41, 72, **82-85**, 87-91, 131n, 144, 145

文法化のクライン (cline of grammaticalization) 15, 84

文法競合 (grammatical competition) 25

文末遊離数量詞 (clause-final floating quantifier) 206, 207, 210-212, 220,

246, 254, 255
分離不定詞（split infinitive） 20, 21
変移動詞（mutative verb） 6, 32
編入（incorporation） 185, 186
法助動詞（modal auxiliary） 12–15, 84,
109, 237, 243

［ま行］

目的語移動（object movement） 23, 25,
55, 223, 225, 245
目的語指向の遊離数量詞（object-
oriented floating quantifier） 208–212

［や行］

遊離数量詞（floating quantifier） 204–
212, 220, 225, 226, 229, 236, 237, 239–
241, 243, 244, 246, 247n, 254–257
（→ 主語指向の遊離数量詞，数量詞遊
離，文末遊離数量詞，目的語指向の遊
離数量詞）
豊かな一致（rich agreement） **57**–60,
68, 72, 75, 77n, 79, 136
豊かな一致の仮説（Rich Agreement
Hypothesis） 56, 57, 75, 91
与格経験者項（dative-marked Experi-
encer argument） 158–160, 162, 163,
165, 166, 182, 184（→ 奇態格経験者）
与格動詞構文（Dative Verb
Construction） 149, 157, 158, 167,
168, 170, 174, 186, 189, 192, 198, 201

［ら行］

ラテン語（Latin） 3, 18, 103, 135
ラベル付けアルゴリズム（labeling
algorithm） 97, 232, 248

隣接性条件（adjacency condition） 20
例外的格標示（Exceptional Case
Marking） 20, 115

［わ行］

話題（化）（topic, topicalization） 9,
42–44, 48, 50–54, 56, 63–71, 86, 90, 93,
98n, 105–108, 110–112, 114–116, 119–
122, 127, 129n, 130, 131, 137, 143, 182,
184, 220, 221, 223, 238, 257（→ 埋め込
み話題化）
話題の島（topic island） 69n
話題連鎖（topic chain） 99, 105–109

［英語］

do 支持（*do*-support） 78, 79, 88
know 類動詞（*know*-class verbs）
85–91
that 痕跡効果（*that*-trace effect） 132–
144
θ 役割（theta-role） 6, 7, 30–32, 148n,
149, 155, 181–183, 187, 189, 190, 193,
195, 244–246
V-to-Fin 移動（V-to-Fin movement）
49, 50, 56, 61, 63, 65n, **70**, 71, 74n, 80,
81, 83, **90**–92, 129n
V-to-Foc 移動（V-to-Foc movement）
49, 50, 56, 61n, 65n, **70**–72, 81, **90**, 91
V-to-Neg 移動（V-to-Neg movement）
79–81, **90**, 91, 136
V-to-T 移動（V-to-T movement） 40,
41, 58, 61n, 63, **68**, 72, 74, 75, 77, 78,
83–85, 87, **90**–93, 114, 127, 128, 129n,
135, 136, 140, 142, 144
wh 基準（Wh-Criterion） 49, 137, 138

【著者紹介】

縄田 裕幸（なわた　ひろゆき）

名古屋大学大学院文学研究科博士課程後期課程修了（博士（文学））．現在，島根大学学術研究院教育学系教授．専門は，生成文法，史的統語論，形態統語論．

主要業績： "Clausal Architecture and Inflectional Paradigm: The Case of V2 in the History of English" (*English Linguistics* 26(1), 2009), "Quirky Experiencer Subject Constructions as Locative Inversion" (『近代英語研究』第 35 号，2019)，「関係代名詞 the which はなぜ出現し消失したのか」『言語の本質を共時的・通時的に探る』（田中智之ほか（編），開拓社，2022），「先行詞付関係節にみられる言語変化の一方向性 ── 英語 that / wh 関係節の発達から ──」(*Ivy* 56, 2023) など．

柳　朋宏（やなぎ　ともひろ）

名古屋大学大学院文学研究科博士課程後期課程修了（博士（文学））．現在，中部大学人文学部教授．専門は，英語史的統語論，英語史，生成文法．

主要業績： "Intermittence of Short-Distance Cliticization in QPs: A Case Study of Language Change from the North" (*Language Contact and Variation in the History of English*, Mitsumi Uchida et al. (eds.), Kaitakusha, 2017), 『英語の歴史をたどる旅』（風媒社，2019），『語法と理論との接続をめざして』（共編著，ひつじ書房，2021），「構文の消失と継承 ── 他動詞虚辞構文の汎時的分布 ──」『言語の本質を共時的・通時的に探る』（田中智之ほか（編），開拓社，2022）など．

田中 智之（たなか　ともゆき）

名古屋大学大学院文学研究科博士課程後期課程中退．現在，名古屋大学大学院人文学研究科教授．専門は，生成文法，史的統語論．

主要業績： "The Rise of Lexical Subjects in English Infinitives" (*The Journal of Comparative Germanic Linguistics* 10, 2007), 『文法変化と言語理論』（共編著，開拓社，2016），『言語の本質を共時的・通時的に探る』（共編著，開拓社，2022），"On the Development of Passive Expletive Constructions in the History of English" (共著，『言語研究』164，2023) など．

【監修者紹介】

加賀信広（かが　のぶひろ）　　筑波大学 名誉教授

西岡宣明（にしおか　のぶあき）　九州大学 教授

野村益寛（のむら　ますひろ）　　北海道大学 教授

岡崎正男（おかざき　まさお）　　茨城大学 教授

岡田禎之（おかだ　さだゆき）　　関西外国語大学 教授

田中智之（たなか　ともゆき）　　名古屋大学 教授

最新英語学・言語学シリーズ　第20巻

生成文法と言語変化
(*Generative Grammar and Language Change*)

監修者	加賀信広・西岡宣明・野村益寛
	岡崎正男・岡田禎之・田中智之
著作者	縄田裕幸・柳　朋宏・田中智之
発行者	武村哲司
印刷所	日之出印刷株式会社

2024年10月29日　第1版第1刷発行Ⓒ

発行所　　株式会社　開 拓 社

〒112-0003 東京都文京区春日 2-13-1
電話　（03）6801-5651（代表）
振替　00160-8-39587
https://www.kaitakusha.co.jp

ISBN978-4-7589-1420-8　C3380

JCOPY ＜出版者著作権管理機構 委託出版物＞

本書の無断複製は，著作権法上での例外を除き禁じられています．複製される場合は，そのつど
事前に，出版者著作権管理機構（電話 03-5244-5088, FAX 03-5244-5089, e-mail: info@jcopy.
or.jp）の許諾を得てください．